全球化时代的国际文化关系研究

A Study on International Cultural Relations in the Era of Globalization

姜秀敏◎著

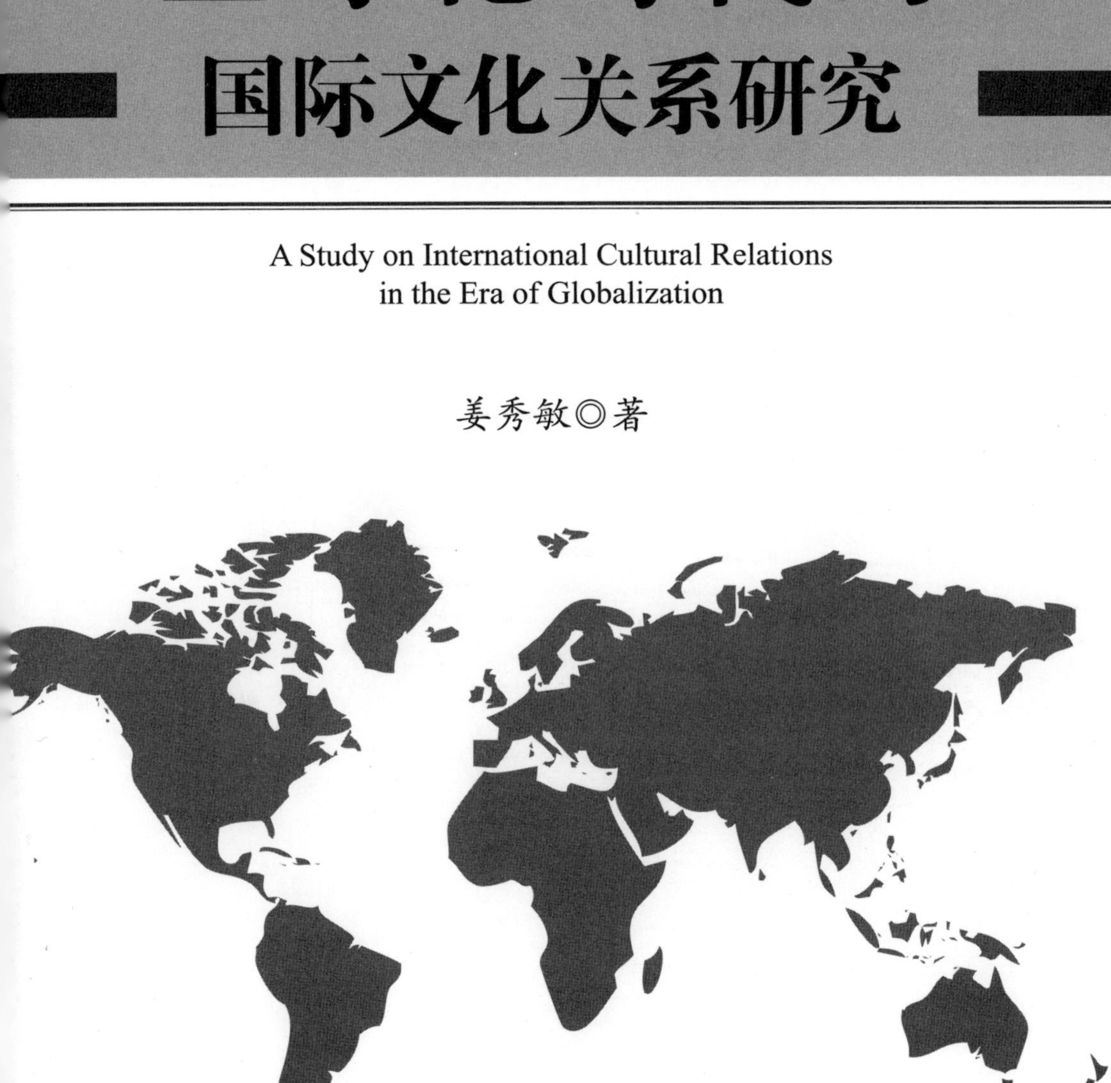

全国百佳出版社
中央编译出版社
CCTP
Central Compilation & Translation Press

在国际关系理论中，关于国际文化问题的探讨正日益成为学术界关注的焦点。随着全球化发展趋势的不断加强，国际文化关系领域出现了一些新变化和新问题，表现出一些新特征，民族文化觉醒意识的不断提升、文化强势国家文化霸权主义的新发展、文化全球化发展趋势不断增强，引起了全球化时代国际文化关系的相应变化，公正、合理的国际文化新秩序也日益成为世界人民的迫切需求。因此，本书以国际文化关系研究中的核心概念为切入点，全面分析了全球化时代国际文化关系领域出现的新变化、新特征、新问题，研究了全球化背景下的文化自觉与文化交流、文化霸权与文化冲突、以及文化全球化的发展与文化融合，在此基础上，提出了全球化时代多元互动、平等互补、共存共荣的国际文化新秩序的战略构想，并尝试性地提出了实现这一美好战略构想的四条途径和方法：即促进多极格局、创造优良环境；坚持求同存异的原则、倡导文化对话；坚持互学互补的方针、反对文化霸权；坚持和而不同的原则、促进多元共存。通过上述分析最终得出结论，这一战略构想虽然充满理想主义，但并非纸上谈兵，只要国际社会共同努力，就一定会把多元互动、平等互补、共存共荣的国际文化新秩序从理想变为现实。

目　录

导 言

◆ 研究意义

20 世纪 70 年代以来，西方国际关系理论突破了现实主义一统天下的局面，朝多元化、跨学科、交叉性的方向发展。80 年代中期至 90 年代，主流国际关系理论范畴内的新现实主义和新自由主义辩论被普遍视为“范式间”辩论的重心和焦点。同时，非主流学派也迅速发展，批判理论、后现代理论、女性主义理论等纷纷向主流理论发起挑战，对新现实主义和新自由主义的基本假定和实质内容都提出了具有重要学术意义和现实意义的质疑，冷战的结束更是给这种多元竞争增加了活力。

20 世纪 90 年代初，美国学者福山抛出“历史终结论”，认为冷战的结束是西方文化价值观取得的最终胜利，历史将在此处终结，西方的文化价值观必将成为人类普遍适用的价值观念。接着，塞缪尔·亨廷顿提出的“文明冲突论”更是引起了全世界的反响，首次从文化的角度来看世界秩序的建构，为我们研究国际关系问题提供了一个全新的视角。他认为，文明的差异是人类的各种差异之中最根本性的，这种差异是不可更改、不可消除的。由于民族和意识形态的不同，世界历史中各种文化正在走向对峙，文明间的对抗正是现在和未来世界格局的最本质状态，文明传统才是促使人们采取共同行动、形成共同思想的源头。在21 世纪，发生冲突的根本原因将不再主要是意识形态因素或经济因素，而是文明或文化的差异，文明的冲突将主宰全球政治，而以文明为基础的世界秩序正在出现：各国都在以其文明的领导国家或核心国家中来寻找自己的归属，同类文明的国家和社会之间的合作正在加强。亨廷顿特别强调“儒教”文明和伊斯兰文明对于西方的威胁，特别是儒教文明与伊斯兰文明联手的可能性。他认为，在这种情况下，西方文明正面临着危机，西方应当放弃原来那种成为普遍文明的幻想，通过团结和自强使自己成为在诸多文明中最有实力、最具凝聚力和活力的文明。在当今这个多极化和多重文明的世界中，西方的责任就是确保自己的利益，西方的未来在很大程度上取决于西方的团结。因此，文明冲突、文明反省和文明自强构成了亨廷顿的文明冲突“三部曲”。

亨廷顿的“文明冲突论”提出后，在国际社会上引起了巨大反响，既赢得了许多赞誉，也受到尖锐批评。即使在西方知识界，亨廷顿的观点也受到了批判和质疑。德国学者米勒就指出，亨廷顿奉行的仍然是一种冷战思维，他的很多结论是经过歪曲事实而得出的。例如，亨廷顿所谓的“伊斯兰教的流血边境”理论就是因为怀有偏见，错误选取材料而得出的不正确结论。对于向伊斯兰教国家出售武器问题上，亨廷顿对美国和对中国采取了双重标准；在对波黑冲突事件的分析中，亨廷顿为论证自己的观点采取了颠倒黑白、混淆刽子手和受害者关系的手法。因此，米勒主张用“文明的共存”来替代“文明的冲突”，他认为：“全球化的发展使得我们有理由相信，不同文化背景的国家之间，共同点会更广泛地得以扩大，而不是缩小，只要我们努力寻求，就能在世界各地找到对话的伙伴和合作的意向。”① 与此同时，美国哈佛大学教授、国防部前部长助理约瑟夫·奈提出“软权力”理论，认为软权力以价值观念、生活方式和社会制度的吸引力和感召力为核心，依靠一国的文化传统、道德观念和政治制度的吸引力，就能间接影响别国的思维和外交政策，无需耗费成本高昂的经济和军事力量就能达到不战而屈人之兵的目的。这些理论的产生都冲击着以权力为核心的现实主义的国际政治

① ［德］哈拉米德·米勒：《文明的共存》，北京：新华出版社2002年版，第298页。

理论。

在这种大的背景下，建构主义理论应运而生，成为90年代国际关系的重要理论学派之一，并与现实主义、自由主义共同组成了国际关系理论界的“三驾马车”，且渐有后来居上之势。学术界开始对建构主义给予越来越多的关注，对于建构主义理论本身的探索也在不断完善和深化，建构主义关于文化的理论也引起了人们的关注和探讨。虽然建构主义关于国际政治中文化的理论还不完善、不系统，但它为我们研究国际关系提供了又一崭新视角。

随后，学术界日益关注国际文化及其关系问题的研究，日本学者平野健一郎提出国际文化理论，他认为，在国家之间的交往中，除了政治、经济和军事关系外，至少还存在文化关系。而且正是文化规定了人们的生活和生活方式的形态，因此，国际关系理论的研究必然要包含文化关系的研究。他指出，国际文化关系至少包括以下四个方面：一是文化与异文化之间的关系；二是国际关系中的文化侧面；三是国际性的文化关系；四是国际文化。[①] 国际文化理论就是研究上述文化现象与文化关系的学问。因此，它应该、也必将成为国际关系理论中最重要的部分。我国学者，例如外交学院的秦亚青教授、浙江大学的潘一禾教授等也都开始关注这一问题，并提出自己的观点。但从国内外现有研究成果来看，关于国际文化关系的理论还没有形成系统化和完整化，还没有人明确提出建构国际文化新秩序的理论问题，关于国际文化关系的理论建构仍然任重而道远。

另外，在全球化不断发展的进程中，随着不同国家、不同民族之间普遍交往的加强，随着这种交往而来的国际规则也逐渐成为彼此之间交往共同遵守的准则，不同国家、不同民族的“趋同”方面获得了很大的发展。全球化的发展产生的同质化作用使民族文化不断遭受到侵蚀，在文化全球化趋势不断发展的背景下，西方国家企图以“西方文化”

① 李廷江：《探索国际关系的新视角——平野健一郎和他的国际文化理论》，《国外社会科学》1997年第2期，第38页。

为模式统一世界文化，奉行文化霸权主义的外交政策。“9·11”事件以后，美国在全球反对恐怖主义的战争掩护下，也加快了以美国的价值观念为核心在全球重构民主秩序的步伐。2005年6月，美国国务卿赖斯出访中东时明确描绘了美国中东政策的三项重点，其中最重要的一点就是“大中东民主”计划，旨在加速中东地区的“民主进程”，并以此来消除伊斯兰原教旨主义和恐怖主义滋生的土壤，范围涉及22个中东国家和地区，小布什第二任期的国情咨文也表明，其第二任期的工作重点就是在全球推行“民主”。美国等西方国家所推行的文化霸权主义政策势必对广大民族国家的民族文化发展构成严重的威胁和挑战。

在这种背景下，某些民族文化在坚持和维护自己文化权利的斗争中，往往高扬“差异”，表现出强烈的“文化部落主义”、“文化保守主义”，将“差异”或“民族特色”放到了绝对的地位上，把异己的文化看成是敌对的，不同文化之间是你死我活的关系。这种倾向导致了种族隔离和种族排外政策，当代世界中的欧洲右翼对外来移民的政策，基督教对伊斯兰教的政策，西方人对非西方人的态度无不体现着坚持自身文化特色或“差异”而产生出来的冲突，这种冲突在不同程度上对人类的共同生活构成了威胁。

同时，面对文化全球化的发展趋势，学术界对于文化全球化趋势下的文化发展方向问题产生了争议，某些学者认为，在文化全球化趋势下，会出现文化的同质化，即以某一种先进的文化取代世界上其他文化的发展样式，这种普世性的文明最终将是人类文明发展的最终归宿。对于这些观点该如何认识？该如何把握文化全球化趋势下世界各民族的文化发展方向问题？在文化霸权主义的威胁下，世界其他民族文化应该如何发展？如何应对文化的“部落主义”？全球化时代的国际文化新秩序应该是什么样的？怎样来建立起一个公平、公正、合理的国际文化新秩序？这些问题的答案在当今时代无疑具有非常重大的理论意义与现实意义。

因此，该书试图对这些问题进行研究，以国际文化关系研究中的核心概念为切入点，全面分析全球化时代的国际文化关系的特点、问题及趋势，探讨国际文化新秩序的建构问题，希望能抛砖引玉，借此推动国际文化关系研究的不断系统化、完整化。

◆ 研究现状

在国外，对于国际文化关系的研究已经积累了相当丰厚的成果，从历史学大师汤因比到国际政治领域的福山、塞缪尔·亨廷顿、约瑟夫·奈、麦克尔·麦哲、亚历山大·温特、戴维·赫尔德以及日本的平野健一郎、三将好夫、德国的米勒、迪特·森格哈斯等著名学者在这一领域都已经取得了开拓性的成果。但学术界对于国际文化关系的研究并没有得出权威性的界定，由于产生更多的是争议而非共识，并未形成全面而系统的研究。而国内对国际文化关系问题的研究始于对亨廷顿《文明冲突论》的批判，自 90 年代以来兴起了从文化的视角研究国际政治问题的热潮。王辑思、王逸舟、关世杰、李慎之、王晓德、冯绍雷、俞新天等众多学者都对文化问题给予不同程度的关注。近几年来，又出现了郭树勇、楚树龙、潘一禾、缪家福、张骥、程光泉等新锐学者，还有一直研究中国传统文化问题的著名学者汤一介先生等，他们的研究成果为学术界研究国际文化问题起到了很好的奠基作用。从目前国内的研究现状来看，这些成果或为批判西方的理论，或为泛泛概述，或为提出一种新的视角，并且多为从文化因素对国际关系的影响入手来谈文化问题，对国际文化理论及其相互关系的关注不多，还没有人对国际文化新秩序的建构问题进行研究。到目前为止，也没有人把这一问题作为博士论文选题进行研究。而在全球化时代，如何处理国际文化之间的关系？民族文化应该如何发展？应该建立起一种什么样的国际文化新秩序？如何来建构？等等，对这些问题进行深入而系统的研究是一个具有很强时代感及历史使命感的课题。

目前关于国际文化关系问题主要有四种主张：一是以美国为主的西方国家的文化霸权主义主张，认为西方的民主制度是世界上最好的，应该普及西方的民主政治制度、生活方式、价值观念，小布什第二任期之内的“大中东民主”计划就是这一思想主张的最集中体现；第二种是文化民族主义，在西方文化霸权主义的威胁下，某些民族国家认为，为抵制西方文化的渗透和影响，应增强自己文化的独立性建设，完全与西方文化采取对立的立场，如伊斯兰文化对西方文化的敌视即是一例；第三种是文化全球化的主张，认为随着文化的全球化趋势不断加强，最终会形成一种普世文化，即文化同质化；第四种主张认为文化的发展应该保持其多样性，多样共存的文化才是人类文化的最终发展方向，但这只是一种笼统的提法，并没有指出这种国际文化关系的具体形态，更没有人提出关于国际文化新秩序的构想以及论述如何来建构这种国际文化新秩序。

从现有文献资料来看，主要是近年来大量翻译的西方相关成果。亨廷顿是其中最有代表性的人物，其著作《文明的冲突与世界秩序的重建》明确提出未来的冲突将不是政治冲突和军事冲突，而是以不同文明划界的不同国家和利益集团之间的冲突，并预言伊斯兰文明将与儒教文明联合起来对西方文明发出威胁与挑战。而德国学者米勒的著作《文明的共存：对亨廷顿“文明冲突论”的批判》、迪特·森格哈斯的《文明内部的冲突与世界秩序》则发出了与亨廷顿完全不同的声音。约瑟夫·奈的《美国定能独霸世界吗?》、《重新界定国家利益》、《美国霸权的困惑》等著作，则明确提出“软权力”的概念，认为文化扩张和文化权力构成了当今国际关系斗争的新领域，文化冲突和价值观念等“软权力”问题恰好是今天把文明和文化引入国际关系中的新举措。戴维·赫尔德的《全球大变革》、罗伯特·罗兰的《全球化：社会理论和全球文化》、亨廷顿的新作《全球化的文化动力：当今世界的文化多样性》等著作则是在全球化的背景下研究文化的发展方向问题。美国学者入江昭的《文化国际主义与世界秩序》、法国学者路易·多洛的《国际文化关系》、欧文·拉兹洛的《多种文化的星球》、德国学者赖纳·特茨拉夫的《全球化压力下的世界文化》等著作则是在全球的层面上探索国际文化的关系及其走向。

国内文献主要有王晓德的《美国文化与外交》、冯绍雷《论文化与外交的关系》、计秋枫等人的《英国文化与外交》探讨了文化在国家外交中发挥的影响和作用，季羡林的《文化的冲突与融合》对世界文化发展规律做出了经典性的概括，提出从冲突到融合是文化交流的普遍规律。程光泉主编的《全球化与文化整合》、《全球化与价值冲突》，以及张骥的《国际政治文化学导论》、潘一禾的《文化与国际关系》、缪家福的《全球化与民族文化多样性》以及张骥、刘中民合著的《文化与当代国际政治》等最新著作对全球化条件的文化发展问题也进行了不同程度的探讨和研究。此外，外交学院的秦亚青教授、上海交通大学的郭树勇博士、上海国际问题研究所的俞新天教授等也从建构主义的角度关注文化问题的研究。

从上述关于国际文化及其关系问题研究现状的分析可知，目前学术界尚无对全球化时代的国际文化关系进行系统而全面研究的论著，更没有明确关于国际文化新秩序的研究成果。因此，本文试图以国际文化关系研究中的核心概念为切入点，在全面研究全球化时代的国际文化关系基础上，对国际文化新秩序的建构问题进行尝试性的探讨。

本书试图对全球化时代的国际文化关系进行全面而系统的分析，并在此基础上，探讨国际文化新秩序的建构问题。在国际关系理论中，国际文化关系是学术界近些年来兴起的一个十分重要的研究课题。可以说，国际文化关系与国际政治关系、国际经济关系共同构成了国际关系领域的“三驾马车”，随着全球化发展趋势的不断加强，对他们之间关系的研究成为一个日益重要而有价值的研究课题。

冷战结束后，旧的秩序正在解体，新的秩序尚未建构，世界正处于由旧秩序向新秩序转变的历史时期。在全球化的时代背景下，不同文化之间的关系日益复杂，某些文化强势国家始终不渝地奉行文化霸权主义，而在这种压力下，某些民族文化的“文化自觉”意识不断提升，发展本民族文化的愿望和要求日益迫切。但也有些民族文化因此而滑向了“文化部落主义”、“文化保守主义”，在文化发展上走向了另一个极端。与此同时，文化全球化的发展趋势也不断加强，在这一过程中伴随着文化的世界化与本土化，二者之间既有区别，又密切相关。由于国际文化关系领域的这些发展与变化，国际文化秩序也必将会发生相应的变化。那么，全球化时代的国际文化关系都发生了哪些变化？公正、合理、全新的国际文化秩序应该具有哪些特征？如何来实现这样一种全新的国际文化秩序？全球化时代的国际文化新秩序的建构必须要正视这些问题，必须在正确面对并处理全球化背景下国际文化领域里出现的这些相应变化的基础上来探讨。只有准确把握全球化时代国际文化关系出现的新变化、新特征、新问题的前提下，才能提出国际文化新秩序的理性构想，并找到切实可行的实现这一新秩序的途径和方法。因此，本文以国际文化关系研究中的核心概念为切入点，对全球化时代的国际文化关系进行了全面分析，关注全球化背景下国际文化关系中出现的新变化、新特征、新问题，以及这些变化对于建构国际文化新秩序的影响。在此基础上，对国际文化新秩序的具体表现、实现途径进行了一些探索性的理论分析。

本书共分六章进行论述：

第一章主要阐述国际文化关系的研究范式。本章首先对国际文化关系研究涉及到的核心概念进行了解析，分别对文化与文明、国际文化及其关系进行了界定和厘清，并在国际关系领域内分析了文化的本质特征；进而论述了国际文化关系研究的主要领域和对象，为全球化时代的国际文化关系研究限定了一个范围；本章重点研究了国际文化关系的基本理论范式，归纳了文明冲突范式、软权力理论、国际文化理论以及建构主义的文化理论四种涉及国际文化问题的基本理论范式，为本文的研究奠定了理论基础。总之，通过本章的分析，为接下来关于全球化背景下国际文化关系中出现新变化的论述解决了必要的疑问，提供了相应的理论基础。

第二章主要阐述了全球化背景下的文化自觉与文化交流。首先对全球化进程中的文化民族主义进行综合分析，全面而客观地认识文化民族主义，并分析了全球化时代文化民族主义所表现出来的新特点，为了防止“文化部落主义”及“文化保守主义”，建议以文化宽容精神来对待不同文化之间的差异问题；接着论述了在文化自觉条件下，民族文化多样性发展趋势的不断加强，为了进一步促进民族文化的多样性发展，建议采取相应措施促进民族文化的传承与积累，并在全球化的进程中继续保持民族文化的特色，促进民族文化的建设。最后，分析了在丰富多彩的民族文化共存的世界里，各种不同的文化之间的交流问题，分析了全球化的条件下文化交流的新发展，以及在全球化时代为促进文化交流的进一步发展，各国都采取文化外交的手段和方式，本文对之进行了分析和论述，认为在全球化时代各国应该制定适合全球化发展趋势的文化外交政策，为文化的平等交流与互动提供保障。

第三章主要分析了全球化背景下的文化霸权主义与文化冲突。首先，全面分析了全球化进程中的文化霸权主义，对于文化霸权主义发展的时代背景、产生的渊源以及在全球化时代里的新表征进行了系统分析和论述。其次，对于文化霸权主义政策下的西方文化扩张与其他民族的文化抗争进行了探讨，在分析文化霸权主义运作程式的基础上，分析了某些文化强势国家的文化扩张，以及对其他民族文化构成的威胁和挑战，在此基础上，分析了文化弱势国家的文化主权意识的觉醒，以及在外交政策上所表现出来的文化抗争，使得国际文化领域的冲突在所难免。最后，全面分析了全球化背景下的文化冲突，首先探讨了全球化背景下文化冲突的新表现，并对文化冲突的历史、本源、未来走向进行了分析和论述，为全球化时代的国际文化新秩序的建构打下了一定的基础。

第四章具体分析了国际文化关系领域出现的新特征，即文化全球化的发展与文化融合趋势的加强。本章首先对全球化进程中的文化全球化问题进行了综合的论述，重点对文化全球化进行了理论解析，并具体分析了文化全球化与经济全球化及文化本土化的相互关系，从而使我们更准确地认识文化全球化问题。接着又对文化全球化进程中出现的文化世界化与文化多元化两种趋势进行了辨析，分别对二者进行了理论分析，并进一步指出了二者之间存在的内在联系与区别。最后，对多元文化互动之间出现的文化融合问题进行了解析，具体分析了文化融合的现实依据、价值标准以及基本特征。总之，通过本章的论述解决了全球化时代的国际文化新秩序建构中必须要面对的问题。

第五章在前四章全面分析全球化时代的国际文化关系出现的新特点、新问题及新趋势的前提下，对国际文化新秩序的建构进行了深入探讨。首先，对国际文化秩序进行了理论分析和历史考察，认为国际文化秩序既是一个客观存在的概念，也是国际政治领域的客观现实，它与国际政治秩序、国际经济秩序一样是成立的，并进而对国际文化秩序进行界定，解决了本文必须面对的理论问题。在此基础上，分析了国际文化秩序的制约因素、性质及历史演变，归纳了国际文化秩序发展变化的三个不同历史阶段，即殖民主义时代的文化霸权秩序、帝国主义时代的两极对峙格局、和平与发展时代的一强多元共存格局。既然国际文化秩序在历史上经历了不同阶段的发展演变，那么，在全球化时代，国际文化秩序也必然会发生变迁，全球化时代的国际文化秩序应该是什么样的呢？本章接着提出了国际文化新秩序的战略构想，认为全球化时代的国际文化新秩序应该具有三方面的特征，即文化主体的多元互动、多元文化的平等互补、多元文化的共存共荣，只有同时具备了这三种特征，才能称得上是新秩序。那么这一美好的国际文化新秩序应该如何实现呢？本章在最后一部分就具体探讨了这一国际文化新秩序的实现问题，具体提出了四条途径，其一是促进多极化的国际政治格局的发展，为文化的发展创造出一个优良的环境；其二是坚持求同存异的原则，倡导不同文化之间的对话交流；其三是坚持互学互补方针，坚决反对文化霸权主义；其四是坚持和而不同的原则，促进文化的多元发展与共存。

第六章主要介绍中国的文化外交战略。在分析中国文化领域出现的新问题的基本上，进一步分析了中国现行的文化外交战略，最终提出了在新世纪全球化的时代背景下我国的文化外交战略。

总之，本文通过五个部分的综合论述，构架起关于全球化时代国际文化关系研究的理论框架，并大胆提出国际文化新秩序的战略构想及实现这一战略构想的路径选择，最终得出结论：只要国际社会共同努力，多元互动、平等互补、共存共荣的国际文化新秩序就一定会从梦想变成现实。

第一章　国际文化关系的研究范式

关于国际文化关系的研究长期以来在学术界一直处于非主流地位，人们所熟悉的对于“国际关系”的理解，一般被定义为国家间的政治和经济关系，体现为国家间权力、利益和军事力量之间的复杂关系，而对于国际关系中“文化关系”的理解却被忽视了。南澳大利亚大学社会学教授罗伯特·霍尔顿在《全球化的影响》一文中说：“文化处于一种类似于灰姑娘的地位，经济学和政治学对待文化，如同对待一堆模糊的剩余物，每当各种建立在理性和利益基础上的解释或分析失败时，才会提及‘文化’。”① 长期以来，国际关系中不同文化间的关系从来没有得到普遍的重视。实际上，国际关系也是一种文化关系，国际关系是人际关系以国家、民族、种族、地区、团体等为单位进行的交往，他们也是人们的信仰、行为方式和不同社会组织制度之间的交往，正是这种文化间的不同关系和交往，使得国家间出现相互抗争或相互制衡，相互信任或彼此仇恨，相互猜疑或彼此合作。所以，研究不同国家文化之间的关系就显得尤为重要。

可以说，对于国际文化关系的研究正在成为国际关系研究的新重点。冷战结束以后，随着交通、信息技术的日新月异、全球化时代的到来，文化全球化发展趋势的日益加强，不同文化碰撞在一起，有的可能会和睦相处、亲切交流、相通相融；有的则有可能产生矛盾、冲突，甚至会引发战争。研究全球化时代背景下的世界各种不同文化之间的关系

① ［澳］罗伯特·霍尔顿：《全球化的影响》，载《中国现代国际关系研究所全球化研究中心》。《全球化：时代的标识——国外著名学者、政要论全球化》，北京：时事出版社2003年版，第139页。

问题日益成为学术界一项崭新而重大的课题。正因为它是一个全新的理论，目前学术界的现有研究成果还寥寥无几，还没有建立起一套完整的理论体系，所以对于国际文化关系问题进行研究，首先就需要建构一套合适的研究范式，从而我们才能在这样一个整体的架构下来研究国际文化关系的问题，进而才能探讨国际文化新秩序的建构。

这里涉及到对于研究范式的一般理解，何为范式呢？

《西方哲学英汉对照辞典》对范式（paradigm）的解释：范式（paradigm）源自希腊词 paradeigma，意指“模范”或“模型”。柏拉图把形式描写为范式——即具有相似性的特殊对象的范式，认为人们审视范式是为了获取知识。柏拉图在《国家篇》里谈到，理想国或许是建立在天国里的范式；在另一篇题为《蒂迈欧篇》的对话里，他指出形式即范式，具有神性的工匠凭借范式构建了感觉世界。

在 20 世纪 60 年代，美国哲学家托马斯·库恩（Thomas S. Kuhn，1922－1996）在其经典著作《科学革命的结构》中，使用“范式”一词来表示由诸多概念、假设与方法构成的框架，在此框架中科学共同体的成员从事着他们的研究。当某一范式需要变化或转型时，就会发生一场科学革命。

“范式转变”的概念是库恩在《科学革命的结构》中最早提出的。他用这个词来说明科学理论发展的某种规律性，即某些重大科学成就形成科学发展中的某种模式，因而形成一定观点和方法的框架，其重要性在于现实的重大变化往往需要概念上的创新与之相适应。如今，范式这一概念被广泛地用来描述一个时代中普遍被接受的一种广义的模型、框架、思维方式或是一种理解现实的体系。

在刘放桐老师主编的《新编现代西方哲学》中，也有对库恩“范式”理论的专门论述：库恩试图将“范式”与科学共同体结合起来，把科学史、科学社会学、科学心理学结合起来，把科学的内史和外史结合起来，对科学发展规律作综合考察，这无疑是有意义的探索。[1] 也正

---

① 刘放桐：《新编现代西方哲学》，北京：人民出版社 2000 年版，第 245 页。

因为如此，库恩的“范式”概念不仅在西方曾引起热烈的讨论，也得到普遍的承认。

综上所述，范式实际上包括了科学共同体所共有的理论假设、研究模式、研究方法、价值标准和形而上学的原则。范式不仅是科学研究的必要条件，而且是学科成熟的标志：只有当一门学科的研究者形成了共同的范式，该学科才从前科学时期进入科学时期。

总之，通过以上对于研究范式的考察，为我们建构国际文化关系的研究范式奠定了必要的理论基础。国际文化关系是一个内容广博、知识庞杂的研究领域，就其基本的研究范式来讲，涉及到研究的核心概念、对象、问题、方法、手段、理论基础等等众多方面。本文仅从国际文化关系研究的核心概念分析入手，重点讨论国际文化关系研究的主要对象和主要问题，以及国际文化关系研究的基本理论范式，并以此来建构本论文的研究框架。

一、核心概念解析

对全球化时代的国际文化关系进行研究，首先遇到的一个重要的问题就是对于核心概念的解析。从概念清理上讲，国际文化关系不仅是“国家文化”（或称“国别文化”）之间的关系，而且也关注不同国家、团体和个体间的文化关系，所以国际文化关系研究既要研究具体的国别文化和国别的外交文化等方面，也要研究综合性或宏观性的“国际文化”问题。这种研究的启动必须从对文化、文明、国际文化等相关概念的解析上入手。

（一）文化与文明

一般认为，文化与文明是两个相互联系而又不同的概念。文化（Culture）一词最早源于拉丁文，原指耕作和对植物的培植，15 世纪时才逐渐被引申使用而成为一个具有丰富内涵的概念。到目前为止，学术界对于文化的概念还没有达成统一的共识，关于什么是文化本身的问题，多年来一直是人类学家、哲学家和文艺评论家们争议的焦点，以至于在对文化概念的理解上，每一位认真思考这一问题的学者似乎都有自己的看法，据不完全统计，目前学术界对文化概念的定义有数百种之多。

纵观这些对文化的界定，不外乎两种，一种是广义上的文化，另一种是狭义上的文化。广义上的文化是作为社会群体的人类在长期的社会实践活动中所创造的物质财富的凝结和精神财富的积累。它包括几个层面：一是精神层面（心理层面），包括精神信仰、哲学体系、思想意识、价值观念、审美情趣、民族性格、伦理观念等因素；二是行为层面，包括生活方式、生产方式、家庭模式、行为礼仪、节日庆典、人际关系等因素；三是制度层面，包括政治体制、经济模式、社会组织、法律典章等因素；四是物质层面，包括人类劳动与自然物质相结合的产物，包括服装饮食、居住条件、交通手段、劳动器具、工艺技术等物质的文化现象。狭义上的文化主要是指一定的人类群体在长期的社会实践和社会生活中形成并积淀起来的观念和心理。这只是从总体上对文化的理解，与国际政治学领域对文化概念的运用还有一定的差距。我们在讨论国际文化关系时，无法先对文化概念划定一个不可出界的范围，因为我们必须面对人们运用这个词语时约定俗成的理解和任意的解释，但我们会尽力使我们所运用的文化概念更具体明确一些，使读者能从严格的国际关系学科角度来理解它，所以，需要对文化这一概念进行进一步的解析。

在西方社会学中，文化主要指代社会性的精神产品，如泰勒将文化概括为知识、信仰、艺术、道德、风俗等①，格尔茨从狭义角度对文化进行了定义，认为文化是从历史上留传下来的存在于符号之中的意义模式，是以符号形式表达的前后相袭的概念系统，借此，人们才能够交流、保存和发展对生活的知识和态度。② 在国际政治学中，文化主要指

① 胡海：《文化冲突与企业中国经营》，《学海》2000 年第 6 期。

② 秦亚青：《世界政治的文化理论：文化结构、文化单位与文化力》，《世界经济与政治》2003 年第 4 期。

个体通过互动而形成的共有知识或集体知识，它是一种社会共有的、结构化了的知识，包括规范、惯例、风俗和制度等。根据建构主义的研究，国际关系中的文化是指不同国家行为体经过国家间互动、社会学习而共同拥有的国际规范、国际制度和国际规则，它包括国际法、国际机制、国际惯例和国际共识等知识标准，换言之，国际关系理论研究层面的文化是指社会建构的共有知识，即共有观念。这种个体之间共有的和相互关联的观念和知识，既包括信念、也包括意愿。在讨论国际文化关系时，本文主张一种中义的文化观，即文化不仅包括观念取向（价值观、意识形态和宗教信仰等），而且也包括行为模式、社会制度、法律制度和政治制度等方面的内容，简言之，文化指的是那些共享的价值观和被普遍认可的文化规范。

文明是一个与文化紧密相关的概念，在一些场合经常与文化混用。文明（Civilization）在中国古汉语中最早的含义是指“文采光明，文德辉煌”①。清代李渔在《闲情偶寄、三冲场》中的“求辟草昧而致文明”，使文明发展成为一个与野蛮相对的、意指有文化状态的概念②。王同亿在《语言大词典》中对文化从四个方面进行定义，即一是文化，指在某一种族、宗族或社会组织中，传统的独特的结构所含有的惯常信仰、社会礼仪和生活特征的总体；二是人类向文明进化的一个特定阶段或状态，如特定时代、特定地点的文化特征等；三是历史中积累并流传下来的知识；四是通过教育获得的知识、技能、能力和品德的总和。其中文明等同于文化的第二层次的含义，可见，文化与文明是两个密切相关而又不同的概念。

在英语中“文明”这个词的词源是拉丁文的“civilis”，意指公民的、国家的和政治的，最早于西欧启蒙时期提出，是作为与野蛮时期对立的社会阶段，指文化发展的高级状态和积极成果。也有学者认为这两个概念是完全不同甚至是对立的，这种不同主要体现为时间观和范围上

① 商务印书馆编：《辞源》，北京：商务印书馆1979年版。

② 同上。

的差异。一般人们认为文明是相对静止的已有文化成果，如德国思想家斯宾格勒说：“文化是活着的文明，文明是死去的文化。“在他看来，文明是人类在物质和精神活动中留下的痕迹，这些痕迹具有物质形态或制度性外壳，而文化是一种不断由内向外溢出的生命力量。在这种区分下，文明主要是共有共享的，文化则可能是不断变革、相互交流和竞争的。文化作为一种人的精神活力和社会发展动力，往往具有与时俱进的变动性、扩张性甚至危险性。亨廷顿认为，文明没有明确的边界，也没有精确的起点和终点，文明的内涵和外延会随着时间的变化而变化，或兴起和衰落，或合并又分裂。[①] 他的这种解释代表了人们一般理解中文明概念“大于”和“高于”文化的想法，本文也更同意这种看法，用比喻的方式说：“文明是要不要穿鞋子，文化是穿不同的鞋子。”[②] 文化的精髓是创造文明，所以文化的多元不会破坏文化间统一的文明内核。国际文化的建设应该提倡多元和多样，但文化的差异不能违反文明的本质，在研究国际文化关系时，要避免和制约一切反文明的文化现象。

文化一直是社会学、人类学、心理学及文化批评等领域的重要研究对象，然而，文化的概念真正进入国际关系领域是近些年的事情。文化本身是一个非常复杂的问题，从目前来看，人们尚未对国际关系意义上的文化概念做出令人满意和一致的解释。不过，为了便于论述，如前文所述，本文采用一种中义的文化观，即文化指的是那些共享的价值观和被普遍认可的文化规范。当所指文化与国际关系相联姻时，它便涉及到前者如何在个人、国家以及全球的层面上对后者产生影响、发挥作用以及造成后果等问题。文化是一种“人的活动”，它的主要任务是“制造和交流人类记忆、意识形态、情感、生活方式、学术和艺术作品以及其它信息符号”。[③] 从这个意义上讲，研究国际关系中的文化问题是从对

① ［美］塞缪尔·亨廷顿：《文明的冲突与世界秩序的重建》，北京：新华出版社 1998 年版，第 252 页。

② 潘一禾：《文化与国际关系》，浙江：浙江大学出版社 2005 年版，第 16 页。

③ ［美］入江昭：《文化与国际史》，载迈克尔·J·霍根和托马斯·C·佩特森编：《阐述美国外交关系史》，纽约：坎布里奇大学出版社 1991 年版，第 215 页。

这一领域的客体研究扩大到对其主体进行研究，这就必然涉及到个人、国家及全球三个层次。

就个人而言，每个人都出生于某个特定的文化环境之中，并在一定的文化背景下成长。个人对现实世界的认识和言行可能受到心理因素、生物因素、角色因素乃至个人经历的影响，但是从根本上说，是受到他所处的文化中的信仰及价值观念的指导和调整。换言之，个人的世界观及言行的理性选择最终通过文化习得才能确立起来。

国家如同个人一样，它一方面凭借武力或实力保护自己的生存，有时甚至利用它们谋求扩大自身的财富和利益，另一方面，国家对自身和周围世界也抱有理想、梦幻、追求甚至偏见。一个国家的人民，尽管他们的社会经济地位、职业身份、居住位置等存在差异，但是，从整体上讲，他们往往共同分享和维持着体现他们国家文化特质的理想、信仰、梦幻、价值、观念、思想记忆等，正是这些表现文化核心的诸成分指导和规范着国家政府和人民在处理国际事务中的言行及态度。一国外交政策的制定过程往往受到本国文化的指导和制约，国家的政治和经济领域也是如此。因此，研究国际文化关系，就要研究各个国家的文化问题，如果不从研究一个国家的文化入手，就很难深入考察和解释国家之间在文化上的冲突与对抗的问题。

就全球层面来讲，20 世纪后期全球化趋势不断加强，不同地域的人们接触更加频繁，随着现代传媒技术的日新月异，越来越多的人们对世界各种思想动态及事件背景的了解和知识几乎是同步获得的，它迫使当今的人们往往不得不在一个多元的国际环境下判断和处理国际关系，国际文化之间关系的处理在这种全球化时代的大背景下也面临着新的挑战。国际政治方面，许多国家也在不断谋求协调和一致行动，那么，生活在这个世界上的人们是否有一天会有共同的信念、理想、价值和观念呢？各国文化之间的相互渗透、碰撞和冲突有没有可能最终在全球范围内形成一种统一的文化模式呢？对此，人们尚无统一的看法与答案，这也是在研究全球化时代的国际文化关系时必须要回答的问题。

（二）国际文化及其关系

目前学术界对于国际文化的内涵还未达成统一的认识。复旦大学的郭树勇博士认为，国际文化指的是国际社会发展到某一阶段所达到的对国际关系、国际政治、国际秩序、国际道义、国际交往、国际权威与国际治理等一系列关乎人类社会生存与发展的基本问题所拥有的最低限度的共识。从形式上讲，它包括绝大部分国家所遵循的全球性的国际制度、联合国国际法基本准则以及有关国际政治运作的理论认知、观念信仰，基本态度和价值认同等。① 可见，他是从建构主义研究国际体系层次文化的角度来界定国际文化的概念，与本文所使用的国际文化关系中的国际文化概念还有差别。在国际政治研究中，文化一词有着特殊的含义，本文在这里用国际文化这一概念来加以界定，即指不同国家行为体经过国家间互动、社会学习而拥有的国际规范、国际制度和国际规则，它包括国际法、国际机制、国际惯例和国际共识等评价性和认识性的知识标准。由于文化形塑并影响着国家行为体的认同与利益，所以文化的变化意味着国家利益的变动，对于文化内化程度不一的国家，对于国家利益的界定也不一致。由此可见，国际文化是国际关系理论研究层面的一个因素，而不是其它意义上的文化所指。而本文只想在国际政治领域中来使用国际文化的这一概念，仅用它来指称在全球的层面上来研究文化之间的关系问题。

从目前学术界的现有研究成果看，对于国际文化的研究已经取得了一些突破，但从整体上看，仍然存在一些问题，还远未形成国际文化研究的系统与流派，缺乏一个完整的研究框架，研究手段和方法也过于单一。具体体现在以下几个方面：

首先，从内容上看，现有成果多是对国际政治、国际关系中文化因素的一般性探讨，学者们对于"文化"内涵的理解很不一致，造成对"文化"、"文明"等术语的混用。可以说，目前学术界对于"文化"这

① 郭树勇：《建构主义与国际政治》，北京：长征出版社2001年版，第310页。

一术语的理解是歧义最多，也是最复杂的一个领域。研究这一问题的文章也很庞杂，五花八门，不一而足。

其次，这些成果大多集中在文化、文明或其他某种文化因素在国际关系中的作用及影响上，很少能达成共识。而多数成果仅仅限于考察某一特定国家外交政策中的文化因素，如王晓德的《美国文化与外交》、计秋枫的《英国文化与外交》等，对于国际文化的学理研究的成果则寥寥无几。目前，已经发表的论文如外交学院秦亚青教授的《世界政治的文化理论：文化结构、文化单位与文化力》、俞新天教授的《国际文化研究初论》是这方面的很有代表性的成果，而对国际文化之间的关系进行研究的成果目前还寥寥无几。

再次，对国际文化的研究缺乏一个有效的理论范式。建构主义理论虽然包含了对文化因素的研究，但建构主义理论不能等同于国际文化理论。一是因为建构主义以社会学为中介，借用米德的符号互动论、吉登斯的结构化理论、伯格和勒克曼的社会建构学说，所以说它不是完全意义上的文化理论；二是因为到目前为止，建构主义的成果主要集中在国际规范对国家身份和利益的作用方面，即对文化功能的研究，而完全意义上的国际文化理论至少应该包括法律、规范、机制、制度、信念、意识形态等具体的文化形态；三是因为建构主义并没有有意识地将国际文化的内容和范畴进行系统综合并加以理论化，从而成为国际文化研究的理论范式。虽然近年来建构主义对于具体文化形态的研究领域越来越广阔，研究的问题越来越深入，研究的方法也越来越严谨，但是，建构主义距离整体主义方法论对国际文化进行系统性的理论集成依然遥远。要建立国际文化关系理论，则需要超越建构主义，探索一个全新的理论范式。

最后，无论在西方学术界，还是在中国学术界，都还没有建立起国际文化研究的完整的理论框架。在西方，对于国际文化问题的研究主要是在文明冲突论、建构主义的理论范式之下进行的，对于国际文化的研究还没有一个独立的、完整的范畴和内容。在中国学术界，对于国际文化的研究还没有找到一个完全合适的理论框架，学者们目前还处于对国际文化问题研究进行探索的阶段。外交学院的秦亚青教授提出国际文化理论研究至少应该包括文化结构、文化单位和文化力三方面内容，可谓是对于文化理论研究的大胆探索。俞新天教授在《国际文化研究初论》一文中则提出，国际文化研究的架构应该分为四个层次：即概念、思想和原则；对于概念、思想和原则的集体认同；文化的制度化；文化影响世界政治和经济。平野健一郎在其著作《国际文化理论》中则提出了文化摩擦论、文化交流理论、涵化理论，并论述了对异文化的理解和误解，比较有影响的是涵化理论的提出，意指一种文化与另一种文化接触时，双方或某一方文化发生变化。虽然中外学术界已经积累了这些重要的学术成果，但就一个学科体系来说，还远远不够。使对国际文化关系问题的研究超越各家各派的只言片语，形成自己独立的研究空间，还需要建立一个完整的国际文化关系理论的研究框架。

综合目前国内外学术界对国际文化问题的研究，对于如何对这一问题进行深入的研究，使国际文化理论形成自己独立的空间和体系，本文提出以下几点不成熟的建议：

首先，对国际文化的内涵要进行统一的界定。本文前面已经提到，目前学术界对于国际文化并没有一个统一的界定，这也是造成目前对这一问题研究状况混乱的一个原因。所以，对国际文化内涵进行明确而统一的界定是研究国际文化关系问题的起点。

其次，要确定在哪个层次上进行国际文化研究。温特强调在国际体系层次上对国际文化问题进行研究，并提出一个由霍布斯经洛克到康德文化的发展路径。而本文认为这并不是国际文化研究的唯一路径，研究国际文化问题可以从宏观和微观两个层面同时展开，既要从国际体系层次上进行研究，也要从单位层次上进行研究，从而才能建立起国际文化关系的完整理论。而本文正打算从单位层次上对国际文化之间的关系进行研究，探索全球化时代背景下国际文化关系建构的一种合理模式。

最后，要确定研究国际文化的基本单位。传统的主流国际关系理论都把国家作为研究问题的基本单位，而本文建议采用多元文化单位的分析方式，不仅要对国家行为体，同时也要对次国家行为体、跨国行为体、国际组织等主体进行分析，从而建立国际文化关系理论的框架。

总之，学术界对国际文化的研究仍然任重而道远，建立国际文化关系理论更是一项浩大的工程。但可喜的是，我们已经在国际关系的文化研究中迈出了重要的一步。而且，把国际文化的研究引入世界秩序的建构中来，从而引导我们找到实现世界和平的路径，对于世界来说，不仅有学术上的理论贡献，更具有重大的现实意义，相信我们本着这样一种信念努力开拓，未来就一定会收获国际文化关系研究的累累硕果。

（三）文化的本质特征

前文我们已经分析了文化、文明、国际文化等核心概念及其相互关系，为我们进一步研究全球化时代的国际文化关系奠定了初步的基础。要对国际文化关系进行深入的研究，我们必须解决的另一个问题就是关于文化的本质特征。而本文对于文化特征的分析是基于前文概念解析的基础之上，即是说我们在这里并不打算探讨一般意义上的文化概念所具有的特征，而仅仅是把那些与我们研究的问题紧密相关的特征抽出来，在国际政治的学科领域里来深入挖掘文化的本质特征，为我们接下来的研究打下基础。从国际关系理论的角度入手，本文认为文化至少具有三个特征：

首先，文化具有创造性和教化性。文化的特征是后天形成的、通过社会化培育的，它始于摇篮时期，在幼儿园、学校和工作单位被强化，使我们对之深信不疑，每个人都是在不断学习又改变着文化。霍夫斯泰德曾经说过："文化是我们思想中集体的、能够把一类人与另一类人区别开来的思考程序。"① 文化对人的教化是一个复杂的体系，它吸纳和反映着人类社会发展的矛盾方式，主要是三个方面的矛盾或张力：一是个人的社会化与个性化之间的矛盾；二是文化规范与文化给人提供的自由之间的矛盾；三是文化传统性与文化机体中创新和自调节性之间的矛

① ［英］理查德·D. 刘易斯：《文化的冲突与共融》，北京：新华出版社2002年版，第17页。

盾。这些矛盾既是文化的本质特征，又是文化发展的源泉。[①] 韦森在《文化与制序》一书里说：在人类的生活世界中，每个人都与他人进行社会博弈，而不是与种种社会和文化角色、制序和抽象规则进行博弈。正是在这种实在的社会生活或者说社会博弈中，人们型构、改变和演进种种社会制序，也是在同一过程中，人们传承、增加和积累着关于如何进行社会交流和社会博弈的知识。[②] 这种"使人成之为人"的知识、经验、理解、意义、语言、信息所构成的观念体系，就是文化或文化模式。而这种文化模式指导着我们与处于社会系统中的其他人打交道。可见，文化从本质来说是可创造的，并且对人们具有一种教化的功能。文化的这一特质，决定在国际文化交往中各个不同文化之间的冲突与融合。

其次，文化具有传承性。文化的传承性和稳定性是相对的，它既可能是间断的或连续的，也可能是积极的或消极的。文化的变迁是常态，不同的学派对文化的变迁有不同的解释。19 世纪进化论学者认为人类文化是从低级向高级、由简单到复杂不断进化的。传播学派认为世界上为数不多的文化圈是在不同时间和地点分别建立起来的。所有的文化圈都是某个文化中心的文化散布的结果，文化发生变化主要是依靠传播和发明这两个因素的相互结合或影响。以马林诺夫斯基为代表的功能学派认为：文化的过程就是文化的变迁。文化变迁是"现存的社会秩序，包括组织、信息、知识以及工具和消费者的目的，或多或少地发生改变的过程"。[③] 文化的变迁有内因和外因，内因是文化内部结构的矛盾运动，如新发现、新观念、新规范和新技术等，常成为新的文化特征。文化变迁的外因是社会革命、外族入侵等。

文化的传承也可以从内部的"濡化"和外部的"播化"两个角度理解。韦森在《文化与制序》一书中总结说：通过考察文化和文化演进对制序、制序化以及制序变迁的影响和作用，我们发现，如果我们把

① 潘一禾：《文化与国际关系》，浙江：浙江大学出版社 2005 年版，第 20 页。
② 韦森：《文化与制序》，上海：上海人民出版社 2003 年版，第 38 页。
③ 同上，第 21 页。

文化与制序的复合体视作一个封闭的系统，文化对制序的影响主要是通过文化“濡化”（enculturation）形式发生的。如果把文化与制序的复合体视作一个开放的系统并进而研究不同文化之间的信息交流和互相影响，文化对制序的影响则主要通过文化的“播化”（diffusion）形式来进行。[①] “文化濡化”和“文化播化”[②] 这两个社会机制过程就其实质来说均为文化基本单位的传播和接受。那么，在全球化时代里，国际文化之间是如何进行交流与传承的呢？这种交流与传承最终导向一种什么样的秩序呢？我们在后文将会集中论述。

再次，文化具有交流性和可变性。文化的交流和学习在过去很长一段历史时间里是很有限的，但随着全球化时代的到来，随着高新技术手段在信息领域里的运用，任何一个生活在这个世界上的个体，不仅可能学习掌握以前创造的各种文化，而且可能了解与他生活在不同空间的其他民族正在创造的文化。文化的交流和改变主要是通过两种途径：一是通过人际交往，包括个体、团体、国家间的交往，包括正式的外交、企业间的贸易合作和民间的、个体的旅游互访等不同场合。二是通过受教育和自我教育，包括阅读相关书籍、观看相关影视节目和聆听讲座、参加旅行、观光游览等等。广播、电视、电影、报刊杂志和各类出版物等现代大众传媒，为我们的文化交流提供了极大的便利条件。在不断进行的文化交流中，文化也潜移默化地发生着改变。正因为文化的这一性质，某些西方国家才会在外交政策上推行文化霸权主义，以此为手段影响并改变对象国的政治环境。

最后，文化具有多样性和差异性。人类社会是一个由不同类型文化所构成的共同体。在漫长的历史发展过程中，每个民族、每个国家都在创造自己的文化。由于地域、历史、传统的不同以及各种现实因素的影响，不同区域、不同时期、不同传统的人类社会共同体总是在社会的生

① 韦森：《文化与制序》，上海：上海人民出版社2003年版，第47－48页。

② 在西方社会学和人类学的文化理论中，除了“文化濡化”和“文化播化”外，还有另一个词“acculturation”，即“文化涵化”，是指一个群体如社会、国家、族群，尤其是一个部落接受另一个群体的文化特征和社会模式的过程。

产方式、生活方式和思想方式，以及相应的语言、哲学、科学、文学艺术、伦理、宗教、政治、法律、技术等文化体系方面，表现出不同程度的独特性和不同文化类型。世界文化的多样性不仅是一个客观存在的事实，而且是促进世界文明进步发展的一个积极的重要的因素，每种文化都有其独特的历史发展过程，这种发展并不排斥其他文明的发展，也不可能以其他文化的衰亡为前提。每种文化都在顽强地表现着自己的多样性，都是在多样性中存在，在多样性中交流，在多样性中前进的。正像中国人民大学的欧阳志远教授所说的那样，人类文化的多样性和地球上的生物多样性一样，是人类社会的基本形态。①

文化多样性对于人类及其存在来说是非常必要的。一是因为它是人类文化得以延续和保存的重要前提。我们知道，任何一种可能的文化，都有自身的长处，同时也有其缺陷，一种文化要想在不利于自身存在的条件下获得生存的机会和可能性，就只有通过吸收其他文化的优势因子以取长补短，来迎接挑战，积极地适应环境。就人类文化的整体而言，如果离开了所有不同文化之间的互补融合，就有可能将一种文化的缺陷放大为整个人类文化在总体上所普遍具有的共同缺陷，从而危及到人类文化的持续存在。

二是因为文化多样性的存在还是人类文化保持自身活力的重要条件。一方面，文化多样性为人类文化实现类似于生物学意义上的“杂交优势”创造了必要的条件；另一方面，文化多样性的存在还为特定文化的选择提供了多种可能性，而对新的可能性的尝试和探索，恰恰是创造性与活力的重要表现。正如拉兹洛所说的：真正的创造性并不导致一致性，不同文化的人所信奉的许多不同的观点和观念只要互不对抗，就能使当代世界增添丰富性和活力。② 文化多样性所要求的不同文化之间的多元关系，成为各种文化之间的张力结构赖以保持的可靠保障，而不同

---

① 欧阳志远：《“上帝”的陶杯：文化多样性与生物多样性》，北京：人民出版社 2003 年版，第 351 页。

② ［美］欧文·拉兹洛：《决定命运的选择——21 世纪的生存抉择》，北京：三联书店 1997 年版，第 121 页。

文化之间的张力关系恰恰为人类文化的存在和发展提供了不竭的动力。因此，人类进步基金会研究报告《共同创造地球的未来》提出了七项未来行动原则，其中之一就是“多样性原则”，它指出：“多样性的文化是人类的共同财产，也是人类能够应付各种复杂情况，迎接各种挑战的力量和智慧的源泉，因此必须全力保存这种多样性。”①

文化的多样性当然也就意味着差异，包括内容的差异、形式的差异和发展水平的差异。正是有这种差异，才会有对话和交流，才会有相互借鉴和相互学习。人类文化正是在这种多样性的交流、融会中不断前进的，在多样性中也不断形成和融会普遍性，这是人类文化发展的一条基本规律。

总之，每种文化都有其存在的价值，文化只有在多样性的存在中才能发展。正如江泽民同志在联合国千年首脑会议上指出的：“世界是丰富多彩的。如同宇宙间不能只有一种色彩一样，世界上也不能只有一种文明、一种社会制度、一种发展模式、一种价值观念。各个国家、各个民族都为人类文明的发展做出了贡献。应充分尊重不同民族、不同宗教和不同文明的多样性。世界发展的活力恰恰在于这种多样性的共存。”②如果每一种文化都故步自封，维持自己的单一性，本身是不利于文化繁荣的。并且由于任何单一的文化不仅是单调乏味的，而且是不利于进步的，多样性是进步的酵母，无论从价值的多元性还是从审美趣味的多样性上来看，文化的本性都在于多样性。

二、国际文化关系研究的主要领域和对象

按照库恩对于范式的论述，一个新的学科或理论的确立，总要首先明确其核心概念、理论假设、研究模式、研究方法、价值标准等内容。

① 《国外理论动态》，1994 年第 19 期，第 148－149 页。

② 江泽民：《在联合国千年首脑会议上的讲话》，《人民日报》，2000 年 9 月 7 日，第 1 版。

范式不仅是科学研究的必要条件，而且是学科成熟的标志。由于国际文化关系问题是近些年学术界兴起的热点问题，从目前的情况来看，关于国际文化关系的研究还未出现完整性、系统化的成果，这就有必要首先明确其研究的主要领域和问题，在此基础上，我们才能确立国际文化关系的研究框架。

（一）文化进入国际关系视野

在对国际文化关系进行研究的时候，我们是侧重于研究文化问题，还是“国际文化”问题？与此相关的，还涉及到哪些因素值得我们去关注？这就需要我们首先要明确文化与国际关系的相关性，在国际关系领域来关注相关的文化问题及其相互关系。

冷战结束以后，在科索沃危机、巴以冲突等世界范围内的局部冲突中，文化因素的作用日益突显。20 世纪 90 年代中期以后，“文明冲突论”又激发了诸多争议。国内外学者表现了对文化与国际关系问题的高度关注，美国《华盛顿季刊》主编麦哲（M. J. Marzarr）1996 年发表题为《文化与国际关系：基本理论述评》的文章，回顾并总结了 20 世纪 90 年代以来对文化与国际关系研究的探讨，提出五种分析模式：模式一是作为生活技能、修养的文化。认为文化是决定国家、民族和个人经济命运的关键因素，因为有些文化，相比其他文化能够更好地为成功提供保证；模式二是作为认识过滤器的文化。认为文化透镜和信仰体系长期强烈地、既个体又集体地影响着国家领导人理解政策问题的方式，通常还决定着他们对解决问题方法的选择；模式三是作为社会、经济建筑师的文化。认为文化可用作设计关于社会、经济和军事的结构与机构的宏伟蓝图，从而对民族国家在世界大家庭中的行为和前途产生强烈的影响；模式四即“文明的冲突”，认为文化是国际关系的主要构架，国际事务中国家行为的重要基础，国际冲突的首要原因；模式五即“文化的影响力日渐衰落”，认为文化对世界经济、政治和社会的影响实际上在逐渐衰落，原因在于全球化的不断发展，科学技术手段的日新月异，使各国文化出现了交融的趋势，不同文化间的壁垒在被打破，特殊文化对所在地区的独特影响在下降，世界各地不同民族和种族的人们的思想、观念、行为越来越趋于一致化，各自独特的文化正被越来越多的共同标准、共同文化所取代。① 麦哲仅仅是对学术界关于这一问题的研究做出了自己的归纳和总结，并没有明确提出国际文化关系研究的领域和问题。

但随着学者们对于国际关系中文化问题的关注，他们已经认识到没有文化关系的国际关系理论从根本上来说是不完整的。日本学者平野健一郎认为，国际文化关系应该包括四个方面：文化与异文化的关系、国际关系中的文化侧面、国际性的文化关系、国际文化。② 这是学术界首次完整地提出国际文化关系研究的问题领域，对我们很有启示意义。

（二）国际文化关系研究的主要领域

自20世纪90年代以来，文化与国际关系的研究方兴未艾。早在20世纪70年代，布尔就在《无政府社会》一书的结论部分首先提到了“国际政治文化”，提出要在各个国家社会中培育一种大众的、共同的普世主义的文化，即国际政治文化。③ 大卫·布兰尼等人提出，20世纪后期以来的国际关系中出现了许多新的变化与特征。他所说的“新的因素”包括那些与传统的国际政治相关的所谓“非国家、非官方”因素，如利益集团、民族宗教团体、科学家协会、政治人的网络等等。④ 清华大学的阎学通和孙学峰于2001年出版的《国际关系研究实用方法》一书，把国际关系研究的主要内容归纳为五个方面：国际关系的本质研究、国际关系变化的研究、国际关系区别的研究、具体国际关系的研究和国际行为体的研究。⑤ 而文化关系作为国际关系的一个方面，研究的

① ［美］麦哲：《文化与国际关系：基本理论述评》，谭晓梅、忠岐译，《现代外国哲学社会科学文摘》1997年第4期，第13－17页。

② ［日］平野健一郎：《国际文化理论》，《国外社会科学》，1997，(2)。

③ Hedley Bell, The Anarchical Society, Columbia University Press, 1977, pp. 315－317.

④ David Blaney, A Frame of the Promise and Peril of Global Civil Society, for the presentation in CASS, May 6. 1999.

⑤ 阎学通、孙学峰：《国际关系研究实用方法》，北京：人民出版社2001年版，第8－9页。

领域也必然与之密切相关。参照这些归纳，本文认为国际文化关系研究也应该关注国际文化关系的本质研究、国际文化关系的变化研究、具体国际文化关系的研究以及各种国际文化行为体之间的关系研究，关注这种关系的本质是战争、冲突还是合作与交流，以及这种复杂关系的变化及其原因，国际文化关系与其他国际政治、经济和社会关系的联系和影响等。

关于国际文化关系研究，俞新天教授认为可分为四个研究层次：第一个层次是研究不同国家在什么时间、地点和条件下，提出了什么新的概念、思想和原则；第二个层次是分析各种概念、思想的集体认同，集体认同的程度越高，对于国际关系的影响就越大；第三个层次是探讨制度文化的能力。多个国家认同了某种概念、思想和原则，还仅仅是思想上和言论上的共识，要转化为国际关系中的行为，必须建立制度的保证。第四个层次是文化作用于世界政治与经济，能动地改造和塑造国际关系的面貌。① 可见，俞新天教授提出了一个崭新的国际文化研究的理论框架，为我们研究国际文化关系问题提供了一个新的视角。

而浙江大学的潘一禾教授对此做了补充，认为应该同时关注两个重要问题的研究：国际制度和国际组织文化、世界公民文化。认为国际文化关系研究应该特别关注人们的信仰、行为方式和不同社会组织制度之间的复杂交往，以及这种跨文化交往、博弈所产生的各种国际影响，并展望和促进建设未来世界性共有共享的价值观和文化规范。这一研究成果为我们研究全球化时代的国际文化关系指明了方向。

对国际文化关系的概念很容易被仅仅理解成字面意思，即国家间的文化关系，但现实中的国际文化关系不仅仅发生在国家和政府之间，而且一直存在于双边或多边的民间交往中，表现为各种组织之间、人际之间的文化交流。所以，我们不仅应该关注文化与不同国家、民族、政党的特殊关系，关注不同文化与国际组织、国际机制和国际社会网络的不

---

① 俞新天：《国际文化研究初论》，《上海社会科学院学术季刊》1999 年第 1 期，第 96–98 页。

同关系，还要关注区域性、国际性共识的产生和发展，关注共有价值观和文化规范的国际社会化问题等等方面。

总之，从以上分析论述可以获知，围绕着重要的价值观、文化规范、集体认同、国际影响等核心术语，国际文化关系的研究领域是广阔深邃而庞杂的。本文没有办法对之一一展开论述，所以，本文只能采取一种简单化的战略，在论及国际文化关系时，仅仅把其限定在目前国际社会中的主要文化行为主体上，即国家、民族以及区域性的文化整体上，主要研究这种国际文化关系的本质、特征、变化发展以及影响等方面。

（三）国际文化关系研究的主要对象

在国际政治理论中，国家仍然是最基本、最值得关注的国际关系行为主体，是不同文化价值观体系的主导者，但同时各种非国家行为体也必须进入国际关系的研究领域。所以，国际文化关系研究的主要对象，首先应该指向国别文化及区域性文化研究，即被世界性普遍认可或共享的价值观和文化规范。这方面的研究虽然十分庞杂，但又有一定基础。英国历史学家汤因比在他的《历史研究》里，把人类文明史分为二十六种文明，历经发展演变，剩下西方的基督教文明、东欧和俄罗斯的东正教文明、北非和中东等地的伊斯兰教文明、印度次大陆的印度教文明、中国和东亚的儒教文明五种比较重要的文明①；美国学者塞缪尔·亨廷顿把世界分为中华文明、日本文明、印度文明、伊斯兰文明、西方文明、东正教文明、拉丁美洲文明以及可能存在的非洲文明共七或八大文明。在此基础上，有些学者认为，21 世纪世界文化发展很有可能形成若干个重要的文化区：欧美文化区、东亚文化区、南亚文化区和中东与北非文化区、伊期兰文化区，以及以色列和散布在各地的犹太文化区等等。这几种有着长久历史的大的文化潮流将会成为主要影响世界文化发展的动力。

---

① ［英］汤因比：《历史研究》，上海：上海人民出版社 1986 年版，第 29 页。

其次，国际文化关系的研究对象应该包括“影响研究”。即应该研究不同文化团体的集体认同方式，发现它们之间的异同、冲突方式和沟通方式。具体可分为两部分：一是不同文化体系的内部濡化和对外播化的方式研究，不同文化对他者文化的学习或抵制方式研究；二是国际性文化交流和冲突的具体案例研究，包括对其造成的各种国际性影响的研究。

最后，应该对一些现实文化问题进行理论上的应然性研究。即根据国别文化研究和影响研究的具体成果，对国际重要文化事态的发展进行对策性研究，还有对未来世界文化秩序设计、文化冲突调解方式的设想和国际性文化交流规则建设等方面进行战略性的研究。

总之，国际文化关系的研究对象既要包括国别文化及区域性文化研究，也要包括各种不同文化之间的交流、冲突及融合，不同文化之间的交流互动对国际社会的影响以及其发展走向，还应该包括如何解决不同文化之间的冲突，怎样建构一个公正合理的国际文化新秩序等问题。

三、国际文化关系研究的基本理论范式

初期的国际关系理论，基本上归属在历史学、法律学、政治学、经济学的范畴。1900 年美国威斯康星大学顿尼希教授撰写的《在东方形势影响下的 19 世纪末的世界政治》被西方学者公认为是最早的一部国际关系专著。一战以后，国际关系学说逐渐系统化、理论化，开始同其他学科分离，成为一门独立的学科。国际关系理论一直在西方学术界占据着重要的地位，随着世界政治经济的发展，西方的国际关系理论日趋成熟。但是，纷纭多变的国际形势也使它原有的理论框架落伍于时代，其局限性也越来越明显地暴露出来。在相当长的时间里，国际关系理论只注重权力政治、势力均衡和国家利益，只重视研究政治关系、经济关系和法律关系，而对国际关系中的文化因素和文化现象的存在关注不够，造成国际关系理论体系本身的不健全。因此，如何适应时代的变

化，健全其理论体系，始终是其发展过程中的重大课题。随着全球化时代的到来，国际关系理论的内容也应不断地进行充实，把体现时代特点的理论成果吸纳进来。国际文化关系作为国际关系理论的一个崭新视角，越来越受到学术界学者们的广泛关注，国外学者已经意识到，没有文化的国际关系理论，从根本上说是不完整的。

目前，学术界对于国际文化关系的研究还处于起步阶段，文化作为不同于国际政治现实主义理论中权力、利益的一个崭新的分析国际关系问题的视角，其基本的理论范式也必然会相异于国际政治现实主义的理论范式。前文我们已经论述，"范式"在托马斯·库恩《科学革命的总结》一书中被认为是一种简化了的现实图画、理论、概念模式。库恩认为思想和科学的进步是由新范式代替旧范式所构成的，而且每一种科学范式都只能解释一部分问题，而不是全部新的问题。作为一个新兴的研究领域，学术界对国际文化关系研究的理论范式也处于一个新的探索阶段。也就是目前还处于讨论国际文化关系作为一个体系和一种问题领域是否应该得到更好的重视，国内外学者们都从哪些角度来研究国际文化关系，提出了哪些有关国际文化关系的理论和观点？从这个意义上说，综观目前国内外学术界关于国际文化关系研究的基本的理论范式主要有以下四种模式：

（一）文明冲突范式

随着苏联解体和冷战结束，世界历史的走向再度引起世人关注，1989 年以来发生的一系列事件使得西方国家弥漫着强烈的乐观主义情绪。他们欢呼已经取得对共产主义的胜利，宣称"历史已经终结"。然而，世界并没有因此变得安宁，大大小小的冲突仍然频频发生。学者们也从各种不同的角度探讨冲突的根源，寻找冲突之所以发生的理论支持，从不同角度探寻构建新世纪世界秩序的模式。

在此背景下，哈佛大学的塞缪尔·亨廷顿教授语惊世界："冷战结束后，世界的矛盾和冲突的主要根源不再是意识形态因素、经济因素或者政治上的对立，而是不同文明之间的冲突。”[①] 他对文明的定义是：一种文明就是一个文化实体，是人类最高的文化集团和最广泛的文化实体，包括了价值、规则、制度、习俗和思维模式。[②] 据此，亨廷顿把世界划分为七或八大文明：基督教文明、东正教文明、儒教文明、伊斯兰文明、日本文明、印度文明、拉丁美洲文明和有可能存在的非洲文明。他认为，在冷战后的世界，国家日益根据文明来确定自己的利益，它们与自己有共同根源或文化的国家合作或结盟，并常常同具有不同文化的国家发生冲突。冷战后冲突的主要根源不再是意识形态或经济因素，主导人类的将是文化的差异。文明之间的冲突取代超级大国的对抗而主导全球政治。总之，亨廷顿认为文化和文化认同形成了冷战后世界上的结合、分裂和冲突模式，以文明为基础的世界秩序正在出现，文化类同的社会彼此合作，国家围绕它们文明的领导国家或核心国家来划分自己的归属。当然，亨廷顿的这些观点还很值得商榷，有些观点则明显带有偏颇，但他为我们提供了分析世界秩序的一个崭新视角，首次为我们展现了国际文化之间的秩序图谱。

亨廷顿也论述了世界范围内文明之间的关系，并把它们划分为三个阶段：第一阶段是各文明的相互遭遇，大约在公元1500年前，文明之间的交往或者不存在，或者很有限，或者是间断的和紧张的；第二阶段是各文明相互冲击的阶段，大约在公元1500年之后，西方文明兴起，西方对所有其他文明发起了持续的、不可抗拒的和单方向的冲击。西方同非西方之间的关系是“控制——从属”模式；第三阶段是各文明相互作用的阶段，表现为一个多文明的体系。自20世纪起，文明之间的关系从受一个文明对所有其他文明单方向影响支配的阶段，走向了所有文明之间强烈的、持续的和多方向的相互作用阶段。[③] 很显然，我们在讨论现实和未来的国际文化关系时，都不能不关注亨廷顿已经进行的这

① ［美］塞缪尔·亨廷顿：《文明的冲突与世界秩序的重建》，北京：新华出版社1998年版。

② 同上。

③ 同上。

些分析和梳理。

亨廷顿的“文明冲突论”的新意在于，他指出了文化变量在当代国际关系中作用的新变化。冷战时期，政治、军事等所谓“硬权力”压住了文化因素在国际关系中的地位。而在冷战结束后，一旦政治和军事的高压减弱，文化作为一种“软权力”，文化冲突和矛盾就会显露出来，甚至会以一种扩大的方式显示出来。文化因素成为国际关系中一种十分敏感的因素，在一些地方甚至导致地区性的流血冲突和政治对立。如波黑的塞族、克族和穆族之间的冲突，波罗地海三国从原苏联的脱离，其中，文化因素起到了重要的作用。对西方人来说，亨廷顿的“文明冲突论”解开了冷战后出现的许多国际性冲突的内在秘密，尤其是使西方人找到了理解近年来在伊拉克、索马里、波斯尼亚、海地等问题上所产生困惑的一个重要理论参考框架，代表了一部分学者对于战后世界秩序建构的观点，也是学术界首次明确提出从文化的视角探寻世界秩序建构的理论。是我们今天研究国际文化关系、探讨国际文化新秩序问题所不能跨越的理论参考。

（二）软权力理论

最早明确提出“软权力”概念的是美国著名的学者、哈佛大学肯尼迪政府学院院长约瑟夫·奈，之后，“软权力”理论成为学术界的一个新兴理论，成为研究国际关系问题的一个崭新视角。

1990年，约瑟夫·奈先后在《政治学季刊》和《外交政策》等杂志上发表了《变化中的世界力量的本质》和《软权力》等论文，并出版了专著《美国定能领导世界吗》，明确提出“软权力”理论，他认为，冷战后国际政治的变化主要表现在“世界权力的变革”和“权力性质的变化”上。过去，对一个大国的考验是其在战争中的实力，而今天，实力的界定不再强调军事力量和征服，技术、教育和经济增长等因素在国际权力中正变得日益重要。在冷战时期，东西方对抗的轴心是

“硬权力”，特别是大国使用军事力量来平衡国际体系的实力地位。[①] 而现在，随着两个超级大国全球军事对抗的消失，经济、文化因素在国际关系中的作用越来越突出，在世界变革的情况下，所有国家都要学会通过新的权力源泉来实现其目标：操作全球相互依存，管理国际体系结构，共享人类文化价值。[②] 约瑟夫·奈认为，这种新的权力源泉就是“软权力”，“软权力”的新形式正在出现，特别是在文化、教育和大众媒介方面，“软权力”的性质是无法用传统的地缘政治学来解释和评估的。[③]

关于“软权力”的概念界定，约瑟夫·奈本人的观点也经历了一个发展变化的过程。在《美国定能领导世界吗》一书中，他认为，美国在当今世界上不仅拥有经济、军事等“硬权力”优势，而且还有文化、价值观和国民凝聚力等“软权力”优势。“硬权力”是通过经济、军事等有形力量强迫别人去做他们不愿意去做的事情，而“软权力”则是通过精神和道德力量影响、诱惑或劝服他人相信或同意某些行为准则、价值观念和制度安排。在这里，约瑟夫奈所指的软权力是指价值观念、生活方式和社会制度的吸引力和感召力，是建立在此基础上的同化力与规制力。[④] 2004 年，他又在新作《软权力：通向世界政治的成功之路》（Soft Power：The means to success in world politics）中重新对“软权力”进行了简短明确的界定：“它是一种通过吸引而不是强制或购买获得所需东西的能力”[⑤]，这一概念进一步明确了软权力的性质和作用。同时，他也阐释了“软权力”与“硬权力”之间的关系，前者是建立

---

① 刘德斌：《“软权力”说的由来与发展》，《吉林大学社会科学学报》，2004 年第 4 期。

② Joseph Nye. The changing nature of World Power ［J］. Political Science Quarterly，Volume105，Issue2，Summer，1990. 转引自刘德斌：《“软权力”说的由来与发展》，《吉林大学社会科学学报》，2004 年第 4 期。

③ Joseph Nye. Soft Power ［J］. Foreign Policy，Fall，1990. 转引自刘德斌：《“软权力”说的由来与发展》，《吉林大学社会科学学报》，2004 年第 4 期。

④ 参见刘德斌：《“软权力”说的由来与发展》，《吉林大学社会科学学报》，2004 年第 4 期。

⑤ Joseph Nye. Soft Power：The means to success in world politics. New York：Public Affairs. 2004. P4.

在文化和意识形态的基础之上，后者则是建立在强制和引诱的基础之上，“硬权力”和“软权力”可以相互作用和加强。

2002年，约瑟夫·奈发表了《美国霸权的困惑：为什么美国不能独断专行》，书中进一步集中讨论了“软权力”问题：“软权力并不是什么新事务，美国也不是第一个力图用自己的文化创造软权力的国家。在普法战争失败后，法国试图通过1883年创造的法兰西联盟来推广它的语言和文学，以修复其被毁坏的威信。在海外推广法国文化因而成为法国外交的重要组成部分。意大利、德国等国很快加以仿效。20世纪20年代无线电广播的出现，使许多国家进入了外语广播的时代，到了30年代，纳粹德国把电影宣传片推向了极点。美国政府很晚才想到要利用美国的文化为外交服务。随着二战和冷战的展开，美国政府才更加积极，其官方举措包括美国新闻署、美国之音、富布赖特计划、各地的美国图书馆以及各种讲座项目。美国公司和广告业的经营者、好莱坞电影公司的老板们，不仅向世界其他国家销售他们的产品，而且也推销美国的文化和价值观。”① 由此可见，美国拥有明显的软权力优势，拥有巨大的软权力资源。但约瑟夫·奈也承认，“软权力”并不是美国独有的权力，他认为，在全球化时代可能获得“软权力”的国家有很多，但获得“软权力”的国家必须具备一定的条件，主要体现在三个方面：一是其主流文化和观念更接近普通的全球规则；二是它具有多渠道的交流；三是它的国内和国际表现能够增强其信誉。② 他还在书中警告说：“如果我们傲慢自大，对外部世界麻木不仁，浪费我们的软实力，我们就会增加受到攻击的危险，卖空我们的价值观，加速我们优势的丧失。”③ 他的这些观点对我们研究国际文化关系问题有着重大的启示意义。

近几年来，国内学术界也开始日益关注软权力理论的研究，如吉林

① ［美］约瑟夫·奈：《美国霸权的困惑：为什么美国不能独断专行》，北京：世界知识出版社2002年版，第73页。

② 同上。

③ 同上，第11页。

大学的刘德斌、北京大学的张小明、中国社科院的刘卫东等学者在研究约瑟夫·奈软权力理论的基础上，提出了自己独到的见解，为软权力理论的进一步发展奠基了一定的基础。

总之，尽管“软权力”理论还未成为西方国际关系的主流理论，还处于新兴和发展的阶段，但它为我们研究全球化、信息化时代的国际关系提供了一个全新的视角，为我们研究全球化时代的国际文化关系提供了一个新的理论源泉。

（三）国际文化理论

平野健一郎是日本著名的国际问题专家，以研究国际文化理论著称。他从20世纪70年代后期起就关注国际关系中的文化问题，他从文化现象入手，分析国家间的往来，进而涉及人与人的关系问题。平野认为，在国家之间的交往中，除了政治、经济和军事关系外，至少还存在文化关系。而且正是文化规定了人们的生活和生活方式的形态。因此，国际关系理论的研究必然要包含文化关系的研究。他指出，所谓的国际文化关系至少包括以下四个方面：一是文化与异文化之间的关系；二是国际关系中的文化侧面；三是国际性的文化关系；四是国际文化。[①] 国际文化理论就是研究上述文化现象与文化关系的学问。因此，它应该、也必将成为国际关系理论中最重要的部分。

平野试图摆脱传统理论的束缚，构筑起一套独为一体的有关国际文化理论的体系。而他所要构建的是一个十分庞杂的体系，其中包括文化基础论、异文化之间的关系、普通性与特殊性、行为主体的文化结构、交涉形式论、文化与文明、多文化主义、文化摩擦论、异文化的理解与误会、文化交流论、涵化理论、技术转让论、人口的国际流动、国际交流论、国际文化论以及地球文化论等十六个方面的内容。同时，他开门见山地指出，要建立一种新的国际文化理论体系，必须在方法论上有所

---

① 李廷江：《探索国际关系的新视角——平野健一郎和他的国际文化理论》，《国外社会科学》1997年第2期，第38页。

突破，他借用日本文化人类学者石田英一郎有关文化的定义，把研究文化的内在以及外在的变化、文化之间的比较、文化的普通性与特殊性作为其主要内容，强调国际文化理论其实是研究国际社会中异文化关系的理论。

早在1976年，平野就写了题为《作为文化关系的国际关系》一文，讨论了国际关系发展的历史和未来，这在日本是最早涉及国际关系中的文化因素的文章，也是平野探讨国际文化理论的尝试之作。在这篇文章中，他具体论述了文化交流在各个时期的形态、特征和意义，提出了文化因素自19世纪下半叶以来，在国际交往中日益重要，国民国家依靠文化的共性而形成的观点。此外，平野把文化摩擦论作为讨论国际文化关系的主干，认为文化摩擦论是因文化不同而引起的误会、偏见、纠纷、摩擦和矛盾等争执现象的总称。

日本独协大学教授星野昭吉在其《全球政治学》一书中着重分析了文化与全球政治的关系。他提出，全球文化的性质与方式在很大程度上影响并限制着行为体的行为，以及行为体之间的关系模式。在全球文化的影响下，全球政治在本质上是复杂多变的。一般而言，从不同文化、政治背景的内涵与外延出发，每一个行为体都会提出不同的秩序；在某种程度不同，世界秩序、主权、安全、经济与文化的性质、结构、变化与涵义依赖于文化的全球化。①

发端于平野的对于国际文化理论的研究，在进入90年代以后，逐渐引起了中国学者们的兴趣。上海国际问题研究所的俞新天教授是目前国内国际文化理论问题研究的知名学者之一，1999年她在《上海社会科学院学术季刊》上发表了题为《国际文化研究初论》的文章，分析了国际文化研究的重大意义，厘清了几种不同的价值观取向，提出了国际文化理论的研究框架。认为国际文化研究应该划分为四个层次：第一个层次是研究在什么时间、地点，提出什么新的概念、思想和原则，它

① ［日］星野昭吉：《全球政治学》，刘小林等译，北京：新华出版社2000年版，第193页。

们如何改变人们对国际关系的认识和理解；第二个层次是分析各种概念、思想的集体认同，集体认同的程度越高，对于国际关系的影响就越大；第三个层次是探讨制度文化的能力。多个国家认同了某种概念、思想和原则，还仅仅是思想上和言论上的共识，要转化为国际关系中的行为，必须建立制度的保证；第四个层次是文化作用于世界政治与经济，能动地改造和塑造国际关系的面貌。[①] 可见，俞新天教授提出了一个崭新的国际文化研究的理论框架，为我们研究国际文化关系问题指明了方向。同一时期，她又撰写了《美国的国际关系文化研究综述》的文章，全面介绍了美国关于国际文化研究兴起的背景和主要观点，分析了文化因素对国际关系的作用。进一步指出了中国学者关注国际文化问题研究的重大意义之所在。

此后，众多学者都从不同角度对于国际文化问题给予关注和研究，外交学院的秦亚青教授提出了世界文化理论应研究三个方面的内容，即文化的形成、促进文化形成的动力、文化的功能。文化的形成势必包含文化结构和文化单位这两个因素，文化单位之间的互动通过文化力的推进形成文化结构和改变文化结构，文化结构通过文化力的作用影响文化环境中的行动者。[②] 所以，他把世界文化理论研究的核心问题确定为文化结构、文化单位、文化力。就文化结构而言，秦亚青教授认为，既存在体系层面的文化结构，也存在单位层面的文化结构，体系文化结构与单位文化结构之间的关系、单位文化结构之间的关系都应该成为世界文化理论研究的重点；就文化单位而言，一直存在着国家中心论和多元单位论之争，他认为，应该包括次国家行为体、国家、跨国行为体、文明等多种可能的文化单位；就文化力而言，是指某些私有知识成为共有知识，成为世界主导文化的基本内容，形成世界文化的结构框架，并推动主导文化传播和扩散的力量，包括硬权力和软权力，文化力是文化理论

---

① 俞新天：《国际文化研究初论》，《上海社会科学院学术季刊》1999 年第 1 期，第 96－98 页。

② 秦亚青：《世界政治的文化理论：文化结构、文化单位与文化力》，《世界经济与政治》2003 年第 4 期。

研究的核心。[1] 这些想法虽然还未必成熟和完善，但为我们研究国际关系中的文化问题点亮了一盏指路明灯。浙江大学的潘一禾教授则从构建一门新的学科的角度提出了国际文化关系的研究框架，为国际文化理论研究体系的建立奠定了一定的基础。

总之，国际文化理论是时代的产物，它所讨论的问题多与今天的国际社会紧密相关，而国际文化关系理论在国际文化理论中占有举足轻重的地位，它触及的都是一些现实社会中十分敏感的文化现象和问题，不管是平野健一郎也好，还是近年来国内关注国际文化理论研究的其他学者也好，从他们提出的理论研究框架中，我们可以看出，其中最为核心的议题还是关于国际文化关系的理论。当然，就理论本身的发展来说，国际文化理论还处于初始阶段，尚需要进一步地修正和充实，想要形成一个完整的关于国际文化关系研究的体系尚需时日。

（四）建构主义文化理论

冷战结束以后，国际政治研究领域发生了微妙变化，传统理论对后冷战时代国际关系的解释力日渐式微。文化这一国际关系的传统变量在经受了长期忽视和掩盖后，其作用从政治、军事、经济等传统理论的视野中脱颖而出，成为探究国家行为、对外政策、国际安全等国际关系问题的第四向度，研究国际关系中文化和社会互动的建构主义成为同新现实主义和新自由主义并驾齐驱的国际关系理论。在进入国际关系理论之前，“建构主义”一词曾在心理学、语言学、社会心理学、哲学甚至建筑学、教育学等学科中使用过。1989 年，著名的国际政治社会学者奥那夫出版《我们缔造的世界》一书，倡导以跨学科的方法研究世界政治，首次在国际关系学意义上使用“建构主义”（constructivism），至 1999 年亚历山大·温特发表《国际政治的社会理论》，建构主义通过十年的发展，建立起较为完善的知识体系。

① 秦亚青：《世界政治的文化理论：文化结构、文化单位与文化力》，《世界经济与政治》2003 年第 4 期。

建构主义并非是研究国际文化关系的专门理论，但它的诞生带来了国际关系文化理论研究在概念、方法和视角上的后现代主义革命，它以全新的概念、独特的视角对国际关系进行重新解读，从而成为目前国际关系理论关于文化研究中的一支重要思想来源。建构主义学派最为著名的代表人物及著作有亚历山大·温特的《国际政治的社会理论》、约瑟夫·拉彼德和弗里德里希·克拉托赫维尔合编的《文化和认同：国际关系理论回归》、彼得·卡赞斯坦的《国家安全的文化：世界政治中的规范与认同》、江忆恩的《文化现实主义：中国历史上的战略文化与大战略》以及罗伯特·B. J. 沃克的《内与外：作为政治理论的国际关系》等等。

建构主义理论的核心概念包括文化、规范和认同，集体认同既是文化解释国际关系的逻辑起点，也是文化因素在国际关系中发挥作用的重要媒介。因此，从某种意义上说，从文化的视角几乎可以诠释出一部新的国际关系史。

在建构主义国际政治学理论中，文化是指不同国家行为体经过国家间互动、社会学习而共同拥有的国际规范、国际制度和国际规则等共有知识或集体知识。建构主义理论研究的是在体系层次上国际政治文化对一国战略文化的建构作用，它把国际体系的文化结构分成三种状态：一是“人人为战，弱肉强食”的霍布斯式国际体系；二是以主权制度相互尊重和武力手段有限性原则为主要内容的洛克式国际体系；三是不以武力为解决彼此争端的手段、奉行集体安全的康德式国际体系。① 建构主义认为，这三种国际体系文化是可以相互转化的，并且会影响到体系内成员的行为，那么，怎样转化呢？这就与建构主义对于“文化“的定义有关，温特认为文化就是社会共有知识，不同的文化具有不同的逻辑，在温特看来，国际体系存在三种角色结构：敌人、对手和朋友。② 敌人的角色结构建构了霍布斯文化，对手的角色结构建构了洛克文化，

① 郭树勇：《试论建构主义及其在中国的前途》，《世界经济与政治》，2004 年第 7 期。

② ［美］亚历山大·温特：《国际政治的社会理论》，秦亚青译，上海：上海人民出版社 2000 年 12 月版，第 327 页。

朋友的角色结构建构了康德文化，国际体系的结构取决于三种角色中哪一种在体系中占有主导地位，而占主导地位的角色认同又取决于他们所拥有的社会共有知识如何。总体上讲，建构主义强调世界的社会本体和国际体系的文化属性，强调文化、规范、认同、实践、主体间性、知识等社会性因素在国际关系中的作用。可见，建构主义对于文化的研究是从国际体系的层次上着手的，但这种体系文化又会从根本上影响到体系内所有成员的行为选择，它为我们研究国际文化问题提供了一个崭新的视角。

目前，建构主义对于文化的研究成果还集中在文化功能上，还没有意识到要将世界政治文化范畴的内容进行统合性理论研究并使之理论化，成为世界政治的文化理论范式。虽然近几年来建构主义对于具体文化形态的研究领域越来越广阔，研究的问题越来越深刻，研究的方法越来越严谨，但是，建构主义对于文化问题的研究距离对世界文化进行系统性的理论集成还相当遥远。它最大贡献就在于为我们研究国际文化问题提供了一个全新的视角，指出了一条完全不同的路径。

总之，文化问题是一个涉及面相当广泛的领域，它既是讨论整体主义的，也是讨论个体主义的；既是论述观念的，也是论述实践的；既有非理性成分，也有规律可循。文化不仅是外交的“第四个方面”或国际关系的“第三向度”，政治、军事、经济、社会等也同时只是文化的一部分。我们要讨论的不是要克服这种两重性或模糊性，而是要面对“文化”概念中包含的这种矛盾和张力，探讨文化之间的相互关系及其影响。本文的目的是探讨全球化大背景下国际文化之间的相互关系，而建构主义的相关理论为这种关系的建构提供了一种理论上的宏观指导，使我们在面对文化这个错综复杂的概念时不会像最初那样茫然失措。

第二章　文化自觉与文化交流

一、全球化进程中的文化民族主义

关于文化民族主义目前学术界还存在着一定的争议。郑师渠先生曾指出："所谓文化民族主义，实为民族主义在文化问题上的集中表现，它坚信民族固有文化的优越性，认同文化传统，并要求从文化上将民族统一起来。"① 文化民族主义是民族主义的重要表现形式，它是基于文化的长期熏陶和教化，在一个民族成员中形成的深厚的人类情感。它作为一种意识形态，首先是指一种心态，"即一个人以民族作为最高效忠对象的心理状况，它包含着本民族优越于其他民族的信仰"。② 用西方学者泰勒的话来说："民族主义并不简单是指民族感情，而是指旨在促进社会生活的一体化，并通过群众动员来决定现代国家政治发展的意识形态和社会运动。"③ 文化民族主义从产生的那一刻起，似乎就承载起复兴和高扬民族传统文化的历史使命。本文认为，文化民族主义本身包含两个方面的内涵：一方面是指各民族文化在发展过程中保持自己的民族特色和精神特质，并在全球化的过程中汲取营养，实现自身的创新与发展；另一方面，文化民族主义也容易在坚守民族文化特色的过程中走

---

① 康晓光：《文化民族主义论纲》，《战略与管理》，2003 年第二期，第 17 页。

② 同上，第 18 页。

③ 同上，第 17 页。

向极端。但文化民族主义的核心思想是各民族文化相互尊重和平等，多元民族文化和平共生，强调各民族文化按自己的道路成长和发展，一个民族可以向其他民族文化学习但反对机械抄袭，主张保护民族传统文化但反对僵化地死守传统，主张自由、平等、开放及和平，反对战争和帝国主义征服。虽然全球化的发展趋势不断加强，但文化民族主义的这些特质不会发生变化，文化的民族性仍然存在，世界文化仍将保持多元发展的态势，文化民族主义在全球化的时代里仍将继续存在并发展。

（一）民族文化自觉意识的提升

民族文化多样性如同自然界生物多样性一样，是人类社会可持续发展的源泉，民族文化的特性不可避免地要受到全球化的影响，但这不能完全消解民族文化特质的多样性。在全球化的进程中，民族文化的特性将越来越突出，经济全球化影响着不同地域、不同民族文化的交往，影响到各个民族文化的发展、生产、销售，以信息革命为重心的科技革命，对于不同民族文化的价值系统、思维方式、伦理观念、国民品性以至审美情趣，都会产生难以估计的影响。

这里有必要先说明一下民族文化。世界上的任何文化，都是民族文化，民族文化是一个宏观的整体，包括知识、信仰、艺术、道德、法规、习俗乃至各种习惯，它既是既往的民族感情和民族意识的积淀，又是当下该民族的时代精神和价值取向的凝结。民族文化反映着该民族成员的思维方式、价值取向、理想人格、伦理观念、国民品性等“深层结构”的东西，反映着特定的人际关系和价值体系。这种深层结构的文化，及其所承载着的人际关系和价值体系，充分地反映着文化的民族性。而所谓文化的民族性，实质上就是一定民族与别的民族在文化特质方面的根本区别。从根本上讲，作为价值系统、文化模式集中反映的文化的民族性，只要该民族存在，就不可能消失。举例来说，中华民族文化历经数千年的演变，其间经历了佛教、基督教、伊斯兰教等外来文化的冲击和挑战，特别是遭受了近代意义的“西方文化”的震撼，却依然以其独特的风貌屹立于世。尽管现在的中华民族文化已经渗入了不少外来文化成分，但是，世界上任何国家的政府及其人民，绝不会因此而否认中国文化作为一个独特的文化类型的存在。“中国文化”在世界上早已是一个无须论证而客观存在的一种民族标识、一种文化价值。同理，被称为“民族熔炉”的美国，无论其外来移民如何增加，无论其具有“亚洲价值观”的东方移民如何保持并弘扬其民族文化，最终却没有也不可能改变“美国文化”的特质。可见，只要存在民族国家，民族文化的价值系统就不可能根本改变。

在全球化时代的背景下，民族文化的自觉意识不断提升。费孝通教授在论证“文化自觉”问题时说：“文化自觉”是当今时代的要求，它指的是生活在一定文化中的人对其文化有“自知之明”，并且对其发展历程和未来有充分的认识。同时，“文化自觉”指的又是生活在不同文化中的人，在对自身文化有“自知之明”的基础上，了解其他文化及其与自身文化的关系。他提出，各种不同文化的人，怀着不同价值观念的人，怎样在这个经济和文化上越来越息息相关的世界上和平共处？人类在21世纪怎样才能和平共处于这个小小的地球上？为了解决这些问题，我们在精神文化领域里需要建立起一套促进相互理解、宽容和共存的体系。① 正确认识和处理全球化条件下不同文化之间的关系问题，是国际社会面临的一个重大而紧迫的时代课题，费孝通先生提出的“文化自觉”的思路对于构建全球化时代的国际文化新秩序具有重要的指导意义。

首先，要以文化自觉的理性正确认识全球化条件下不同文化的关系。关于怎样正确认识全球化条件下不同文化之间的关系，目前国内存在两种不同的看法：一种看法认为，经济全球化的发展，各种文化将日益趋同并出现同质化倾向，由此产生一种普遍的“全球文化”而取代现存的不同文化，这是“普适文明取代论”的观点；另一种看法则认为，经济全球化的影响固然使现有的各种文化增添了一些共同性的成分，带来诸如全球性文化市场和文化产业那样的新事物，但是并不能从

---

① 费孝通：《民俗研究》，2000年第3期，新华文摘2001年，第1期。

根本上消除各种文化之间的差异；相反地，在经济全球化的进程中我们同时也看到强劲有力的文化多元化发展的趋势，文明的多样性并不会因为经济全球化而消失，这是“多元文化共同发展论”的观点，本文赞成后一种观点。文化多元并存的思路是基于文化自觉而形成的，文化自觉是人类对自身前途命运理性的认识和把握。这是因为，人是文化的生成，人的文化背景、价值观念、思维方式、道德追求使人的活动从本质上说来是一种文化活动。在社会发展变革时期，文化自觉具体表现为文化价值选择和构建过程中人们的一种价值取向，它要求将人的价值观建立在理性的基础之上，所以，文化自觉就是人的自觉、理性的自觉。整个人类文明史的发展证明，所有文明的地位都是平等的，各种文明都是相互渗透、相互促进的，各种文明都为社会的进步做出了自己的贡献，这并不是指所有文明都以相同的节奏去发展，但是它们都以平等的身份成为人类文明、社会进步的组成部分。

其次，要在文化自觉的过程中加强文明对话并走出文明冲突的误区。随着全球化进程的发展和冷战的结束，国际格局处于深刻调整与变革之中，国际经济政治联系不断加强，文明和文化因素在国际关系中的重要价值日益彰显，不同文明的交流、互动、碰撞、摩擦、冲突、融合，使国际关系中出现了日趋复杂的现象与格局。在这种情况下，美国政治学家塞缪尔·亨廷顿提出了“文明冲突论”，声称在新的世界格局中，人类发生冲突的根本原因将不是意识形态的和经济的，而是文化方面的差异，“文明的冲突”将成为主宰全球政治格局及其走向的核心方面，文明之间的冲突是近代世界冲突演化的最新阶段，在后冷战时代，文明因素将成为人类社会中一切冲突之源。应该承认，亨廷顿敏锐地发现了问题，使人们不得不对不同文明之间的关系及其在国际政治发展中的地位和作用进行重新的审视和思考，但他并没有解决问题，也并没有为当今的国际文化关系提供一个原创性的范式。我们从历史发展的总体上看，在不同国家、民族和地域之间的文明发展更多的是以相互吸收与融合为主导，历史上每一次文明冲突的结果往往是进一步形成文明共存与融合，而每一次经过文明共存与融合产生的新的文明又会孕育着更为深刻的文明冲突，文明冲突和文明共存引发世界文明的变迁、演进、发展和多样化，不同文明在交融中发生碰撞而走向融合。

历史发展到今天，不同文明间的碰撞和交流出现了全新的情况，任何国家和地区要想离开文化交往来发展政治关系和经济关系是不可能的，可以说，加强文明对话，是全球化时代人类文明交往发展的必然选择。富有成效的文明对话需要各方面的因素和条件作保证，但对话主体的文化自觉则是其重要前提。离开文明主体的文化自觉，就不会产生对话的意识和要求，文化自觉是开展对话、防止冲突、实现合作的客观要求。费孝通先生指出，文化自觉是一个艰巨的过程，首先要认识自己的文化，了解所接触到的多种文化才有条件在这个正在形成中的多元文化的世界里确立自己的位置，经过自主的适应，和其他文化一起取长补短，共同建立一个共同认可的基本秩序和一套与各种文化能和平共处、各抒所长、连手发展的共处规则。在当今世界，主张文明对话者无论是出自伊斯兰世界、东西欧国家，还是出自东亚或其他地区，一般都具有较强的文化自觉意识，对文明间的关系有一个比较清醒的认识，积极主张对异质文明和异己文化采取开放包容的态度，希望通过对话交流，达到相互沟通、相互学习、相互理解的目的，从而形成了推动文明对话和构建国际文化新秩序的重要力量。

最后，以文化自觉的心态超越“文化霸权主义“和“文化孤立主义”两极思维。文化交往中所要倡导的科学理性和人文精神，其核心和灵魂就是文化民主的精神，从最基本的方面看，文化民主的内在要求就是肯定包括弱势国家、民族在内的人们选择自己文化的合法性与必要性，它以尊重所有国家和民族的价值选择为前提，而不是以先在性的经济强势来决定文化的一致性归宿。显然，从文化态度上说，弘扬文化民主精神的集中体现就是尊重和发展世界文化的多样性，这是一种理性的文化自觉。人类获得理性自觉，往往需要经历许多曲折和反复，也常常会付出惨痛的代价。人类历史上那些非正义的侵略战争，无论是亚洲还是欧洲，无论是古代还是近代甚至现代，两次世界大战以及当今的局部战事，或是到处存在的以强凌弱的事实，都是文化不自觉的必然结果。

“文化霸权主义”和由“文化孤立主义”发展而来的“文化原教旨主义”的尖锐对立已经使全球处于动荡不安的紧张之中。文化霸权主义者依仗自己的经济、政治、科技、文化优势，企图以自己的意识形态一统天下的思想，他们认为自己的文化是最优越的，具有全世界的普适性，应该统治全球，一旦这种意愿不能得逞，就不惜发动战争，给全世界带来不幸，另一方面，文化孤立主义者也不甘示弱，他们认为自己的文化绝对优越，禁止讨论其可能存在的缺点，反对和其他文化交往，唯恐受到污染，采取隔绝和孤立政策，畏惧新的发展，压制不同意见，特别是扼杀本文化内部求新、求变的积极因素，以至顽固、僵化，趋向好战的极端，最极端者就是“原教旨主义”，“文化孤立主义”实质上也是一种“文化霸权主义”，不同处仅在于他们无力对外实施霸权，只能对内镇压一切与自己意见不同的人，并且无所不用其极，以固守自己的既得利益和旧日的一统天下的思想。要想超越二者的两极思维，就需要文化自觉意识的不断提升，这里所说的文化自觉，首先是要发现自身文化的优势和弱点，懂得发扬优势，克服弱点；其次要对在过去条件下形成的旧文化，即传统文化进行新的现代诠释，使其得到更新，有益于今天；最后，还要审时度势，了解世界文化语境，使自己的文化为世界所用，成为国际文化新秩序建构不可或缺的重要组成部分，这才是对自己文化的全面的自觉。从这样的要求来看，“文化霸权主义”和“文化孤立主义”都不能清醒发现自身文化的优势和弱点，更不能使自己的文化得到更新并造福于人类的未来。其实，无论是“文化霸权主义”还是“文化孤立主义”都是旧的思维方式的极端发展，两者的平等对话几乎不可能，但为了化解冲突，挽救人类的未来，必须改变这种局面，其根本出路就是在文化自觉的基础上彻底转换思维方式，从各个不同民族的文化中找出文明共存的资源，为构建国际文化新秩序做出自己的贡献。

总之，文化自觉是建构国际文化新秩序的基础，这是由文化自觉在文化交往中的重要地位所决定的。“唤醒文化自觉”就要突出文化的主体意识，文化的主体意识是民族利益的观念表达。如今无论在网络上还是在市场上，文化争夺和捍卫的并非仅仅是纯文化，它真正所指的是民族的经济及政治利益，这首先有赖于我们对民族主体意识的强化。一些发展中国家的民族文化逐渐沦为西方文化的附庸的原因，很重要的一点就在于其精神上丧失了“自我”，结果跟着西方文化随波逐流，一步步滑向文化殖民化。当然，突出文化主体意识并不意味排斥全球意识，缺乏对全球的充分把握，很难发掘出关于自身在世界中存在价值的自觉意识。只有在全球化的时代背景下，各民族文化自觉意识的不断提升，才能由此带来民族文化的创新与发展，进而进一步促进丰富多彩的世界文化多样性的不断发展。

（二）全球化背景下文化民族主义的特点

文化民族主义作为一种思想理论，具有某些普遍性的特点。文化民族主义内蕴的维系力量主要来自宗教、传统、道德、习俗以及相关的符号性价值，这种文化的齐一性，能够有效地扩充族体价值的特殊性以及地缘文化的个别性，从而扩大与其他文化或文明的差异，潜隐的冲突机制也越加显露。概括起来，在全球化浪潮的冲击下，文化民族主义具有以下特点：

首先，范围广、共时性强。与近代的文化民族主义运动相比，全球化时代的文化民族主义在高度科技化、信息化的影响下，具有多层面的特点，它的影响面较广，尤其以经济较为发达、文化传统相对浓厚的欧洲、亚洲、北美洲最为典型，类型多样，具有极强的渗透力，涉及语言、历史、宗教、教育、生活方式等文化的多个领域，不同地域与领域的文化民族主义运动又彼此互动，使当代的文化民族主义呈现前所未有的复杂局面。

其次，动因的多样化。全球化时代的文化民族主义由于处于空前复杂的社会环境中，其动因出现了多样化趋势，它既有间接的动力、又有直接的动力；既有从文化的差异引发的文化民族主义，也有通过经济的发展、政治的干预引发的文化民族主义；既有出于对外来文化的抗拒，又有通过外来文化对本民族文化的认同引发的为抗拒外来文化对本民族文化的侵蚀的行动，如伊斯兰主义的出现及各国政府为保护本国文化所采取的各项措施。而经济发展所促发的文化民族主义则是通过其他民族对本民族文化所做的价值肯定反过来影响本民族对自身进行重新认识实现的。

第三，常与政治、经济民族主义相纠葛或转化。全球化时代的文化民族主义由于涉及多层面，常常与政治民族主义与经济民族主义缠杂，具有向后两者转化的倾向。泛民族主义积极探索着从文化理念向政治运动的转变，而欧洲对美国影视业的抗拒也在保护文化的主旨中夹带着经济的意味。经济一体化和市场经济直接促发了文化民族主义，世界经济的一体化意味着世界范围内的资源配置与合理分工，这首先以经济特色的多样化为前提，意味着各民族必须充分认识发展本民族特色，交流是在差异的基础上进行的，凝结着人类智慧的特色产品在市场经济的流通中，满足不同民族的物质与精神需求，并由此得到更广泛的认同，这种认同引发了该民族的自豪感。文化消费的功利层面变化引起了精神层面的变化，政治影响了文化民族主义的潮流，冷战后两极格局转化的过程中，国际间竞争使各国越来越强调政治力量的重要性，政治手段及国家意志的有限性使各国借助于文化，文化因素的广泛性与深远性使其成为实现政治目标的手段，政治大国以古老的信仰填补意识形态的真空，借助于信仰的力量平息人们对现实的怀疑与躁动，以信仰来整合民族，实现秩序化。弱小民族以文化联系同类，谋求政治力量的强大，以加强自身在国际上的地位与影响。

文化意识伴随着经济一体化的出现而上升，经济一体化扩大了民族交往的范围和程度，在频繁的民族交往中，民族文化间的同质化加强，各民族比以往任何时候都关注本民族民族性的问题，在趋同的潮流中寻求自身的界定，因而对具有民族特色的民族文化因素及遗产、象征符号加强关注，进而大力发展、宣扬以在趋同中展示独特性，并强化民族认同，增强凝聚力。

第四，政府参与多，影响大。首先，由于文化空间的出现对传统疆界形成挑战，政府以制定政策来排拒其他民族文化渗透、强化本民族文化影响、保障文化民族主义运动的趋势增加。新加坡政府积极推广华语，美国、法国、西班牙政府推广本国文化，加拿大政府鼓励人民热爱祖国国旗等，都有政府的参与。其次，也出现了政权依赖传统文化的影响而争取稳定的局面，俄罗斯政府维护与尊重东正教，反映了在社会动荡转型的过程中，政府依赖民族文化中影响重大的因素来维持自身及政局稳定的倾向。

第五，全球化时代的文化民族主义与以往的文化民族主义有诸多不同。文化民族主义在近代常作为民族国家独立的领土要求的先导，即在意识形态领域构建完善的民族精神，寻求族群认同为民族国家的政治合理性提供动力与历史依据。它经过了由反对旧势力到构建新价值，并将个人利益、价值与之联系，是知于前而行于后，民族国家是长期酝酿的结果，文化民族主义是政治民族主义的前锋，而全球化时代的文化民族主义是在政治民族主义浪潮造成国家分化、整合之后而出现的。一方面，当代文化民族主义在原苏东地区兴起，意味着新兴国家在历经剧变后价值观上的迷惘状态。文化民族主义的出现首先是对长期专制控制、以意识形态取代民族性的错误政策的一种反弹。其次是新建国家由于未经长期孕育而表现出早产儿的不稳定性，民族精英急欲以共同的历史、文化遗产而唤起一致性，从而将族群认同泛化为国家归属，为民族国家尽快纳入和平与发展的世界潮流、立于国际社会的竞争创造条件。另一方面，文化民族主义是对全球化所造成的全球文化共享的一种回应。一类是以文化民族主义振兴民族精神，谋求强盛；一类是以传统文化来对抗现代性潮流所造成的普同效应，寻求新时代的族群认同，以传统价值观在变动不居中寻求平衡与稳定，同时抗拒西方借助政治经济优势而制造全球化中的不平等及西方化导向。当今文化民族主义是国家政治、经济发展的辅助与基础，它不再以视领土要求为目标的政治民族主义为归属，更是一种民族国家寻求主权独立、经济发展的必要手段。当代文化民族主义潮流是两极终结后的民族主义浪潮的延续，它在发展过程中受到全球化过程的影响，在世界范围内呈现出复杂的表现形式。当代的文化民族主义潮流一方面促进了各民族优秀文化的保留与传承，有利于人类社会对自身文化多样性的认识，并在此基础上彼此尊重、吸收与平等发展，使各民族文化的优秀因素成为全人类文化整合的源泉。另一方面，它在复兴传统文化的同时，将旧传统中的陋习与消极思想也一并加以宣扬，加强了本民族文化的保守性，不利于各民族之间的彼此借鉴、交流与发展，对社会进步具有消极意义。在文化民族主义方兴未艾的同时，全世界对全球性问题认识的加深正推进全球化的深入发展，对民族发展的共同愿望正使各民族认识到必须放弃偏见、开放文化，在彼此理解、达成共识的基础上，共同构建公正合理的全球化机制，以全球的视角、在多样性的民族文化基础上吸纳不同文化所形成的多元共融的文化，必然是超越一切民族狭隘性的高度文明的文化，它以多样性的民族文化为基础，并指向和表现为民族文化的多样性，它对民族文化提供指引，并以民族文化按自身的取向进行选择而不断内化的成果作为延续的动力，走向新的统一与多样，世界与民族文化在这一不断否定的过程中走向发展。

总之，全球化时代的文化民族主义是冷战终结后世界民族主义浪潮的延伸，与世界政治格局的转换及现代化进程的加速密切相关，在全球化浪潮的冲击下，不断表现出具有时代特色的新特点。

（三）文化民族主义与文化宽容精神

对文化民族主义的理解首先是基于对民族主义的理解。民族主义是随着近代资产阶级民族国家的出现而形成的一种新的概念和运动，它作为一个学术概念最早是 1409 年在德国莱比锡大学召开的题为“波西米亚民族的宗教与经院哲学”辩论会上提出的。据有人统计，目前学术界关于民族主义的概念有二百多种。学术界较为一致的看法是，民族主义是在民族形成和发展的长期历史进程中逐渐形成的，是对本民族文化、传统、利益等的认同，是一种强烈的意识形态化的民族情感，是为本民族求生存、求发展、求繁荣昌盛的集中体现。[①] 文化民族主义是指民族主义中那些强调要保持和发展本民族文化的因素，主张以同质性的文化

① 彭萍萍：《民族主义研究综述》，《当代世界与社会主义》，2003 年第 1 期。

传统为纽带，力图建立民族认同的文化空间单位，并进而达到巩固或分解政治实体的结果。

对于文化民族主义，国内外学术界争论较大。不少学者认为文化民族主义是以珍视自己的文化传统、排斥其他文化为根本特征的，“将文化民族主义等同于‘非理性主义’甚至‘反理性主义’的思想和实践”[①]。如波普尔从理性主义和自由主义出发，把民族主义说成是“对理性和开放社会的抵抗，它唤起人们的部落冲动、基于偏见的激情和不负责任的愿望。”[②] 国内有的学者认为，“文化可以是民族的，但却不应该是‘民族主义’的。没有习俗、历史的不同便没有相互区别开来的民族，可如果一味强调这种区别，甚至进而受某种非理性因素左右而滋生成惟我独尊、封闭隔绝、排斥外来文化和拒绝吸纳、继承世界文化优秀成果的文化心态和行为，那就变成了文化民族主义”。[③] 有的学者提出，“文化民族主义并不等于文化的民族性，而是一种抽掉民族的具体的历史规定性，以对抽象的民族性的固守来抗衡西方文化的思想主张，它把民族性作为文化价值选择的标准，把民族性作为建构文化认同对象的理论立场。文化民族主义的根本弊端在于以民族性掩盖了时代性，以抽象的整体性掩盖了自身的一切矛盾。”[④] “文化民族主义的最大缺失是，一旦对现代文明的批判和抗争超越了自身存在的世界时，便成为一种虚无。”[⑤] 与上述观点不同，一部分学者认为文化民族主义在强调自身传统的同时，并不排斥外来文化，并不是一种文化保守。

国内学者钱雪梅在这方面进行了研究，认为受波普尔等西方学者的影响，文化民族主义被等同于守成主义或保守主义，这种西方已成为

---

① ［匈］卢卡奇著、王玖兴译：《理性的毁灭：非理性主义的道理——从谢林到希特勒》，山东：山东人民出版社 1988 年，第 105 页。

② K. R. Popper, The Open Society and its enemies, outledge & Kegan aul, 1962, pp. 48 - 49.

③ 马庆钰：《文化民族主义问题分析》，《新视野》，1998 年第 6 期。

④ 辛景亮：《如何理解文化的民族性和文化民族主义》，《教学与研究》，1998 年第 5 期。

⑤ 郭洪纪：《文化民族主义的主要观念和类型》，《青海师范大学学报》（社科版），1998 年第 3 期。

"常识"的观点是不正确的，是对文化民族主义的一种歪曲和误解。她认为，理性主义和浪漫主义思想是文化民族主义的两个理论来源，[①] 并进而提出了文化民族主义的主要内容：首先，文化民族主义认为世界分为不同的国家和民族，每个民族国家都有自己独特的传统文化，文化是区分不同民族国家的根本特征；其次，文化民族主义是处理不同文化之间相互关系的原则，它对历史和现实中国家间文化关系的状况有一个基本的估计和定性；第三，文化民族主义的核心是主张以固有文化为主体，发展民族新文化。[②] 总之，这种观点认为文化民族主义在强调文化的传统和特色的同时，吸收世界上其它文化的优秀成果，实现民族文化的发展与创新。

从以上分析可以看出，两种观点相同之处在于都承认文化民族主义是民族主义的一个次系统，是民族主义在文化领域中的体现和发展，都突出强调本民族文化的特色和传统，其目的是强化国家意识、民族意识和超族界发展。不同之处在于前者认为文化民族主义是一种保守状态，具有对其他民族文化的极端排斥性；后者认为并不是排斥的过程，而是一个相互吸纳、利用、创新、发展本民族文化的过程。显然，前者对文化民族主义持否定态度，后者对文化民族主义持肯定态度。本文认为文化民族主义的内涵本身蕴含着两面性，文化民族主义的原型是18世纪以赫尔德、席勒、马赫等人为代表的德意志知识分子为保全和发展德国的语言、文化、习俗，促进德意志民族的政治统一而进行的学术努力和政治吁求。它本质上不是保守主义的，也不是反自由主义的，而是理性主义、进步的发展观和对平等的诉求，其理论来源主要是理性主义、浪漫主义和多元主义文化观。这一原生形态的文化民族主义主张，归属于一个共同体的需求，是人类的基本需求。现代的一切成就都是在吸收古人和同时代所有人的智慧的基础上得来的，共同体的文化需要在传统的基础上才能推陈出新，每一个共同体都是平等的，没有高低贵贱之分，

① 钱雪梅：《文化民族主义的理论基础》，《世界民族》，2001年第2期。
② 郑师渠：《近代中国的文化民族主义》，《历史研究》，1995年第5期。

每一种文明都有不同的成长过程与不同的目标，因此绝对不能用一种文化的标准去衡量另一种文化，每一个社会都必须成为自己而不能盲目抄袭其他社会。德国的文化民族主义的出现有深刻的时代和政治背景，当时，法国文化风靡欧洲，法国的思想随启蒙运动席卷德意志诸地区，各国宫廷以法国宫廷礼仪为时尚，当时人们以会说法语为自豪，在进步和理性的旗帜下，法国的文化霸权对德意志文化的生存和发展构成了极大的压力，而且德意志文化上空远没有一个可以很好地保护它的政治屋顶。正是在这种情况下，以赫尔德为首的德意志知识分子，起而疾呼捍卫德意志的民族特性和民族语言，在倡导多样性的原则下，反对法国文化的一统天下，主张发展德国的文化，聚合德意志民族，从而在民族的旗帜下，更好地保全和发展德意志的语言和文化。可以说，文化民族主义是德国知识分子在德意志政治上被分裂、文化上被侵袭、德国贵族和平民都迷恋于外来文化的历史背景下提出的要振兴德意志文化，并在此基础上创建统一的德意志国家的思想观念、意识形态和文化努力。从文化民族主义产生的情况来看，它具有进步、合理的内涵，其最初的主旨不是一种侵略性的文化努力，而是被动性的防御心态，是寻求维护和弘扬共同体民族文化的民族主义，在亚非拉国家反殖民主义和帝国主义的斗争过程中，文化民族主义同样发挥了积极的作用。但文化民族主义也有其消极的一面，表现为极端保守主义、排外主义，威胁着人类文化的整体发展。

要避免文化民族主义的弊端，就要发扬文化宽容精神。在国际社会中，极端的文化民族主义行为时有发生，2001 年 2 月 26 日，在阿富汗巴米扬小镇塔利班分子的灭佛行为，引起国际社会的强烈指责，文化民族主义思想的偏执制造了一个不可挽回的错误，它留给我们的是对历史和现实的反思。在历史上，任何一种文化都是在与其他文化的交流融汇中不断发展的，在这个过程中，只有始终保持着那种文化宽容精神，才能够使人类共同的文化价值得到保护，为人类的文明做出应有的贡献。

德国著名学者施密特就认为，西方国家——主要是美国——强迫其他大陆的民族和文化接受西方关于文明、民主和人权的理想和观念的企图，本身就不具有任何的合法性。他明确指出，“我们缺少那种指导别人该相信什么宗教、推崇什么道德规范的合法性”。[①] 进一步说，虽然西方许多人希望逐步推行人权观念的看法是完全可以理解的，让人权在全世界得到贯彻似乎是迫切和必要的，但主要由于美国一些政治家的人权政策的选择性和两面性，反而使东亚信奉儒家思想的人、印度的印度教徒、从印度尼西亚到非洲的众多穆斯林更难认识和接受人权概念本身所蕴含的崇高价值和意义。因为，“迄今为止，在上述所有民族及其宗教中，个人的权利根本没有被放在首位——在基督教传统中也是如此。相反，所有的宗教都特别强调个人所要承担的义务。”[②] 西方民主制度在其价值尺度上把个人的权利和自由放在首位，而东方的宗教和文明则首先强调义务的差别。关键不在于对抗，不在于争夺各自的地位；相反，问题在于各种文化和社会模式彼此之间的和睦相处。由于在历史上，几乎任何时间、任何地方都把文化和宗教方面的对立不仅用作对内、对外权力斗争的动机，而且用作手段，文化宽容和宗教宽容极其罕见，因此，“未来的和平在很大程度上取决于未来各国之间的文化宽容和宗教宽容，这是一个极其重大的课题。”[③]

由此，施密特强调：“在全球化时代，迫切需要树立一种对其他文明和宗教的有关学说持尊重和宽容态度的普遍意愿。这种宽容不是漠不关心的宽容，而是出于尊重和重视世界上所存在的、在历史上出现的其他基本信念而产生的宽容。”[④] 这就是说，全世界持续不断的人口爆炸和不同人群、民族之间几乎所有关系的同时性的全球化都要求我们尽量争取相互理解。虽然各种文明之间存在着差别，但是，只要稍微关注一下其他宗教、其他文明，就会从中发现很多伦理共识，例如，己所不欲勿施于人、禁止杀人、诚实等等。因此，我们应当传播关于人类拥有许

---

① ［德］赫尔穆特·施密特：《全球化与道德重建》，柴方国译，北京：社会科学文献出版社 2001 年，第 67 页。

② 同上，第 255 页。

③ 同上，第 19 页。

④ 同上，第 69 页。

多共同的基本伦理信念的认识，以及每个人都能从他人那里学到些什么的认识，世界需要更多的文化宽容，正是基于这一认识，施密特与一些曾任国家元首和政府首脑的政治家组成了一个“人类义务国际行动委员会”，并于1997年提出了一份《世界人类义务宣言》，其中包括人类应当遵循的五项基本义务：人道、非暴力和尊重生命、公正与团结、诚实与宽容、相互尊重与伴侣关系，作为1947年的《人权宣言》的对应文件。施密特认为，上述两个文件合在一起，或许完全可以构成一种全球共识，一种最基本的全球伦理共识。而一旦能够达成一种最基本的全球伦理共识，那么，它将有助于防止不可抗拒的全球化把利益冲突演变成文化和宗教冲突的情况发生。

施密特倡导的各种宗教和文明之间相互尊重和宽容的观点，在全球化的当代生活中是极为重要的。对于面对全球化进程中在全球伦理问题上，西方还有这样一种理智的声音，那就是把相互尊重和宽容，而不是把西方文化强势价值当作全球伦理的真谛，这是值得欣慰的，同时也有助于我们更开放、更全面、更理性地进行对外文化交往。在全球化导致普遍交往的过程中，既善于吸取其他民族、特别是西方发达民族文化观念中的积极因素，又善于抵制其中的消极影响，同时努力实现我国传统道德积极因素的现代转化，以形成既真正体现时代精神、又指向理想未来的新的中华民族传统文化。

我们必须克服情绪化的偏见，健全文化心态，用一种理智客观的眼光看待全球化条件下民族文化的发展。既要同任何假借全人类名义大行其道的文化霸权作坚决斗争，又不能对西方文化全盘拒斥。坚持文化的民族性，但对于民族性不可片面狭隘理解，它本身就含有世界化的规定，因为“越是民族的才越是世界的”。我们提倡民族文化迈向世界，实质上是将世界的东西民族化，将民族的东西世界化。反之，如果推行文化孤立主义，由于它无视历史发展，无视全球化的时代背景，只渴求在一个封闭的环境修复构造自己的文化原型，必然导致文化的排他性，畏惧变革，最后导致本民族文化的停滞乃至凋谢。

进入21世纪以来，人类社会正经历着一场前所未有的最广泛、最深刻、最激动人心的变革。全球化进程将极为迅速和深刻地改变我们社会生活的面貌，从生产力、经济基础到上层建筑和人们的生活方式、思想观念概莫能外；而科学技术在今后将取得怎样的进展、以及它将产生怎样的社会后果，目前是难以想象的。在这样的时代条件下，文化民族主义也要与时俱进，以极大的热忱关注、了解、把握、研究日新月异的现实生活，从中提炼出新的价值范畴、原则和公理，在积极地反映时代精神的同时，正确地引导时代精神。

二、文化自觉条件的民族文化多样性发展

文化多样性就像自然界中的生物多样性一样是一个不容否认的客观事实。美国著名学者基辛格认为："文化的歧异多端是一项极其重要的人类资源。一旦失去了文化的差异，出现了一个一致的世界文化——虽然若干政治整合的问题得以解决——就可能会剥夺了人类一切智慧和理想的源泉，以及充满分歧与选择的各种可能性。演化性适应的重要秘诀之一就是多样性，去除人类的多样性可能到最后会付出持续的意想不到的代价。"① 文化只有在多样性的存在中才能发展，正如江泽民在联合国千年首脑会议上指出的那样："世界是丰富多彩的。如同宇宙间不能只有一种色彩一样，世界上也不能只有一种文明、一种社会制度、一种发展模式、一种价值观念。各个国家、各个民族都为人类文明的发展做出了贡献。应充分尊重不同民族、不同宗教和不同文明的多样性。世界发展的活力恰恰在于这种多样性的共存。"② 在全球化时代到来的今天，在民族文化自觉意识不断提升的条件下，各民族文化获得一个新的发展与创新的机会，民族文化多样性发展也更加丰富多彩。

① 转引自向维凌、黄晓京：《当代文化人类学概要》，浙江：浙江人民出版社1986年版，第283页。

② 江泽民：《在联合国千年首脑会议上的讲话》，人民日报，2000年9月7日。

（一）民族文化的多样性发展

全球化时代的文化发展，呈现出多样化和趋同化相互斗争的复杂态势，各种文化在异彩纷呈的同时也分别面临着不同的挑战与考验，而民族文化的多样性发展成为全球化时代文化发展的最主要的表现。

1、民族文化多样性发展的主要表现

在全球化不断加速发展的今天，民族文化发展的多样性是以多种多样的形式表现出来的。这些不同表现形式之间相互渗透和交叉，共同构成了异彩纷呈的人类文化图景。总的来看，在全球化时代，民族文化发展的多样性，呈现出前所未有的新特点。

在当今时代，概括文化发展的特征，首先就是多样性。德国历史哲学家奥斯瓦尔德·斯宾格勒把世界文化区分为八种，英国著名的历史学家和历史哲学家汤因比则把世界文化区分为二十多种。美国学者亨廷顿在其著作《文明的冲突与世界秩序的重建》一书中则把世界文明区分为七或八大文明。德国学者哈拉米德·米勒在批判亨廷顿“文明冲突论”的著作《文明的共存》中，则把世界分为西方、亚洲、伊斯兰统治地区、俄罗斯及其周围地区以及非洲和拉丁美洲六大区域进行论述。其他一些哲学家和文化学家也有各自不同的区分标准。尽管各种标准之间存在较大的差异，但是这些观点的共同之处在于，他们都从不同角度向我们揭示出当今世界文化发展存在的多样形态。2001 年 11 月 2 日，在联合国教科文组织第 31 届大会上，通过了《联合国教科文组织文化多样性宣言》，明确提出文化多样性对人类来讲就像生物多样性对维持生物平衡那样必不可少，文化多样性是人类的共同遗产，应当从当代人和子孙后代的利益考虑予以承认和肯定。这个宣言所体现的主要思想，也充分证明了文化多样性对世界各国的重要影响。从占据世界文化发展中心地位的西方文化的推陈出新，到东方文化的博大精深和综合创新，从屡遭打击而不衰的犹太文明的生命活力，到非洲大陆的特色文化的别样风采，世界正凭借文化的多样性展示着自己的魅力。文化的多样性，构成了世界多样性的主要表现方式，反映着世界五光十色的发展。正如党的十六大报告所概括的那样，“世界是丰富多彩的。世界上的各种文明、不同的社会制度和发展道路应彼此尊重，在竞争比较中取长补短，在求同存异中共同发展。”① 这是对人类文化发展历程的概括，也是人类文化多样性发展的主要原则。随着经济全球化时代的发展，在世界范围内的文化发展不断全球化的趋势中，“仍将保留个别文明丰富的个性，普世文明的统一性中仍将蕴涵着各别文明深刻的多样性。”② 这是人类文化的多样性在全球化时代的主要表现方式。

文化的多样性是全球化时代世界文化发展的标志和表现。所谓民族文化发展的多样性，指的是人类文化发展所具有的多方向、多层次、多方式的性质。文化发展的多样性，在不同的历史阶段，具有不同的表现形式。正如全球化进程一样，文化的发展进程也是源远流长的。从人类社会产生开始，人类文化就呈现出多样的发展形式和多样的发展方向。而且，随着人类社会发展的深入，文化发展的多样性所包含的内容也在不断丰富和发展。但是，只有在社会物质生产进入比较高级的阶段，只有全球范围内的物质、信息交流达到一定程度时，人类文化发展的多样性才真正引起人们的关注。正如马克思恩格斯所指出的，随着资产阶级对世界市场的开拓，“新的工业的建立已经成为一切文明民族的生命攸关的问题……过去那种地方的和民族的自给自足和闭关自守状态，被各民族的各方面的互相往来和各方面的互相依赖所代替了。物质生产是如此，精神的生产也是如此。各民族的精神产品成了公共的财产。民族的片面性和局限性日益成为不可能，于是由许多民族和地方的文学形成了一种世界的文学。资产阶级，由于一切生产工具的迅速改进，由于交通的极其便利，把一切民族甚至最野蛮的民族都卷到文明中来了”。③ 从世界范围来看，这种过程在经济全球化时代表现更加突出，随着全球化时代的到来，人类文化呈现出前所未有的多样性，这种多样性伴随着人

① 江泽民：《全面建设小康社会，开创中国特色社会主义事业新局面》，北京：人民出版社 2002 年版，第 48 页。

② 阮炜：《文明的表现》，北京：北京大学出版社 2001 年版，第 23 页。

③ 《马克思恩格斯选集》，第 1 卷，北京：人民出版社 1995 年版，第 276 页。

类文化的加速进步而呈现加速发展的态势。

2、民族文化多样性的原因分析

自从人类产生以来，人类就没有停止探索文明进步的脚步。但是，只有到了全球化时代，文化的多样性才成为人们关注的焦点，成为现实生活中的重要内容，究其原因，主要有以下几点：

首先，人类社会生产力的发展状况是文化多样性发展的根本决定因素。影响人类民族文化发展的因素是多种多样的，但其中最根本的就是人类社会生产力的现实发展状况。社会生产力的发展水平，决定了人类社会的进步程度，也决定了人与人之间进行信息、物质和能量交流的程度和深度。这些因素制约了文化发展的形式和范围，也决定了文化多样性的表现方式。正如马克思所说："像野蛮人为了满足自己的需要，为了维护和再生产自己的生命，必须与自然进行斗争一样，文明人也必须这样做；而且在一切社会形态中，在一切可能的生产方式中，他都必须这样做。"① 这是社会发展的必然要求，也是人类文化多样性发展的根本原因。

其次，人类认识水平的逐渐提高为民族文化多样性发展提供了基础。人的认识水平，作为人类文化的组成部分，是人类意识水平的主要标志。而人类意识水平和认识能力的进步，对于促进人类社会的文化进步、推动人类文化的多样性发展发挥着十分重要的作用。借助人类已有的文明成果，全球化时代人们的认识能力有了很大的提高，认识水平有了新的提升，这必然对人类文化的多样性发展产生广泛影响。

最后，不同地域文化形态自我意识的逐渐增强是文化多样性得以发展的时代动因。随着全球化进程的加快，各国、各民族之间的物质和信息交流空前加强。他们的自我意识空前加强，促使这些国家在与其他国家、其他民族的交往中强调和捍卫本民族的文化传统，以此来保证自己作为交流主体的地位。一方面，这种本土意识的强化，对保持世界文化存在形态的多样性具有维持作用，为世界文化的发展提供了多样的表现

---

① 《马克思恩格斯全集》，第25卷，北京：人民出版社1974年版，第926页。

形式；另一方面，也对文化的整体发展产生负面影响。“全球化文化的传播是全球化经济和市场的必然结果，但同时又有另一股相反的力量导致文化的分裂和解体。与这相关的则是愈演愈烈的民族、种族、社区和宗教冲突。”① 在这种意义上说，这种条件下实现的人类文化多样性，具有很大的片面性，是在主观上反对全球化的过程中实现的客观结果。

总之，从当前我们面临的时代条件来看，民族文化的多样性发展将是一个十分漫长的过程。信息时代和网络空间的迅速发展，使得文化多样性在取得更加便利的实现方式的同时也不得不应对许多新的问题，它给我们的生活方式带来日新月异的变化。“在互联网上产生的不仅仅是新技术、新经济，还是一种新文化。但是由于这种新文化是在一个前所未有的载体上发生，又是以一种全新的界面出现在人们面前，对传统文化范式来说，则要进行一场脱胎换骨式的变革。”② 这种革命式变革，是民族文化多样性发展过程中出现的新问题，民族文化的多样性发展必须要积极应对这些新问题、新挑战。

（二）全球化进程中的文化传承与积累

文化的发展是一个历史过程，任何一个民族的文化都是经过长期的历史传承与积累发展起来的。在全球化进程中，各民族文化仍将延续这一过程，只是在全球化时代里，由于各种文化之间的交流空前广泛，在各种不同的民族文化之间，既存在以美国为代表的西方强势文化，也存在以发展中国家为代表的弱势文化，甚至有某些民族文化正面临着消亡的境遇。同时，强势文化影响着弱势文化的发展与命运，在这种新的时代背景下，民族文化的传承与积累也面临着一些新的情况和问题。

民族文化传承与积累是民族文化向前发展的前提条件。在传统社会，文化传承比较简单，民族文化基本上都是在特定的国家、民族内流传、延续的，而且所使用的语言和表达方式也都具有明显的民族特色。

---

① ［美］弗雷德里克·杰姆逊、三好将夫编：《全球化的文化》，马丁译，江苏：南京大学出版社2002年版，第236页。

② 鲍宗豪：《全球化与当代社会》，上海：上海三联书店2002年版，第140页。

而在今天全球化时代的条件下，情况就非常复杂，其特点是传承的空间大大扩展，由此带来的传承途径也发生了重大的变化。由于全球化带来了资本和信息的全球流动，先进的传媒工具和技术手段使得文化信息在世界各地迅速传递，因而传统意义上的文化传承在全球化的时代背景下，正越来越失去固定的空间，国家和民族的边界正在被消解。这样，文化传承就不可能拘泥于一个国家、一个民族范围内，而是被纳入世界性的文化版图。既然传统意义上的文化传承空间被打破，那么，要使民族文化得到顺利传承，必须因势利导，正视和参与国际性交流，民族文化也只有积极参与交流、参与世界文明的整体建设，才能充分体现自己的价值，发挥自己的作用，从而在世界范围内得以传承。

尽管经过国际性交流的文化已经不是“原汁原味”的民族文化，而是渗透进了外来文化的因素，但这种渗透并不是对民族性的否定，而是对民族性的丰富和发展，因为这样的民族性已经被赋予新的内涵，获得了时代的规定性。要使民族文化得到顺利传承，除了在实践上积极参与国际性交流之外，更重要的是要在认识上或研究的方法论上有一种新的调整与转变，这主要涉及到对传统文化如何传承的看法问题。

首先，应该跳出传统文化的圈子来看待传统文化的传承。离开传统文化来讲其传承，一般人认为是不可能的，实际并非如此。在全球化的时代背景下，文化发展出现了前所未有的新变局，文化的民族性与世界性相互渗透、难舍难分，不跳出传统文化的圈子，就不能真正看清传统文化，也不能真正传承传统文化。任何一种文化要走向世界，并通过世界来传承，必然要求用全球的视野来反观和看待其文化，看哪些文化成分需要继承，哪些文化成分需要抛弃，否则，文化只能离开世界文明大道越来越远，最后传到死胡同里无法再传下去。所以说，我们这里讲的离开传统文化谈传承，并不是要抛弃传统文化，而只是跨出传统文化的视野，站在一个宏观的视角来重新审视自己的文化。

其次，应当从传统文化发展的非连续性来看其连续性。文化发展的连续性是一个国家、民族文化传统得以延续、发展的保证，文化发展的非连续性则是使这一文化传统得以跃迁、提升的重要环节。只承认连续性，就会忽视现代化所要求的文化与传统文化的重大差异；相反，只承认非连续性，又会陷入文化虚无主义。在当代社会急剧变革的过程中，连续性和非连续性都是值得研究的，但两相比较，非连续性的问题更值得重视。因为全球化的出现，其意义不仅仅是给社会生活带来了一些新的变化，而是划了一个时代，全球化时代与以往社会有着重大区别，由此产生的新型文化与传统文化自然也有着重大差异。在研究民族文化发展问题时，只有首先承认非连续性，承认两种文化的差异，才能以时代要求的文化精神为基础来培植新的文化精神，而后才有根据考虑连续性，即对传统文化的继承方面。而在时代要求的文化基础没有澄明之前，抽象地谈论传统文化的继承问题是毫无意义的举动。因为继承的参照标准还没有确定，要继承什么，不继承什么根本无法断定。

最后，应当从当代社会生活实践的要求来看待民族传统文化的传承。文化传承固然离不开历史文献，但更重要的还是依赖于社会实践。看一种文化能否得到传承以及怎样传承，必须依其能否在社会实践中实际发生影响以及怎样发生影响来确定。凡是不能参与社会实践而与现实相脱节的文化，在其历史发展中终归难以传承下去。在全球化时代，如果不参与到全球进程当中来，任何一种民族文化都无法传承下去。

一种民族文化能否得到健康传承，不仅要看它能否满足本国社会实践发展的需要，而且要看它能否回答全球化实践提出的重大课题。传统文化传承与发展的出路就在全球化的时代要求与本国现代化实践的交叉点上，也就是说，要确定传统文化在当代社会发展过程中的价值与意义，要确定传统文化传承的内容与方向，关键是要明确全球化背景下社会生活实践所要求的文化选择与再造过程中最需要和最急于克服的文化因素是什么。只有在问题明确之后，再来反观传统文化的基本素质，才能最后确定应当继承什么、否定什么，从而实现传统文化与时代要求的合理对接。在世界交往普遍发达的情况下，一国的社会实践与全球性的社会实践很难划出严格的界限，这样，关注和参与全球性的社会实践，自然是民族文化发展的题中应有之义，离开这种实践的文化，必然是一种缺乏生活根基而最终被淡忘的文化。

民族文化的发展并不是一个文化传统简单延续的过程，而主要是一个文化积累的过程，人类之所以能够走出蒙昧时代而进入文明社会，正是通过经验与智慧的长期积累而实现的。可以说，文化积累是文化发展的重要基础，民族文化积累的途径和方式在不同的时代经历了相当大的变化，如果说，在传统社会，民族文化的积累主要是本民族自己经验与创造成果的缓慢积累，那么，在历史进入全球化时代的条件下，民族文化的积累就不仅仅是一个民族内部的文化纵向积累，同时也是一个由不同民族间文化交流而形成的横向积累。在全球化时代，后一种积累尤为引人注目，因而更值得研究。

文化横向积累的重要意义不仅仅在于为民族文化的积累开辟了一条新的渠道，更重要的在于使民族文化的积累有可能实现跳跃式的发展。之所以如此，主要在于世界交往改变了文化创造、发明的重复性。马克思曾经指出："在历史发展的最初阶段，每天都在重新发明，而且每个地域都是独立进行的。"① 在这样的历史条件下，发明随时都有失传的危险。因此，"某一地域创造出来的生产力，特别是发明，在往后的发展中是否会失传。完全取决于交往扩展的情况。当交往只限于毗邻地区的时候，每一种发明在每一个地域都必须单独进行……只有当交往成为世界交往并且以大工业为基础的时候，只有当一切民族都卷入竞争斗争的时候，保持已创造出来的生产力才有了保障。"② 事实也正如此，封闭的文化发展必然带来的是文化发明创造的重复性，因为每个国家毫无借鉴、继承可言，一切都得从头做起，一步步积累起来，而世界性的普遍交往则打破了这种重复性，某一国家完全可以通过向其他国家学习，直接吸取新的文化成果，从而可以避免文化发明创造上的"重复"、"浪费"，绕过"重新开始"的阶段，加快文化积累的步伐。

不同国家、民族在长期的实践过程中因不同的历史和传统创造了不同的文化，由此形成了文化差异，而国际性的交往又使各个民族文化之

① 《马克思恩格斯选集》，第1卷，第107－108页。
② 同上，第278页。

间相互补充，通过各民族文化精华的汇合与交融，逐渐形成人类的共同文明财富，这是民族文化融入全球文明的过程。与此同时，各个国家、民族在全球化的过程中，通过消费作为人类共同财富的文化，加上自己特有的理解与消化，又形成具有个性的民族文化，这是全球文明转变为民族文化的过程。这一转变意味着世界先进文化成果已成为民族文化有机体的内在要素，因而是在原有文化的基础上的新的积累，这种积累不只是对原有文化的丰富和发展，同时也是对整个民族文化品格、境界的提升，是对民族文化某些局限性克服。

总之，几千年来，人类文明经历了多次嬗变，一些文明形态中断了，衰落了，消亡了，但其中有些民族文化却始终顽强地生长着并保持着独特的风貌。这是因为这些民族文化之树能以发达而深邃的根系汲取本民族文化沃土的滋养，也能以繁茂的枝叶吸纳异质文化的精华。没有前人丰富的文化遗产作依据，也不会有后来的文化繁荣与发展，一个时代的文化，既不可能凭空创造，也不可能一步登天，它的繁荣与发展，都要以前人创造的丰富的文化遗产作为出发点，在不断的传承与积累中不断走向新的高度。

（三）全球化进程中民族文化的保护与建设

全球化是一股不可抗拒的时代潮流，面对汹涌澎湃的全球化浪潮，如何保护与发展民族文化？在面对某些强势文化的强大压力下，如何建设本民族的文化？这些问题都是摆在全球化时代世界各国面前必须要思考和面对并加以解决的问题。

在世界性联系不太紧密的传统社会，民族文化基本上是在一个国家、民族范围内得以延续，很少受到外来文化的冲击，即使接受某种外来文化，也是从本民族的利益出发而做出的选择，因此，在这样的环境里，除了遇到外族入侵以致整个民族遭到毁灭性打击的极端情况外，民族文化的保护与发展并不成为什么问题，至少不是严重问题，而在全球化不断发展的今天，这一问题却日益突显。

因特网的迅速发展给各个国家的民族文化发展带来了机遇和挑战，

发达国家正倚仗其技术强势、文化强势和信息强势将其文化和价值观强行推广到世界的每一个角落，由此带来的“文化帝国主义”给其他国家的民族文化保护带来极大的冲击。因此，因特网给发展中国家和非英语国家带来的更多的是挑战，文化竞争、文化扩张、文化霸权、文化侵略也日益成为网络运行中的突出问题。民族文化是一个民族独立的重要力量和标志，是一个民族昌盛的重要表现，是一个民族发展的重要动力和根基。因此，如何保护民族文化，在全球化的时代里得到了广泛的关注。

在全球化时代，文化资本、文化商品自由流动，文化产业的扩张，文化价值的对撞，直接威胁到弱势民族的文化安全，进而影响到其生存和发展。文化安全是民族生存的重要前提和条件，假如民族文化受到威胁和侵略，其结果必然会给民族国家带来深重的文化危机与民族危机，正因文化保护直接关系到民族存亡，因而“文化主权”问题便被现实地推到主权国家面前。

如何维护一个国家的文化主权？这是一个十分复杂的问题，但从现实的情况来看，至少有两点要特别注意：首先，是文化战略的制定问题。早在1970年，荷兰哲学家冯·皮尔森在其著作《文化战略》一书中就指出，文化战略就是人类的生存战略。冷战后，一些西方学者也在反复论证：哪国的文化成为主流文化，哪国就是国际权力斗争的赢家，为此，西方国家都在加强文化战略的研究。面对西方文化的巨大威胁，发展中国家自然不能熟视无睹，也不断通过研究来制定一套既能积极推进本国文化建设，又能同外来文化相互作用、积极抗衡的文化战略，这是维护文化主权、保证民族文化顺利发展的一项极为重要的任务。

其次，是文化产业的保护和发展问题。文化的全球性发展不仅是以文化作品、学术话语、思想观念等形式扩展的，而且是以产业形态来推行的。可以说，西方文化以产业形态对其他弱势国家所强行的“市场准入”，构成了这些国家最大的文化安全问题，维系民族文化的纽带在其剧烈冲击下显得异常脆弱。为此，受文化殖民威胁的国家要从根本上摆脱这种困境，必须从整个国家战略的高度，实行产业政策的战略性调整，构建适合于本国的文化产业体系，以形成能够抗衡西方文化大举入侵的重要力量。

在全球化条件下，既要使民族文化保持自己的独立性，又要使民族文化适应全球化的大潮，这确实是一大难题，文化保护成功与否，关键在于对这一难题如何解决。

那么，在全球化的时代背景下，如何建设民族文化？这一问题成为近几年学术界关注的焦点问题之一。在全球化时代，一个民族的文化建设问题已经不仅仅是本国内部的事情，而必须要把其置于世界文化格局的整体背景下来考虑。按照这样的要求，民族文化的建设不仅是要主动融入世界文化大潮，更重要的是要突出文化上的超越与创新，全球化所导致的文化竞争的加剧，使得创新意识和创新能力日益成为一个国家能否在这场竞争中掌握主动权的关键性因素，成为文化竞争力的关键因素，文化的兴衰，全在于创新与否，看一个民族的文化发展程度，主要看其创新能力的高低。反观发展中国家的现实，理论准备不足、文化创新能力不强，恰恰是制约许多国家文化发展的一个重要因素，也正是这样的欠缺，成为“文化帝国主义”对这些国家进行文化“入侵”和“殖民”的一个主要突破口。站在全球化的角度来看待民族文化的建设，自然不能仅仅停留于原有文化的维持上，必须以世界先进文化的水准来重新审视，本文以我国在全球化背景下的先进文化建设为例来谈谈民族文化的建设问题。

首先，要正确把握先进文化的前进方向，这是进行先进文化建设的指导思想。方向问题是文化发展的前提问题，只有明确了发展的方向，先进文化建设才有可能展开，“在当代中国，发展先进文化，就是发展面向现代化、面向世界、面向未来的，民族的科学的大众的社会主义文化，以不断丰富人们的精神世界，增强人们的精神力量。”① 这是我国进行先进文化建设的根本方针和理论基础。

---

① 江泽民：《全面建设小康社会，开创中国特色社会主义事业新局面》，北京：人民出版社2002年版，第38页。

其次，要坚持弘扬和培育民族精神，这是先进文化建设的精神动力。“民族精神是一个民族赖以生存和发展的精神支撑，一个民族，没有振奋的精神和高尚的品格，不可能自立于世界民族之林。”[①] 在经济全球化飞速发展的今天，民族的发展和民族意识的增强是与全球经济的发展同时进行的，也只有这种民族意识在当代背景下的觉醒，才让我们勇敢地面对来自方方面面的文化挑战，充满自信地建设本民族文化的新形态，只有振奋民族精神，才能唤起广大人民群众的民族自豪感，巩固他们的民族自信心，使他们真正投入到民族复兴的伟大事业中去。可以说，这种民族精神的培育，贯穿了先进文化建设的全过程。

再次，大力发展教育和科学事业，这是先进文化建设的智力基础。全球化时代里科技进步日新月异，国际竞争日趋激烈，特别是以经济实力为中心的综合国力竞争更趋白热化，这种竞争归根结底是一种人才的竞争，是一种民族创新能力的竞争，要在这种竞争中占据有利地位，就必须大力发展科学教育事业，这是民族文化得以发展的重要保障。

第四，积极发展文化事业和文化产业，是先进文化建设得以实现的物质基础。先进文化建设，必然在现实的社会发展进程中表现为各类文化事业和文化产业的发展，所以，先进文化建设的顺利展开，必须以文化产业的蓬勃发展为基础。

最后，要深化文化体制改革，这是先进文化建设的制度保证。制度是一个社会得以发展的重要保证，随着社会物质生活条件的改变，制度也要随之发生相应的改变，只有这样才能适应社会生产力不断提高的要求，实现和促进社会的文化进步。

总之，全球化背景下的民族文化保护与建设是21世纪人类面向未来生存与发展的共同关注的焦点话题之一，与全球化时代的国际文化新秩序的建构密切相关，只有保护好民族文化并采取措施促进民族文化的建设，才能继续推动民族文化的多样性发展，为建构起公正合理的国际

① 江泽民：《全面建设小康社会，开创中国特色社会主义事业新局面》，北京：人民出版社2002年版，第39页。

文化新秩序奠定基础。

三、民族文化多样性基础上的文化交流

在全球化的时代里，国际社会的联系日益增强，国家之间的关系也变得更为复杂多变，由于国家利益的纷争所导致的国际冲突时有发生，有时甚至发生大规模的流血冲突事件。国际政治领域里这些事件的发生经常与国家利益紧密相联，而一国对于本国国家利益的界定并不是凭空产生的，而是基于本国深刻的文化内涵和底蕴做出的，在这种背景下，各国之间展开的文化交流就是沟通思想的有效途径。通过文化交流能够改善并促进相互了解、增进友谊，改善并促进双方的政治关系。尤其是在全球化趋势不断加强的今天，民族文化多样性也日益发展，各种不同的民族文化只有在深入交流互换中，才能够加强了解与认识，从而为构建起一个合理的国际文化互动关系打下良好的基础。

（一）国际政治领域的文化交流

文化交流是随着科学技术的进步和人类社会的发展而不断深入的，它包括文化产品的物物交流和文化的信息交流两个方面。19 世纪以前的漫长岁月，由于交通和传播技术方面的诸多限制，文化交流的速度是缓慢的，交流的广度和深度也很有限。西方国家从 19 世纪末起，文化交流出现了新的形式，即不仅对思想、文学、艺术和科学作品进行交流，而且各种公共权力试图像对待产品和商品贸易那样对文化交流行使控制权，一些私人和私人集团首先成了文化交流的发起者。法国成立了“法兰西（语言）同盟”，意大利成立了“但丁·阿利盖利协会”，其他国家也建立了类似协会，此外还建立了一定数量的教育机构。1875 年，黎巴嫩的贝鲁特建立了圣·约瑟夫大学，而为巩固文化和教育方面的国际合作而进行的最初尝试始于 1913 年，当时荷兰政府建议召开一次协商会议，目的是可能创立一个“国际教育组织”，由于一次世界大战的

爆发，会议没能成功召开。从1919年起，各国干涉主义倾向的发展促使部分国家十分关心文化关系，意大利在1926年、德国在1933年、日本在1934年、瑞士在1939年都建立了负责文化关系的全国性机构，这些都促进了文化交流的进一步发展。

两次世界大战的爆发刺激了交战双方自我宣传的需要，无论是前后方的沟通、传递和了解战况，还是为了鼓舞前方战士的士气，都加快了对信息交流传递的发展。特别是伴随着科技进步，相继产生的电话、电报、广播、电影、电视等先进的交流工具，使人与人之间、民族与民族之间、国家与国家之间的信息交流与互动日益增强，交流活动的影响力、感召力和交流效果也日益受到人们的重视和关注。两次世界大战结束后，都出版过有关战争中宣传成效的专门书籍，客观上也推动了文化交流的进一步发展。

战后，欧洲各国的文化教育事业都得到了极其充分的发展，它们的任务都是为了促进民族文化的影响和国际间的文化沟通和合作的可能。外交使团除了传统的军事和文职人员之外，都添加了文化参赞或专员，随后还增加了技术合作参赞或科学参赞。1946年，联合国教育、科学及文化组织成立，接受了在联合国监督下推动世界教育、科学合作和文化交流的任务。

二战之后国际间的文化交流得以蓬勃发展的原因主要有以下几点：一是由于人们向往一种由国际谅解促成的持久和平；二是与原子能利用同样重要的发现和信息途径及工具的超常发展加快了科学进步的速度，使各国人民产生了前所未有的互相依存感；三是在智力方面合作的共同愿望，尤其是青年人渴望了解其他国家的文化和生活方式；四是受惠较多的国家对刚进入国际生活的发展中国家的援助和知识传递。[①] 这些都促进了国际文化关系的良性互动，使国际文化交流得以快速发展。

冷战结束以后，新的科学技术手段日新月异，它们与已有的文化理念相结合，促使文化交流飞速发展，文化交流的形式也变得丰富多彩，

---

① 潘一禾：《文化与国际关系》，浙江：浙江大学出版社2005年版，第105页。

首先是在文化设施和机构方面，各大学都不同程度地强调对外国的文化开放，通过互换教师和学生、增设研究中心、设立基金会等多种方式进行文化交流；其次，举办多种形式的展览、音乐节、电影节、电视节等活动，扩大出版物的发行、电台节目的播出等方式实现文化交流；最后，签订各种文化协议促进不同文化之间的交流互换。

总之，文化交流的发展经历了一个长期的历史过程，在全球化的时代背景下，文化交流必将会继续向前发展，在文化交流中应该注意一些问题，以促进文化交流的良性发展，如不同文化的差异、不同文化的冲突点、科技对文化交流的影响、文化的延续与变迁、文化交流的控制以及文化依附和文化自立等，我们在研究全球化时代的文化交流问题时，必须关注这些问题。

（二）全球化条件下文化交流的新发展

自古以来，国家之间的文化交流从未断绝过，传统的文化交流带有自发性、小规模和内容有限的特点，交流的主体多为商人和旅行家。15到17世纪，随着地理大发现和新航路的开通，西方资本主义生产方式的殖民扩张，形成了以民族国家为基础的国际体制，因而，文化交流带有了真正意义上的国际性。20世纪以来，尤其是第二次世界大战以后，随着现代大众传媒的发展和信息传播的日益便捷，以及经济全球化不断深入发展，国际交往趋于频繁、密切，内容也日趋丰富。在这些跨国界的文化交流中，除了以民间的形式展开外，很大部分在国家政府指导下展开，从而逐渐成为当代国家总体外交的重要组成部分。

今天，随着全球化趋势的不断发展、信息时代的到来，文化交流也进入了一个新的阶段，报纸、书籍、杂志持续发展，广播、电影、电视无所不在，互联网又成为人们的新宠，现代人几乎到了离开文化交流就无法生活的地步。从文化交流的方式来看，大众传媒是全球化时代里各国实施文化交流的最主要方式，国家通过广播电台、电视、音像制品、出版物、报刊杂志、外国新闻中心等大众传播媒介实施的国际文化交流，来推行本国的战略和政策。全球化背景下的文化交流之所以能够全面地、加速地进行，是与网络技术的广泛运用密不可分的，网络和数字技术的不断发展使全世界的人们突破了时间和空间的局限，进行更直接的文化交流。网络化、数字化这种媒体形式不仅为全球范围内的文化交流提供了可能，而且使其提升到信息化、知识化水平，从而使文化的全球交流展现出新的境界、新的层次、新的状态。网络具有资源共享性、信息交流方便快捷性、智能性、虚拟性、一体性等等特点，网络的这些特点决定它能扩大不同文化背景的人们交往和交流，更新人们的观念，张扬人们的主体性，使各种文化形态之间相互学习、相互吸引、相互创造。但是，在网络上，发达国家与不发达国家处于极不平衡的状态，西方发达国家特别是美国在网络上处于垄断地位，不发达国家处于网络不发达状态，网络具有逻辑先在性，即它内涵了一定的逻辑程序和观念前提，采用协议规定了标准语言编写，因而，以网络为基础的这种全球文化交流的过程，带有明显的西方话语和文化、意识形态特点。所以，有人把互联网称为电子殖民主义、网络霸权主义或网络文化帝国主义等。

总之，网络一方面有利于不同文化之间的相互交流，取长补短，另一方面，网络也有交流的不对称性，使非西方国家的文化面临着挑战，面对网络在全球文化交流过程中的这种双重性，一方面要对西方文化的合理性进行反思，充分利用网络资源，吸取世界文化的优秀成果，另一方面也要用自己的语言建设网络，开发自己的网络软件，抵制西方话语霸权，使民族文化的核心内容渗透进网络之中，保持民族文化的独立性。

（三）全球化时代文化外交手段的运用

国际文化交流的作用是多方面的，从文化自身的角度来看，文化交流不仅在国外展示自己的文化，推动本国文化走向世界，而且可以博采各国文化之长，引进国外优秀文化；从经济角度看，在经济全球化和市场化的今天，商业文化活动可以获得巨大经济利益，国际文化交流还在外交上发挥着重要作用。那么，在全球化时代，国际文化交流在外交中起到什么样的作用呢？文化外交的意义如何呢？这首先需要从文化外交来谈起。

1、文化外交及其历史

基于文化在国际政治上的战略意义，以及在国家外交事务中的深刻内涵，各国都把拓展其海外的文化影响作为自身的神圣使命，作为外交事务的重要组成部分。文化不仅仅是作为国家对外活动的背景、基础、动力和决定性要素之一的蕴涵因素，也不再只是国家为其政治或军事行动辩护和包装的手段，而是站在外交舞台的前台，自身独立地成为国家外交的一部分，即单独以文化为内容的新型外交形式——文化外交。

文化外交是指主权国家以维护本国文化利益及实现国家对外文化战略目标为目的，在一定的对外文化政策指导下，借助文化手段来进行的外交活动。文化外交问题涉及到多种学科，在此我们仅从文化传播学和国际政治学的角度来论述这个问题。从文化传播学来看，文化交流包含两大类：文化制品（物质）和文化信息的交流。文化与传播密切相关，传播在文化的传承中发挥着重要作用，在文化的传播中寓教育、说服等传播功能于受众的愉悦之中，可起到潜移默化的作用，而且，传播手段的发展使文化交流日益频繁。从国际政治理论来看，文化是实施权力的一个重要方面，著名学者摩根索在其著作《国家间政治》一书中，提出三种帝国主义的形态，其中之一是“文化帝国主义”。他认为，“我们所谓的文化帝国主义，是所有帝国主义方法中最灵巧、最成功的帝国主义——假若仅凭文化帝国主义的确能成功的话。它的目的不在于领土的征服，也不在于控制经济生命，而在征服并控制人们的心灵，籍以改变两国间的权力关系。”[①] 在国际政治领域，强国往往凭借其强大的经济、科技能力向世界输出其强势文化，促使一些弱小文化群体成为西方强势文化的附庸，成为文化强国利用文化交流实施文化外交的一种手段。

利用文化来实现一国国家利益的做法古已有之。自古以来，由于文化交流广泛而深入地扩散和渗透到思想观念、文学艺术、科学技术，以

① ［美］汉斯·摩根索：《国家间政治——为寻求权力与和平的斗争》，北京：中国人民公安大学出版社 1995 年版，第 291 页。

及生活方式等领域，国家不断加强对文化交流的管辖和控制，作为官方行为的文化交流始自古代。如中国汉唐高僧西游印度、元朝时期意大利马可·波罗东来中国、明朝郑和下西洋等等，从宽泛的意义上理解，这些都是文化外交的古代形态，西方国家从事对外文化交往可以追溯到早期欧洲传教士的传教活动。

在近代，欧洲殖民主义者在向世界各地的殖民过程中，伴随着殖民者枪炮的军事征服的是以传教士为先锋的文化入侵。例如，1844 年法国强迫清政府签订的《黄埔条约》中，法国获得了在通商口岸建造教堂的权利，清政府有保护教堂的义务，之后，又强迫清政府取消对天主教的禁令，准许他们在通商口岸自由传教。利用大众传媒传递文化信息，进行文化外交，则是在 20 世纪出现的，20 世纪 50 年代初，英国的一份官方报告叙述了文化关系和对外宣传的演变：“为提供本国的信息，以便本国的政策能被世界理解和接受，一直是我们外交工作的一部分，今天所有国家不论大小，都以各种方式利用这个武器。”① 法国、美国、西欧各国也都非常重视文化外交手段的运用，美国于 1938 年成立了文化关系处（Division of Culture Relations），1942 年美国之音开始广播，第二次世界大战之后，美国的国际文化机构得到了较快的发展，1945 年美国有四十八位文化关系的官员，在三十个国家有七十个图书馆、二十一个文化中心，在其他美洲国家有三百所学校。② 1946 年，美国参议员富布赖特提出了 584 号公共法案，开始了著名的国际学术和文化交流，1948 年美国通过了“史密斯－蒙特”法案，使得美国的国际教育交流合法化，1952 年，美国政府花费 1.628 亿美元用于这类交流和国际文化关系，其中有包括七百三十万美元的富布赖特基金，在冷战时期，美国的国际文化交流在世界上独占鳌头。冷战后，美国进一步加大在国际文化交流领域的投资。

从这些历史记录可以看出，文化外交手段尤其受到西方大国的青

---

① Mark D. Alleyne, International Power and International Communication, New York : St. Martin's Press, 1995. P96.

② J. M. Mitchell, International Culture relations, London: Allen & Unwin, 1986. PP51 – 57.

睐，在谋取其国家利益方面起着十分重要的作用，文化交流已经成为“国际政治中一国政府为达到其外交目的而运用的一种特殊政策工具”。[①] 今天，随着全球化趋势的不断发展、信息时代的到来，文化外交也进入了一个新的阶段。

2、文化外交手段的运用

国家制定对外战略、政策以完成外交任务，为国家利益的实现和维护采用一切切实可行的手段，它包括政治手段、经济手段、军事手段、文化手段等，国内有的学者认为外交中的文化手段指“国与国之间所进行的一切官方或民间的文化交流活动”。[②] 因此，文化作为一种手段，在国家外交中发挥着日益重要的作用，文化外交手段是指国家为达到某种目的，维护本国利益，利用官方或民间多种渠道，通过文化形式（文化产品、传播媒体、文化交流等）宣传、报道本国或他国的政策、文化价值观、思想观等内容的一系列活动。文化手段的运用主要表现在两个层面：

一是对内宣传本国的传统文化、价值观、思想观、道德观、审美观等共有知识和国内政策及对外事件的看法、观点和立场；

二是对外宣传本国文化、政治文化和意识形态，报道本国和他国的政策、观点。文化手段的“正向实施可以传播友谊，增进相互了解，进行善意引导，加强双方的交流与沟通，其反向实施，就是宣传战、心理战，这必然导致对立以至仇视情绪的滋长。”[③] 由此可见，文化手段的不同运用将产生截然不同的后果，一个国家到底如何运用文化手段，关键在于外交决策者的战略目标。

文化手段在战后的国际政治现实中，作为国家间外交行为的一种辅助手段，有时甚至会成为一种主要手段发挥其独特的作用，为达到一定的经济、政治、军事目标服务，文化手段被称为“外交中的第四手段”，与其他手段结合起来共同作用于外交。美国著名的富布赖特基金

---

① ［美］弗兰克·柯维奇：《美国对外文化关系的历史轨迹》，钱存学译，载《编译参考》，1991年第7期。

② 畅征、王杏芳：《国际政治学》，北京：中国人民大学出版社1997年版，第241页。

③ 俞正樑著：《当代国际关系学导论》，上海：复旦大学出版社1996年版，第102页。

的创始人富布赖特在《外交政策的第四方面》中指出，当今世界外交政策不仅仅依靠军事力量和外交活动，我们必须向其他国家传播我们的社会价值观影响下一代，对世界格局产生的作用要远远胜过军事和外交上的作用。美国负责教育和文化事务的国务卿首席助理菲利普·赫库姆克斯指出："除了政治、经济、军事问题之外，教育和文化事务是现代国家外交政策的第四，也是最人道的部分。"① 西方学者普遍认为，对于现代国家外交政策来讲，教育和文化事务已是仅次于政治、经济和军事问题的第四个领域。冷战后，文化手段的重要性得到增强，美国官方人士就一再表示，"用外国文化所能够信赖和接受的语言解释和宣扬美国的诸政策，它的使命是了解、告知和影响外国公众，以增进美国的国家利益。"② 可见，文化手段在一国外交中的具体实施，对于实现国家利益来说有着不可低估的意义。

3、文化外交的地位与意义

在全球化不断发展的今天，越来越多的国家实现了从具有外交文化意识到从事文化外交实践的飞跃，大多数国家都进一步意识到，文化关系已成为国际关系中一个必不可少的方面。文化关系之所以在当今世界的各种事务中占有相当重要乃至核心位置，是因为它不仅能够使国与国之间长期存在的所有关系更为紧密，而更重要的是，文化关系能在接触甚少或毫无接触的国家之间创建一种新的联系。正如在一个社会中，文化不仅不是政治、经济和军事之外的多余部分，反而恰恰是文化包容了一切。在国际社会，国家间的文化关系同样是国际关系中最为普遍、持久而深入的要素。基于文化关系在国际关系中的地位与作用，文化外交将成为与政治外交、经济外交、军事外交并立的外交的第三或第四方面③；而且，在一定程度上，它包含传统的政治、军事、经济外交，成

① ［法］路易·多洛：《国际文化关系》，上海：上海人民出版社 1997 年版，第 27 页。

② 刘永涛：《文化与外交：战后美国对外文化战略透视》，《复旦大学学报》（社会科学版）2001 年第 3 期，第 65 页。

③ 欧洲国家把文化外交称为第三外交。如德国前外交部长维利·勃兰特在 1966 年把文化关系称为对外政策的"第三根支柱"。而美国则把文化外交当作第四外交。中国前驻法大使吴建民也提出：文化同政治、经济一起构成中国外交的三大支柱。

为国家外交中最核心的内涵，可以预期，文化外交在外交舞台上扮演主角的时代即将到来。

总而言之，在外交的总体格局中，文化外交不仅构成了外交体系的组成部分，而且也是整个外交的核心之所在，因此，从终极的意义上说，一切外交的实质都是文化外交。

基于世界文化的等差格局及其非均衡的乃至单向的流动态势，世界各国虽然都在不同程度上开展自己的文化外交，谋求实现自身的国际战略目标，但是，不同国家的文化外交水平千差万别。经济水平高、综合国力强的国家，处于文化外交的强势地位，其文化外交的水平就高，成功的几率就大，就越容易实现自身的对外战略目标，因而，在国际文化外交的总格局中居于主导或支配地位；反之，经济落后、综合国力弱的国家，处于文化外交的弱势，则文化外交水平低，成功几率就小，难于实现其对外战略目标，因而居于国际文化外交总格局中的附庸或从属地位。

如何在未来的国际文化版图上重新确立国际文化新秩序，自主和平等是处理国家与国家、民族与民族之间关系的一个基本原则。无论一个国家或民族多么强大，在与其他国家和民族进行文化交流时，都应该以平等的身份出现，绝不能因为自己政治、经济、科技和军事上的强大而企图在文化上也实行“霸权”和“垄断”。相反，无论多么弱小的国家和民族，在其成长和发展过程中，也为人类文明做出过贡献，它们在国际文化交流市场上应该享有平等参与的机会与权利，对一个国家来说，没有交流、断绝与外界文化信息交流的文化系统是没有生命力的，而对国际社会来说，没有双向互动、只有单向传播的国际文化系统也是畸形、短视的。

总之，在全球化时代来临的今天，伴随着各个国家和各级各类非国家行为体的日趋活跃，不同国家间的文化以前所未有的规模和程度广泛而深入地进行着互动性的交流，在民族文化“自觉意识”日益强烈的条件下，各种文化之间的交流活动也更加频繁，这就要求人们把不同国家间、不同文化间、不同民族间的相互理解放在首位，用“和而不同”

的态度来对待各种不同的民族文化，积极推进不同文化之间的交流，并在交流中养成异文化、异民族共有的素质与能力，为建立一个合理而公正的国际文化新秩序打下一个良好的基础。

第三章　文化霸权与文化冲突

一、全球化进程中的文化霸权主义

文化霸权主义，亦称文化强权、文化帝国主义、文化殖民主义，一般是指国与国、民族与民族之间的文化价值观的强加行为。这一概念是由葛兰西在20世纪30年代首先提出来，他认为文化霸权主义是一种必不可少的统治形式，统治阶级要统治市民社会，就必须借助文化人和文化机构，使自己的伦理、政治及文化价值观成为普遍接受的行为准则，使“广大人民群众‘自由’同意其统治集团所提供的社会生活方式。”① 事实上，在这之前，西方殖民主义者早就将文化霸权作为一种重要的外交政策运用于国际舞台，在它们所到之处肆意摧毁当地的文明，否定或改变当地的道德准则，强行以自己的文化价值观来主宰其他国家和民族的命运。历史在发展，时代在前进，和平与发展已经成为时代的主题，然而文化霸权主义并未销声匿迹，在全球化的时代背景下，它又变换了一张新的嘴脸，活跃在国际舞台上，影响着国际文化新秩序的建构。

（一）文化霸权主义的时代背景

在全球化的进程中，文化霸权主义的不断发展是在特定的时代背景

---

① 戴从容：《从〈东方主义〉到〈文化帝国主义〉》，《国外社会科学》，1996年第6期。

下展开的，这主要可以归结为以下两个方面：

首先，冷战结束后，原来的两大军事集团的对抗和意识形态对立宣告终结，许多国家开始致力于社会改革、经济发展和文化振兴，加之全球化浪潮的冲击，各国各民族之间的交往日益频繁，大大强化了民族和文明意识，从而使衡量一国的强弱不再单纯从政治、军事的角度，而是以“综合国力”为标准。综合国力既包括经济、军事、科技、自然资源等实力要素，也包括民族文化、民族意志、民族性格、民族精神等精神要素。这些事实充分说明文化的地位极大上升，它已经同政治、经济、军事、科技等成为决定国家实力的主要因素之一。

在这一时代背景下，“霸权意识”严重的国家便把视线转向文化领域，试图以他们的文化价值观一统天下，取得政治斗争、军事力量所达不到的目的。现代化传播媒介为之提供了便利，文化霸权主义从而应运发展，成为冷战后国际社会中一个十分突出的现象。

其次，20 世纪 60 年代中期，发展中国家为改变发达国家在一些领域中进行垄断、操纵的不公正不合理局面，并提高自己的发言权，提出了建立“国际新秩序”的构想。邓小平也在 1988 年会见印度总理拉吉夫·甘地时指出：“世界上现在有两件事情要同时做，一个是建立国际政治新秩序，一个是建立国际经济新秩序。”至于如何建立国际新秩序，他说：“我们应当用和平共处五项原则作为指导国际关系的基本准则”。[①] 冷战后，建立国际新秩序被提上世界政治的议事日程，而且随着全球化趋势的不断发展，建构世界文化新秩序的问题也摆在了世人面前。美国政府把建立“世界新秩序”提升到国家战略的高度。但是，美国是从其本国的国家利益出发，提出了其建构“国际新秩序”的构想，其“国际新秩序”的主要内容是，政治上“扩大民主”，文化上推销西方价值观和美式生活方式、政治模式及其“文化快餐”。可见，美国心目中的“国际新秩序”是建立由美国一家独霸的单极世界，其宣扬的“担负起领导全世界的责任”，实质上就是在全世界普及美国的价

---

① 《邓小平文选》第三卷，人民出版社 1993 年版，第 282－283 页。

值观和维护美国的利益。

在当前世界人民呼唤世界新秩序的关键时刻，美国大力推行文化霸权政策，有着很深的用意，与美国的整体国家战略步调一致。2005年，美国推出的“大中东民主计划”就是其中最典型的代表。在美国以武力推翻阿富汗的塔利班政权和伊拉克的萨达姆政权后，为进一步推动中东国家的“民主化”，加速中东地区的“民主化进程”，按照美国的模式来重建中东地区的统治秩序，小布什政府提出的这一计划，涉及范围包括了二十二个阿拉伯国家以及土耳其、阿富汗、巴勒斯坦和以色列。美国政要们也多次在不同场合声称“要让民主之风吹遍中东每一个角落”，为此，美国国会还专门拨款三百万美元用于支持伊朗“发展民主”，在全球推行民主也成为小布什第二任期的政策重心。

正是在这种大的时代背景下，在全球化时代到来的今天，文化霸权主义不但没有减弱其发展势头，反而变换各种新的形式，活跃于当今世界的国际舞台上。

（二）文化霸权主义的渊源

文化霸权主义不是凭空出现的历史现象，其产生与发展有着深刻的理论渊源和历史根源。要想深刻认识文化霸权主义在全球化进程中的各种表现形式及其实质，就必须对其理论及历史渊源进行研究。

首先，从文化霸权主义的理论渊源上看，自葛兰西首次提出文化霸权主义的概念后，西方学者纷纷对这一问题给予研究，其中具有代表性的理论主张主要有汤林森的文化帝国主义理论、亨廷顿的文明冲突论以及福山的历史终结论。

汤林森的文化帝国主义理论以其著作《文化帝国主义》[①] 为代表。汤林森认为文化帝国主义是一个模糊、散漫的概念，他论述到，“就是一个国家有那样一种权力，可以把他们的文化转置到别的国家。这牵涉

① ［英］汤林森著：《文化帝国主义》，冯建三译、郭英剑校，上海：上海人民出版社1999年版，第274页。

到对文化的理解。在我看来，文化是人们对他的日常生活的理解，他们怎么看待自己的生活。它的传播与扩散是非常复杂的。就像我在书中说，一个国家的经济的强大并不意味着有转置文化的可能。"① 在《文化帝国主义》一书中，汤林森认为，理解文化帝国主义这一概念的途径有四种：作为媒介帝国主义的话语、作为"民族国家"的话语、作为批判全球资本主义的话语、作为一种对现代性批判的话语。总之，汤林森的文化帝国主义带有浓厚的西方中心论色彩、全球化的文化同质化论调，是维护西方文化霸权主义的理论之一。

福山的"历史终结论"是西方文化霸权主义理论的又一典型代表。福山认为，冷战结束后，西方民主制已彻底战胜了共产主义与法西斯主义这两个旧的敌手，而新的敌手原教旨主义和民族主义又由于自身的缺陷不足以对自由民主构成威胁，因此，历史已经终结于西方自由主义的价值观与意识形态，"战斗圈内的竞争者只留下一个人，即自由民主——个人自由和人民主权的学说"。② 西方的自由民主已是人类政治的最佳选择与最后形式，消费文化必将造成一个全球同质的、西方化的社会。福山说，原来那种被视为唯一、一贯的演进过程的历史现在走向终结的思想，是与黑格尔、马克思的历史观密切相关的。福山认为，黑格尔和马克思都有一种人类社会发展终极形态的看法，对黑格尔来说，社会发展的终点是自由国家，对马克思来说，是达到共产主义社会。现在，西方自由主义的思想已先后战胜了布尔什维克主义与现代马克思主义，于是自由民主在目前就普遍存在于全球不同的地区与文化之中，成为唯一的政治憧憬对象。

福山的历史终结论可以说是文化霸权理论的典型代表，他为西方的文化霸权主义政策提供了理论基础，虽然这个理论基础并不能让人信服。

亨廷顿的"文明冲突论"也是文化霸权主义的理论代表之一。与

---

① 王玮、宋晶：《从文化帝国主义到全球化》，载《光明日报》2002年4月18日。

② ［美］弗兰西斯·福山：《历史的终结》，内蒙古：远方出版社1998年版，第59页。

福山不同的是，亨廷顿并不认为西方文明具有普世性，他坚信的是各种不同文明之间的差异性、竞争性。他认为现代化并不等于西方化，西方的民主并不是普遍的模式，被西方文明视为世界性的东西，其他文明则视为帝国主义。他指出，文明是放大了的文化，是最高的文化群体和范围最大的文化认同，它确定人们的精神状态的同一性。冷战结束后，各种不同文明之间的冲突，在国际上正在取代由经济和意识形态所引起的冲突，成为世界冲突的主要根源。宗教信仰、文化传统、种族归属感、价值观念、意识形态等精神因素，同经济利益、实力等物质因素相比，更能影响政治结果。他把世界文化分为八种，认为"在地区或微观层面上，断层线冲突发生在属于不同文明的邻近国家之间、一个国家中属于不同文明的集团之间，或想在残骸上建立起新国家的集团之间，如前苏联和南斯拉夫那样……在全球和宏观层面上，核心国家的冲突发生在不同文明的主要国家之间。"① 所以，冷战后世界冲突的根源不再是意识形态，而是文化方面的差异，主宰全球的将是"文明的冲突"。他对处于上升势头的伊斯兰教文明和儒教文明充满忧虑，为对抗这两种文明的结盟，他的策略就是严守北大西洋公约以保卫和维护西方文明。从亨廷顿的这些理论主张中，我们不难看出其中暗含的对第三世界国家进行文化渗透的文化霸权主义思想。

其次，从文化霸权主义的历史发展来看，根深蒂固的西方中心主义是其产生的最深刻的历史根源。在对世界文明的研究中，许多西方学者都阐述这样一种观点：只有一种真正的文明，即西方文明。世界上其他文明不是缺乏生命力，就是汇入了西方文明的潮流之中。西方文明是适合所有人的"普遍文明"，西方价值观是全球的价值观。如大哲学家黑格尔曾经带着欧洲人的自豪庄严预言："一部人类历史重心的发展，犹如太阳的行程，东升西沉。所不同的是，在历史的太阳西沉之后，它不可能再次从东方升起，西方将占据世界的中心。"② 近代西方文明的传

---

① ［美］塞缪尔·亨廷顿：《文明的冲突与世界秩序的重建》，北京：新华出版社 1998 年版，第 229 页。

② 江丹林：《东方复兴之路》，广东：广东教育出版社 1996 年版，第 2 页。

播同帝国主义的侵略扩张相伴随。西方中心主义者否定任何文化类型的发展都是根据自身不同的文化背景、条件和需要进行选择和创造的结果，而坚持认为只有他们看待世界的态度、价值标准、行为模式才是正确的、文明的。所以，他们总是不认真、也不愿意倾听东方的声音。即使在近年来东亚国家相继崛起，创造经济奇迹的事实面前，一些西方思想家依然对东亚将在世界舞台上扮演重要角色这一事实持怀疑和否定态度，或者认为这是西方输入的结果。

西方中心主义的形成，一是基于西方工业革命发展而产生的优越感；二是由于西方基督徒自认为是上帝的选民，肩负着向全世界传播文明的“使命”。所以，他们不能容忍地球上出现同西方文化价值观相悖的现象，这种思想是文化霸权主义之所以产生并不断发展的历史根源。

另外，冷战思维的战后影响，是文化霸权主义在战后得以发展的又一历史根源。冷战后，一些习惯冷战思维的国家或组织，出于维护自身利益的需要，将争斗转向更为广泛的文化领域。西方就有人扬言要展开“一场没有硝烟的战争”。东欧的剧变、苏联的解体，被美国视为是和平演变策略或者说美国文化价值观的胜利。老布什曾在《美国复兴日程》计划中写道：“我们的政治和经济联系由于美国文化对全世界的吸引力而得到补充。这是一种新的我们可以利用的‘软力量’”。[①] 美国一些政府要人也多次在一些外交政策演说中，提出“把市场制民主国家的大家庭”推广到全世界的“扩展战略”。在这一思想指导下，美国超越不出长期适用的冷战模式，忽而积极插手拉美，试图建立一个“民主化半球”，忽而以当年“自由欧洲电台”为蓝本，设立了“自由亚洲电台”，并坦言：“自由亚洲电台也将在意识形态领域发挥其应有的作用。”这些言论和行为一方面清楚表明美国在本质上依然一如既往，另一方面也显示了文化霸权与政治霸权的内在关系以及文化霸权主义政策在其外交政策中的重要地位。

---

① 古平：《亚洲厌恶冷战噪音》，《人民日报》1996年10月11日。

（三）文化霸权主义的当代表征

伴随着世界多极化、经济全球化、信息网络化的迅猛发展，广大发展中国家在更大范围和更深程度上扩大了国际交往和合作。全球化是一把双刃剑，西方发达国家在有选择地输出经济和技术的同时，大量和无保留地输出其思想文化和价值观念，对人类的文化格局的变化也产生着深远的影响。在这种时代背景之下，文化霸权主义有着一些新的表现形式：

首先，以经济实力为基础，推行西方价值观念。西方的外交决策者将西方文化中的基本价值观念简化成一套意识形态教条，主要是政治民主化、人权等方面的内容，并把其作为一种普世的行为准则加以推行，借助经济科技优势，赋予自己在文化上的支配地位。在具体措施的运用上，主要体现为以下几点：一是利用经济援助，推行经济自由化和政治民主化思想。多年来，美国积极援助第三世界不发达国家加入全球贸易体系，借此推行美国民主思想。据美国媒体报道，2001 年 3 月 19 日，美国政府向国会提交了《总统 2002 年贸易政策议程和 2001 年贸易协议报告》，该报告回顾了 2001 年美国主要贸易政策发展，并提出 2002 年贸易政策重点的指导原则，并指出，布什政府把与国会合作、利用贸易授权拓展国际市场作为突出重点。美国国会也已通过相关议案。在全球贸易谈判方面，美国将在新一轮谈判中鼓励并协助最不发达国家参与贸易谈判，并鼓励发达国家、多边发展银行和其他国际机构为不发达国家参与谈判和实施贸易协议提供技术援助；美国将协助俄罗斯进行入世准备，支持俄罗斯实施改革、推行法治经济、履行开放承诺，等等。同时，美国在区域贸易、双边贸易谈判方面都为相关国家提供了援助。当然，这些援助并不是无条件的，报告宣称，美国将在对外贸易的过程中继续强调美国价值观，通过支持私营部门的发展、鼓励法治、经济自由化等方式促进自由、民主等价值观的普及。

其次，是利用全球化教育和文化交流拓展其文化影响。借助因特网及先进的通讯技术，基于信息技术的全球化教育大大便利了全球的学习者，为全球学习者提供了个别灵活的课程和教学，关注了学习者的个体需求，但是，全球化教育的背后往往隐含着西方的文化霸权主义。全球化教育中的文化渗透与侵略并不只是表现为发达国家对发展中国家的渗透上，发达国家之间也同样存在这种问题。例如，美国不仅对落后国家进行文化侵略，也对加拿大等发达国家进行文化渗透，美国文化产品占其电影市场的95%，电视剧的93%，英语节目的75%，书刊市场的80%。[①] 对发达国家来说，教育的国际化直接或间接地给他们带来了文化和人才的双重收益。一方面由于发达国家在国际文化交流中居于优势地位，教育的国际化可以增强他们对发展中国家的文化渗透和影响能力；另一方面可以在教育的国际交流过程中以廉价的方式吸引大批来自发展中国家的一流人才。发达国家充分利用本国教育资源的优势，尤其是高等教育的优势，向外国开放，大量招收留学生，向外输出教师，形成了教育产业的国际化。美国教育产业的总收入一年高达两千亿美元，占美国经济所有产业的第三位。美国是世界上接收留学生最多的国家，仅留学生在美国的花费每年就有七百亿美元。[②] 可见，利用教育优势，美国和西方一些国家不断从发展中国家的高等院校乃至中学选拔比较优秀或家庭经济条件比较优越的学生出国留学，并以高薪、优越的生活条件等吸引其中的杰出人才留在国外或成为跨国公司在其母国的代理人。

除此以外，西方发达国家还以文化交流为借口，把本国的强势文化、西方价值观大量输出到第三世界，以实现其文化霸权主义的政治目标。通过鼓励技术移民、培养形成美国价值标准的“白领文化”、设置研究基金或组织向学者们输入西方政治理念，以学习、考察为诱导，传播民主、人权和自由思想等等政策手段，向外扩张美国的文化价值观念。

最后，借助大众媒介和信息技术进行文化扩张。大众传媒已经成为西方发达国家全球政治和经济的一个有机组成部分，并且成为巨额利润

① 孙晶：《文化霸权理论研究》，北京：社会科学文献出版社2004年版，第264页。
② 同上，第265页。

的主要来源之一。在西方国家，尤其是美国，新闻传播的文化策略就是“国际化”，以达到文化渗透的目的。

美国政府积极地利用大众传媒，向全世界宣传他们的文化价值观念，试图使全球“美国化”。从二次世界大战后至今，美国的国际新闻机构不断合并、扩大：1942 年美国成立了战时新闻处；1945 年成立了国际新闻和文化事务处；1952 年美国政府将二者合并，成立了国际新闻署；1977 年美国国际新闻署和国务院的教育文化事务活动中心合并，成立了一个新的国际文化交流署。美国新闻署自成立以来，得到联邦政府的大力扶持，其每年的经费均保持在一亿美元以上，保障了文化渗透的持续性，同时也保证了美国新闻机构能够长期吸引国际化的新闻人才，从而进行国际性的渗透活动。美国在世界各地的新闻记者，除了一部分是美国公民，还大量聘请当地或其他国籍的人担任。

此外，美国的新闻机构在业务上也表现出国际文化渗透的特点。美国共有外文报纸、杂志四百多家，包括八十多家日报在内，是用大约三十多种文字刊印的。美国著名的三大报纸之一的《纽约时报》，不仅向全国报馆发布新闻稿，而且还远销五十多个国家。美国对外宣传的喉舌“美国之音”至 1970 年便已使用四十多种语言，通过九十多个发射台向国外广播。随着电子新闻采集系统，包括卫星、电缆、电视、光纤、激光束迈向人们的生活，美国国际电视通讯组织成功地发射了一系列卫星，实现了向全世界任何有人居住的地方提供电视频道的计划。早在 1977 年“国际通讯卫星四号”系列载着有四千条或六千条声音线路和两个电视节目频道，通向八十多个利用这个系统收录电视广播的国家中的一百五十多根天线。[①] 至 20 世纪 90 年代，美国媒体向外扩张的势头更加猛烈。重点对象是亚洲，因为亚洲的独特魅力在于人多而市场广阔，未来十年内亚洲人口将占世界人口的 2/3，也就是说全世界潜在的电视观众有 2/3 在亚洲，传媒巨子默多克为了实现他的全球电视帝国梦想，于 1993 年 7 月以 5.25 亿美元的高价买下了香港卫星电视 63.6% 的

---

① 孙晶：《文化霸权理论研究》，北京：社会科学文献出版社 2004 年版，第 268 页。

股权，掌握了这个亚洲最大的卫星电视网。以美国为首的西方媒体进军香港，目的是为了夺取亚洲这块“电视的最后疆场”。

从全球传媒的情况看，日益全球化的文化趋势出现了令人担忧的情况，因为当今的文化传播失去了平衡，呈现出从富国向穷国传播一边倒的趋势。伴随着经济全球化的大趋势，传媒产品的国际市场也逐步形成，美国在线－时代华纳、迪斯尼、威望迪环球、维亚康姆、新闻集团、美国电报电话宽带公司、索尼、康姆卡斯特公司、美国全国广播公司、甘乃特十大全球媒体支配着大众传媒市场。在这些传媒产业巨头的引导下，全球五十家媒体娱乐公司占据了当今世界上95%的传媒产业市场。目前传播于世界各地的新闻，90%以上由美国和西方国家垄断，其中又有70%是由跨国的大公司垄断，美国控制了全球75%的电视节目的生产和制作。许多第三世界国家的电视节目有60%－80%的栏目的内容来自于美国；而在美国自己的电视中，外国节目的占有率只有1.2%。美国公司出产的影片产量只占全球影片产量的6.7%，却占领了全球总放映时间的50%以上。[①]

总之，在全球化的大背景下，由于传播市场的严重失衡，致使西方尤其是美国的文化产品大规模输出到发展中国家，宣扬了美国文化的价值观、娱乐文化、消费文化和生活方式，美国文化因此空前扩张。

此外，随着信息技术的发展，国际互联网也日益在西方文化扩张中扮演着重要角色。信息革命是一场新的技术革命，它从根本上变革了通讯工具和交流手段，开辟了文化传播和文化交流的新时代。信息革命大大便利了信息的交流和传播，互联网为文化霸权主义打开了方便之门，这种信息时代的文化霸权主义比过去传教士的文化殖民主义要隐蔽和快捷得多。据统计，因特网用户的88%集中在占世界人口15%的发达国家。美国拥有的电脑比世界上其他所有国家所拥有的电脑总和还多。2000年1月，EXCITE公司对全球6.4亿左右的互联网用户进行语言认证，结果是英文信息占71%、日文占6.82%、德文占5.08%、法文占

① 孙晶：《文化霸权理论研究》，北京：社会科学文献出版社2004年版，第269页。

1.75%、中文仅占1.52%。[①] 凭借这种优势，目前美国文化占据了网上信息资源的80%－90%，人们一进入因特网就好像进入了美国文化的环境之中，使西方的文化价值观伴随着西方信息的传播，在全世界范围内树立起自己的霸权思想，这是一种新型的文化霸权主义。

二、文化霸权主义政策下的文化扩张与抗争

在全球化的发展趋势下，国家利益中的文化因素在不断上升，文化扩张与文化抗争因此而成为国际关系中一个持续不衰的热点。西方强势国家，尤其是美国在文化外交中奉行文化霸权主义政策，向其他民族和国家输出自己的文化价值观，不考虑其他民族和国家文化的自主性和独立性，甚至中断其他民族文化的发展，从而使整个世界的文化同质化，使全球文化朝着单一的向度发展。当代西方国家借助于他们对全球化的主导性作用以及西方中心论、种族优越论、文化冲突论等文化霸权理论的支持，在全球化时代全面来临的当今世界里大肆进行文化扩张，从而导致文化上的纷争与冲突。

（一）文化霸权主义政策的运作程式

西方国家实施文化霸权主义政策的运作程式具体说来可以从媒介霸权、话语霸权、意识形态殖民等方面进行分析。媒介霸权提供了文化霸权的技术基础，话语控制疏通了文化霸权的有效途径，文化产品隐含的意识形态、文化价值观在被输入国的广泛渗透与认同，最终也能实现文化霸权的目的。

西方国家在文化传播媒介方面拥有绝对优势和霸权地位，为他们实施文化霸权提供了技术上的可能性。通过传媒的绝对优势力量，西方文化在走向文化霸权的过程中，首先形成了对其他国家的文化话语控制。

① 孙晶：《文化霸权理论研究》，北说：社会科学文献出版社2004年版，第270页。

福柯在论述知识、话语和权力的关系时，提出了话语就是一种权力的观点，这种观点具有极大的合理性，因为在现代社会中，如果在特定的文化领域中某种话语占据了决定性的地位，那么这种话语就成为普遍性的话语，但它实际上约束、限制了文化创作及其传递，所以话语占领也就是权力占领。由于历史文化等方面的原因，广大发展中国家在建立独立性的国家政权之后，大都致力于经济、政治方面的建设，而在文化建设方面和西方国家相比存在着明显不足。在这种情况下西方文化就借助于强大的资本支持和媒介力量入侵广大的发展中国家，成为这些国家文化发展的引导者、启蒙者，并在这些国家的文化领域占据核心地位。而大量的发展中国家在文化创作、发展过程中则模仿外来的西方国家文化，其文化话语规则、程序、模式在很大程度上就是西方文化话语的复制。

在媒介霸权和话语控制的基础上，西方文化产品所隐含的文化价值观念、意识形态内容在被输入国得到了广泛传播和渗透，造成了西方文化意识形态的殖民，从而不断侵蚀着被输入国的传统文化、民族精神，甚至中断该国独立自主性的文化发展过程。内含西方国家统治阶级的意识形态、文化价值观的西方文化，在传播中极大地影响了输入国社会大众的思想观念、文化认同，特别是西方的大众文化通过夸张式的处理，以富于诱惑力的、美化了的形式把西方的生活方式、价值观展现在受众面前，这些被输入国的受众在接受的同时产生了对这种生活方式的认同、渴望、向往。这种来自民众的心理愿望在被输入国的政治领域、经济领域、文化领域，特别是在传统文化和意识形态领域必然会产生自下而上的冲击力，乃至于造成该国传统文化、民族精神、意识形态的合法性危机。例如，法国著名学者马特拉在《如何解读唐老鸭：迪斯尼卡通片的帝国主义意识形态》中详细分析了迪斯尼卡通片的现象层面和文化内涵之后认为，卡通片内含一系列的意识形态主题：拜金主义、消费主义、享乐主义；个人英雄主义和冒险到落后地方发财的成果及其惊喜；弱肉强食规则和对落后地区、种族的有意嘲讽等等。因此他们提出“可口可乐不是简单的事情，在它的后面顶着整个的上层建筑，充溢着各种各样的期望和行为模式，随之而来的是关于现实和未来的社会观念，以及对于过去的种种诠释”。[1] 关于文化的意识形态殖民效应，著名的卡通文化研究者伯克结合美国卡通片指出，大众文化使被输入国的受众产生了这样的观念结果：“美国的生活方式正是他们所想要的，美国人的优越感是自然而然的，符合每一个人的最佳利益。”[2]

当然，文化霸权的真正实现必须是建立在文化受众对外来文化意识形态的接受和认同上，如果被输入国的文化受众并没有接受和认同西方大众文化所内含的意识形态，那么文化霸权政策就没有真正实现其目的。英国学者汤林森在其著作《文化帝国主义》中就是以文化受众的主动性为由否定了文化帝国主义的现实可能性。本文认为，人在文化活动中是具有两面性的，一方面他是主动性的、自主性的，他们在对各种文化产品的接受中具有选择性、创造性，根据自己的生活实践、文化背景、理想追求对产品所内含的意义进行诠释乃至重构；另一方面，他又是被动性的，他不可能完全拒绝产品的意义，经过不断的冲击和渗透，文化产品的意义多少都会在他的思想观念上留下印记，产生一定程度的认同，尤其是对于文化素质比较低的文化受众更是如此。正因为如此，西方文化意识形态殖民效应就不可能不发生，只是在不同的国家、不同的文化受众中程度不同而已。

了解西方文化霸权主义的运作程式，对我们制定有效的应对策略，抵制西方文化霸权，发展和创新民族文化，有着积极的意义。面对全球化趋势的大发展，广大发展中国家决不能对西方文化霸权主义漠然视之，而应该以积极的态度，及早着手，提出有关理论，制定有关政策，使本民族的优秀文化更好地在新的历史时期发扬光大。

（二）强势国家的文化扩张

从历史上看，自1492年哥伦布发现新大陆以来，在世界近代史上占据霸权地位的一直是西方文化。在这个长达数百年的历史过程中，欧

---

① A. Dorfman and A. Mattelart . How to Read Donald Duck: imperialist ideology in the Disney Comic, NY, 1975. 97.

② ［英］汤林森：《文化帝国主义》，上海：上海人民出版社1999年，第81页。

洲列强在美洲、非洲和亚洲的大部分地区建立起经济、政治、军事和文化的霸权。“在这期间，欧洲的物质文明和精神文明便随之传入这些地方。这些殖民主义者立脚之后首先要按照他们本国的政治经济司法体制管理和统治这些地方，同时把本国的宗教带进来，让当地人改变信仰，他们也办教育，学校里自然用的是欧洲学校的课本；他们的生活方式和习惯也带进了这些远比欧洲落后的国家……诸如此类的事情自然而然地使殖民地的人民接触到了迥异于本土文明的欧洲文明。”① 以印度为例，马克思曾对英国的殖民统治做过精辟论述：“英国在印度要完成双重的使命：一个是破坏性的使命，即消灭旧的亚洲式的社会；另一个是重建的使命，即在亚洲为西方式的社会奠定物质基础。”② 从欧洲文明向外传播的第一天起，世界各地便不可避免地、或先或后、或深或浅地处在欧洲文明的影响之下，日本明治时期的思想家福泽谕吉谈到日本的发展道路时也说：“现在世界各国、即使处于野蛮状态或是还处于半开化地位，如果要使本国文明进步，就必须以欧洲文明为目标，确定它为一切议论的标准。”③ 可见，从整个世界近代史来看，西方列强不仅占据着世界政治的霸权地位，而且伴随着西方列强的武力征服，西方文化也随之向世界其他国家进行扩张。

即使二战后获得独立的发展中国家仍然受着西方文化的影响，正如塞缪尔·亨廷顿所言：“在许多发展中国家，第一个‘推行现代化的人’或‘独立后’的一代人常常是在外国的大学里接受用西方广为传播的语言进行的教育。部分是由于他们第一次出国时是易受影响的青少年，因而他们从根本上吸收了西方的价值观和生活方式。”④ 这些受过西方教育的青年回到自己国家后运用本土化来创建并维护自己的国家，但在他们所领导的这些国家的政治、经济、文化制度乃至生活方式上，

---

① 陈乐民、周弘：《欧洲文明扩张史》，上海：东方出版中心 1999 年版，第 255－256 页。

② 《马克思恩格斯选集》第 1 卷，北京：人民出版社 1995 年版，第 768 页。

③ ［日］福泽谕吉：《文明论概略》，北京：商务印书馆 1982 年版，第 11 页。

④ ［美］塞缪尔·亨廷顿：《文明的冲突与世界秩序的重建》，北京：新华出版社 1999 年版，第 90 页。

仍然能够看到西方文化的痕迹。

马克思和恩格斯在《共产党宣言》中指出："资产阶级把一切民族甚至最野蛮的民族都卷入到文明中来了。它迫使一切民族采用资产阶级的生活方式；它迫使他们在自己那里推行所谓文明。一句话，它按照自己的面貌为自己创造出一个世界。"① 进入近现代以后，西方强国的文化霸权主义政策变本加厉，其中以美国的文化扩张最具有代表性。

以美国为例，二次世界大战之后，美国依靠着强大的经济与政治力量，稳坐世界霸主的地位，在政治上，相当程度地影响着世界舆论的导向，左右着国际规则的制定；在文化上，他们将西方文化中的核心价值观念简化成一套教条，并以"超文化"手段，如流行音乐、好莱坞电影、可口可乐等形式向世界各地输出，从而赋予自己在意识形态上的霸权主义。美国迪斯尼电影公司总裁迈克·艾斯纳曾洋洋自得地说："全世界都渴望美国文化。"其野心昭然若揭。因此，有的学者已经清醒地认识到："武力、经济与政治的扩张最终必然要转型为文化形态呈现出来，所以哪里有文化扩张，哪里就有殖民文化。"② 在冷战时期，西方政治制度、价值观念和生活方式的渗透，无时不在西方的对外政策中占据重要地位。无论是丘吉尔的"铁幕演说"、杜鲁门的"遏制战略"、艾森豪威尔的"解放战略"、肯尼迪的"和平战略"，还是尼克松的"不战而胜"、卡特的"人权外交"、里根的"新遏制战略"，都把文化渗透作为一个重要的砝码加以利用。这一点诚如尼克松所言："思想有其自身的力量，我们可以使思想穿越屏障"。③"国家意志远远超出了准备使用军事——不管是核力量还是常规力量——的范围"，"国家意志还包括一个纯真的基本信念，相信美国在斗争中是站在正确的一边。我们在世界上所代表的一切是值得保卫的。"④ 冷战后，老布什政府的

① 《马克思恩格斯选集》第1卷，北京：人民出版社1995年版，第276页。

② 同上，第97页。

③ 刘洪潮：《和平演变社会主义国家的战略、策略和手法》，湖北：湖北人民出版社1989年版，第106页。

④ ［美］尼克松：《现实的和平》，北京：世界知识出版社1984年版，第94页。

"超越遏制"和"世界新秩序"战略，克林顿政府的"人权外交"和"输出民主"战略，同样具有浓厚的文化霸权主义色彩，正像有人说的那样："今天存在一种打上'美国制造'的世界文化"。[①] 总之，利用文化进行扩张贯穿于西方大国的扩张史中。

而且，随着科学技术的日新月异，文化扩张的途径也更加便捷。如互联网的兴起，极大地影响和改变着人们的生产方式、工作方式、生活消费方式和竞争对抗方式，其对文化的影响也更为深远，产生了所谓的网络文化。正如法国总统希拉克所说的那样，"当今世界正面临着单一文化的威胁"正在逐渐变成现实。这是一种"新形式的霸权主义"，尤其是对相对落后的发展中国家，他们只能成为被迫接受信息的群体，其唯一的选择是无奈地面对发达国家的文化"侵略"。据 2002 年 4 月 25 日《参考消息》报道：目前"美国、日本和欧盟控制了全球 90% 的媒体。1980 年世界上每发布五条消息，就有四条来自美国。每天的情况与之类似，但在新科技和图像领域内的垄断更加明显，例如世界上 80% 的视听节目是美国制作的"。[②] 通过互联网等媒体，以美国为首的西方国家正在向第三世界国家大量输出文学作品、影视作品、艺术品、广告等等，从而潜移默化地输出西方国家的文化观念、伦理道德、生活方式和行为准则，这些西方文化的时尚，逐渐为世界各国的人们所熟知、羡慕，并可能形成竞相模仿之态势。许多国家的民族文化正面临着被同化、瓦解的危险，保存和发展民族文化将成为一道世界性的世纪难题。

西方国家费尽心机地大力推行文化扩张战略，其主要目的就在于为实现其战略利益提供理论上的依据以及其所作所为的合法性。早在 1938 年，美国一位国务院官员理查德·帕蒂就说："政治渗透带有强制接受的烙印，经济渗透往往被斥为自私和强制，只有文化合作才意味着

---

① 罗荣渠：《开拓世界史的新视野》，见［美］斯塔夫里亚诺斯：《全球分裂》译序，北京：商务印书馆 1995 年，第 13 页。

② 《参考消息》，2002 年 4 月 25 日，第 2 版。

思想交流和无拘无束。"[1] 这些政策思想十分突出地体现在美国冷战后对外政策尤其是对冷战后世界蓝图的设计中。20世纪80年代末90年代初，东欧、苏联的政治变动被西方许多人归结为"民主制度的胜利"，甚至将它说成是"历史的终结"。[2] 为此，美国积极推行和扩展西方文化，老布什政府认为，美国20世纪90年代的基本利益与目标是"建立一个政治经济自由、人权与民主制度盛行的世界"。[3] 老布什认为，在建立"世界新秩序"的过程中，"把我们的意志强加给敌人是我们的目的，武力则是手段。"[4] 可见，没有文化霸权主义提供理论上的论证，西方国家的政治号召力和合法性就要大打折扣。在约瑟夫·奈等人看来，文化扩张和文化权力构成了当今国际关系中斗争的新领域，通过文化巩固自身的国际地位和维护自身的国家利益，谋求"文化霸权"就理所当然地成为西方国家新战略的重要组成部分。因而，他们必然会为扩大自己的文化权力及影响力而不断地努力。随着近几年国际形势的发展变化，西方国家意识到，只有通过各种手段，扩大西方文化的影响，才能增强自身的凝聚力和对其他文明中的人民的吸引力和影响力。即使是信奉权力政治的现实主义大师汉斯·摩根索也指出："文化帝国主义的东西，是最巧妙，而且如果它能单独取得成功，也是最成功的帝国主义政策。它的目的，不是征服国土，也不是控制经济生活，而征服和控制人心，以此手段而改变两国的强权关系。"[5]

总之，当今世界上的某些强国在文化上奉行霸权主义政策，通过各种手段向其他弱势国家进行文化扩张，这种做法已经引起了世界各国的

① Frank A. Ninkovich, The Diplomacy of Ideas : US Foreign Policy and culture, New York 1981, P27.

② Francis Fukuyama, The End of History and the last man, New York: Free Press, 1992, P. 11.

③ George Bush, National Security Strategy of the U.S. 1990 - 1991, Washington D.C.: Brassey's Press, 1990, pp7 - 11.

④ 转引自杨运忠：《布什政府的"世界新秩序"构想对社会主义国家的新挑战》，《科学社会主义研究》，1992年第2期，第58页。

⑤ ［美］汉斯·摩根索：《国际纵横策论》，上海：上海译文出版社1995年版，第90页。

警觉。文化的发展不能照搬经济全球化的模式，因为每一个国家、每一个民族都拥有自己悠久的传统文化，一个时代和一定民族的人们，都生活在一定的文化模式之中，这是人类社会得以稳定和发展的重要保障。文化的发展有其自身的规律，每个民族的文化都有自己的特殊背景，有自己的特色，有自己的个性，人类文化应该保持多样性，只有这样才可以使人类大家庭的文化丰富多彩，才能显示出各民族人民的智慧，也只有这样，才有利于各民族文化的融合、发展，才有利于世界的和平。当然，警惕文化霸权主义，不是简单地、盲目地搞“文化排外”，如果这样，就是文化愚昧。在全球化的背景下，固步自封、夜郎自大是不可以的，我们要抱有正确的态度，在反对西方强国文化扩张战略的同时，加强与世界各民族的广泛交流，促进各种文化之间的相互了解与尊重，要以开放的心态，热情地接纳世界上各种优秀的文化，为我所用，而不是从这个极端走向另一个极端。

（三）弱势国家的文化主权意识与文化抗争

由于西方政治、经济和文化的强势地位，世界文化交流呈现出单向流动的特征，发展中国家在不同程度上被动地接受西方文化，有些国家甚至被迫放弃本民族的文化传统，转而接受外国的文字、宗教，使民族文化的内核发生了根本置换。被动的文化趋同在大众文化领域更为突出，由于大众文化具有容易传播和模仿的特点，其生产和消费又主要遵循市场规律。因而在当今大众传媒时代，世界各国的大众文化呈现出较强的趋同化倾向，西方流行文化尤其是美国的流行文化事实上就是全球文化。在全球化时代，西方跨国公司传播的消费主义文化与西方价值观和政治意识形态巧妙结合，在西方的军事、政治和文化战略的紧密配合下，对发展中国家的经济与文化形成强大的渗透力和摧毁力，进而导致民族生存竞争的空前激烈，那些文化弱势国家在这种背景下，其文化主权意识不断觉醒，与西方文化强国的文化抗争势所难免。

随着二战后整个世界格局的巨大变化，特别是20世纪50、60年代非殖民化进程的迅速推进，当今第三世界国家在世界政治格局中占有越来越重要的地位。广大发展中国家的文化主权意识不断觉醒，与西方大国的文化抗争也不断加强。“尽管作为一个整体的世界日益接受全球文明的各种新习惯，另一种矛盾进程也同时存在着：各种古老的传统正在复兴，不同的宗教和文化正在意识到存在的各种新方式，寻求生存的新空间，带着日益炽烈的热情挣扎着要实现对它们来说是独特的东西和使它们有别于其他的东西，最终它们寻求赋予它们个性的一种政治表达。”①

人类长期分离的历史使各国文化表现出极大的地域化、民族化特征。因此，出于民族利益和民族感情的考虑，强化地域性、民族性成为众多民族国家的文化战略选择。所谓文化的地域化、民族化实际上就是保持、强化自己民族文化的特色和“主权”，抵制自外而来的其他强势文化的侵蚀。在第三世界国家，这种抵制似乎越来越强烈。一位著名非洲中心主义者阿桑特曾经提出一种多中心的文化多元主义构想。在他看来，文化多元主义首先意味着“有很多文化，而不是只有一种文化”；其次，文化多元主义意味着各种文化之间的平等关系，每一种文化都是一个独特的视界，都是一种中心主义，除了欧洲中心主义之外，还有非洲中心主义、亚洲中心主义等等。文化多元主义可以为欧洲中心主义留有一定的空间，即各种文化中心主义都是平等并列的。“只要欧洲文化不以暴力开道，只要它不自诩为普遍主义，它就拥有和其他文化平等的权力。”②

在全球化进程不断加深的背景下，“全球化把世界上的所有国家和民族都卷入了现代化的过程中，但这一过程从一开始就是在发达国家和发展中国家强弱两极的不平等条件下进行的。总的来看，发达国家尽管也受到全球化的压力，但大体处于受益者的地位，他们的文化精神、价值观等得到扩张，主体性得到发挥；全球化虽然也给发展中国家带来机

① ［捷克］瓦斯拉夫·哈维尔：《全球文明、多元文化、大众传播与人类前途》，《当代中国研究》1999年第1期。

② M. K. Asante, Multiculturalism: An Exchange, The American Scholar, Spring 1991.

遇，但面对发达国家的先进优势，其民族文化处于边缘地位，甚至有失去自主性的危险。”① 第二次世界大战后，发展中国家在政治上成为国际舞台上一支举足轻重的力量，但它们在世界文化交流体系中的地位，如同它们在世界经济体系中的地位一样，与之远远不能适应。

20 世纪 60 年代以后，随着大批新兴国家的建立，广大第三世界国家要求摆脱大国控制，实现自身发展的呼声越来越高。他们逐步意识到国际文化交流中存在的不平衡和不平等等问题给国家安全和发展方面带来的消极影响，并要求打破这种不平衡、不平等的局面，建立公正、平等的国际文化新秩序。各国围绕国际文化交流领域引发的争论逐步在国际关系中凸显出来，发达国家与发展中国家之间的矛盾逐步成为国际文化关系中的焦点。

大众传播在国际关系领域中地位的不断提高使得人们越发相信，国家的传播实力是与其国际地位相对应的，没有强大的大众传播系统，就没有强大的国家实力。由此引发的国际传播关系的问题在 60 年代中期以后日益引起国际社会的重视。1973 年，在阿尔及尔召开的不结盟国家政府首脑会议指出，绝大多数国家已处于少数几个中心播发的消息情报的消极接受者的境地。与会的首脑一致同意必须加强国家的传播工具，以求在某种程度上改变国际传播中的现状。1976 年 8 月，在科伦坡举行的不结盟国家高级会议上，广大发展中国家则首次提出建立“世界新闻新秩序”的号召，并明确提出要把这种新秩序的建立作为争取政治、经济、社会独立的一部分。然而建立国际新秩序并不是一帆风顺的事情，他们的努力遭到了西方国家的严重阻挠。这些享有信息垄断地位的发达国家高举“自由主义”的大旗，以维护新闻自由为借口竭力维持信息流通不平等、不平衡的现象，保护他们的既得利益。他们一再强调国际文化交流领域的现状存在着历史发展的合理性。同年，联合国教科文组织公布的“为信息自由流通、促进教育以及文化交流使用卫星广

① 戴路：《关于文化全球化的几点思考》，《中国青年报》2001 年 12 月 6 日。

播原则声明”中，文化主权得到相当的尊重，例如第二款明确规定“卫星广播必须尊重所有国家的主权及平等”。20世纪70年代后半期以后，关于建立国际传播新秩序的争论日益激烈，支持建立与反对建立的两方在联合国教科文组织内部展开了激烈的斗争。1985年，双方的激烈斗争导致美、英两国相继退出了联合国教科文组织。目前，这一斗争仍在继续。1996年9月，来自八十多个国家的代表在尼日利亚首都阿布贾召开第五届不结盟国家新闻部长会议，会议发表的《最后宣言》号召不结盟国家向西方传播媒介对不结盟国家进行的“充满偏见和歪曲的报道”作坚决的斗争，并指出在人类进入新纪元后，大众传播必须全面、客观、公正、平等地报道别国事务，必须对整个国际社会的全面进步承担应尽的责任与义务。

在价值观领域，广大发展中国家也与西方强国展开了更深层次的文化抗争。亨廷顿指出，“本土化和宗教的复兴是全球现象。然而，它们在亚洲和伊斯兰世界的文化自我伸张及其文化对西方的挑战中表现得最为明显。它们是20世纪最后二十五年中充满生机的文明。伊斯兰的挑战表现为穆斯林世界普遍出现的伊斯兰文化、社会和政治复兴，以及与此相伴随的对西方价值观和体制的抵制。亚洲的挑战表现在所有的东亚文明——中华文明、日本文明、佛教文明和穆斯林文明——都强调自己与西方的文化差异，有时也强调它们之间的共性，这些共性常常认同于儒教。亚洲人和穆斯林都强调他们的文化优越于西方文化。”① “‘文化复兴’正在席卷亚洲。它包括‘自信心日益增长’，这意味着亚洲人‘不再把西方或美国的一切看作必然是最好的’。这一复兴表现在亚洲国家日益强调各国独特的文化认同和使亚洲文化区别于西方文化的共性。”② 这种阐述尽管有夸张的成分，并体现了“文明冲突论”理论体系的色彩，但的确在某种程度上也反映了发展中国家文化抗争的现实。

---

① ［美］塞缪尔·亨廷顿：《文明的冲突与世界秩序的重建》，北京：新华出版社1999年版，第102页。

② 同上，第105页。

伊斯兰世界对西方文化扩张有着深刻的认识，伊朗精神领袖哈梅内伊1997年对新当选的哈塔米总统及内阁说，新政府应当非常重视伊斯兰教和革命的价值观——重建国家、社会正义、解决贫穷问题和抵制霸权国家在各方面，尤其在文化入侵方面贪得无厌的行径。①

新加坡前总理李光耀在接受《外交》杂志采访时表示，“美国人不要不分青红皂白地将自己的制度强加给那些无法适用这套东西的社会。”② 副总理吴庆瑞也说，“不能把西方的东西拿来翻版，要有我们自己的价值观念”，“在吸收西方先进文化的同时，必须继承和保持东方文化中的有利因素。”③ 1997年亚洲金融危机后，西方传媒把危机的原因归于亚洲价值观的失败。其实亚洲金融危机的发生与“亚洲价值观”本身无关，目前学术界很多学者都认为，东亚拥有这样一种潜能，即在21世纪挑战西方在经济上、文化上、知识上及道德上的支配地位。值得一提的是，弱势民族文化与西方强势文化进行文化抗争的最典型代表当属伊斯兰文化的复兴运动。当然，伊斯兰文化复兴运动从一般的意义上说是一种文化上的保守主义和排外主义，这一点并不是本文所提倡的。但这一运动本身也反映着广大发展中国家努力抵制西方强势文化侵蚀，发展本民族文化的一种努力与追求。

总之，由于历史原因，西方文化在全球文明中占据主导地位，包括中国在内的广大发展中国家的文化正受着西方强势文化的猛烈冲击，这使我们环顾民族文化的生存环境时难免总有一种“狼来了”的感觉。然而，保护民族文化并不能采取封闭自守的做法。相反，一种文化只有与时俱进，才能更新与发展，焕发出新的生命力，换言之，民族文化需要在同外来文化的不断撞击的环境下得以锤炼和发展。所以，在全球化背景下面对西方强势文化的扩张时，民族文化在努力抗争的同时，也要

---

① 王京烈主编：《面向21世纪的中东》，北京：社会科学文献出版社1999年版，第113页。

② 转引自；《现代外国哲学社会科学文摘》，1994年第12期，第2页。

③ 《新加坡精神文明建设》，北京：红旗出版社1993年版，第57页。

有勇气融入这一潮流，在接触中不断发展本民族文化。

三、全球化背景下的文化冲突

20世纪90年代初由亨廷顿的“文明冲突论”所引发的广泛争论成为各个阶层的人们普遍关注的“中心话语”。德国的哈拉米德·米勒也承认：“《文明的冲突与世界秩序的重建》所宣扬的概念是全球关注的焦点，它包含了一个世界观”①。2001年“9·11”恐怖事件发生后，立刻有人宣称“这是伊斯兰世界与西方世界的战争”，使这一争论更加激烈和敏感，这一切都表明，在全球化时代，人们对文化冲突的关注与重视在不断增加。

自从人类开始自己的文化发展历程以来，人类文化的冲突就成为其发展的重要形式，伴随着人类文化的发展进程。但在不同的历史条件下，文化冲突的表现形式完全不同，呈现出风格迥异的态势。从蒙昧时代与自然界的物质争夺，到文明时代不同文化形式之间的较量与抗衡，文化的冲突也经历了其自身的不断发展，其内容和形式也日渐丰富。在今天，这种态势也随着人类社会的进步表现出了新的形式和内容。以经济全球化的迅速发展为时代背景，从全球化时代文化冲突的表现形式入手，对人类文化冲突的发展进行深入探讨，是我们探寻全球化时代国际文化新秩序建构的必要方式。

（一）全球化时代文化冲突的新表征

对文化冲突的探究，首先必须立足于对现实社会文化冲突现状的分析与把握，对全球化时代文化冲突进行研究的起点，也应从当前文化冲突的现状开始。总的说来，全球化时代的文化冲突可以概括为以下几个

① ［德］哈拉米德·米勒：《文明的共存——对塞缪尔·亨廷顿“文明冲突论”的批判》，郦红等译，北京：新华出版社2002年版，第12页。

方面的特征：不同地域文化冲突的中心化；相同地域文化冲突的深入化；世界范围内文化冲突形式的复杂化，本文将对这几种特征分别加以分析。

首先，不同地域文化冲突的中心化。所谓不同地域文化冲突的中心化，是指存在于不同地域的文化形态之间的冲突成为文化冲突在全球化时代的主要表现形式。全球化发展的一个必然后果，就是使人与人、国家与国家、洲与洲之间的联系在前所未有的深度和广度上全面展开，这种范围的扩大，首先对原有的地域文化及其发展产生强烈冲击，以前局限在某一特定范围内的文化形式，不得不面对新的竞争对手，接受新的挑战。可以说，这种不同地域文化之间冲突的加剧，正是经济全球化进程的必然结果。同时，经济全球化所带来的文化自觉，为越来越多的认识主体提供了新的发展机遇，也为他们增强对本土文化的认同提供了新的条件，从而使得强调地域文化在全球文化发展中的应有地位，成为人们普遍关注的焦点。在这些因素的共同作用下，不同地域文化形式在文化模式、文化内容等方面发生很大差异，造成相互之间冲突的加剧。

但这种不同地域文化之间的文化冲突在全球化时代的历史背景下，其表现形式已经与以往的地域文化之间的冲突完全不同，以往的文化冲突是以征服或者消灭对方为目的，所以往往采取比较激烈的对抗形式。第二次世界大战期间，德国对世界人民的战争就是这种文化冲突的一个极端的表现形式，而现在的地域文化冲突则是以经济全球化为大背景、以争夺领导权为主要目的，强势文化参与文化冲突的目的，是维持自己已经取得的领导地位，并试图继续实现自己的既得利益，而弱势文化参与文化冲突的主要目的，则是通过强调自己存在的重要性，试图实现自己的发展，因此，这种文化冲突往往以相对温和的方式表现出来。“无论经济全球化的经营者们如何不厌其烦地告诉我们，他们所推进的全球化是经济全球化，但全球化过程本身就带有跨国公司自己以及它们母国的文化烙印。”① 这是全球化时代文化冲突新的表现方式。

---

① 杨伯溆：《全球化：起源、发展和影响》，北京：人民出版社2002年版，第339页。

其次，同一地域文化冲突的深入化。同一地域文化，主要是指在地理空间、心理意识或者历史传统等方面具有较大相似性，充分体现地域共同特点的文化形式，这种同一地域文化具有多种多样的层次，不同层次之间存在很大的差别。经济全球化在给不同地域文化的发展带来强大冲击的同时，也对处于相同地域的文化产生深刻影响，从而形成相同地域文化传统与现代、继承与发展等冲突形式。在面对更加广阔世界的时候，一种文化形态的发展，必须吸取与其原有形式完全不同的新因素，才能保持旺盛的发展活力，但是，这势必使原来长期发挥作用的文化观念、文化传统受到剧烈冲击，使文化发展面临新的抉择。同时，人类社会的发展所带来的新问题，也对原有文化形式提出质疑，促使地域文化的冲突更加深入。“在今天的美国，自由市场的政治经济制度和资产阶级文明的道德经济制度分道扬镳了，而且很可能是永久性的。”① 这种现象在美国的出现，是文化发展的必然结果。

我国改革开放近三十年的发展也是这种文化冲突深入化的典型范例。从 1978 年始农村的家庭联产承包责任制到城市企业化改制，人们的思想观念不断受到冲击，“面对社会冲突，不论入世的态度还是出世的态度，都不能超越社会的价值冲突，都是对社会价值冲突的一种反应。”② 总之，社会转型时期的风云变幻，在人们的思想观念变化中表现得淋漓尽致。当代中国正处于社会转型的关键时期，各种文化思潮的相互激荡，也在不断促使我们深入思考中国文化发展的走向问题。在这个过程中，对中国文化的深入反思已经成为一个与时代发展同时进行的过程，对于全球化时代国际文化新秩序的建构意义深远。

最后，世界范围内文化冲突形式的复杂化。从当前人类文化发展进程来看，人类文化冲突在前所未有的广度和深度展开，这使得世界范围内的文化冲突形式空前复杂化。随着交往范围的空前扩大，不同地域文

① ［英］约翰·格雷：《伪黎明：全球资本主义的幻象》，张敦敏译，北京：中国社会科学出版社 2002 年，第 136 页。

② 兰久富：《社会转型时期的价值观念》，北京：北京师范大学出版社 1999 年版，第 189 页。

化之间的交锋从肤浅到深入、从简单到复杂，呈现出空前的全新态势。原来以苏联为旗帜的社会主义阵营，在发展过程中经受了严重挫折，但这并没有使得美国实现其“一统天下”的愿望，相反，各种势力都在以不同的方式寻找专属于自己的文化发展方式。而各个地区经济集团的发展，更使得各种摆脱美国文化束缚、强调本土文化存在的声音不绝于耳。在这种背景下，其他地域文化形式的发展，已经使得原有的文化格局发生了根本性的变化。尽管在不同的领域，这种冲突的具体内容和激烈程度有所差异，但是从整个世界的角度来看，这种冲突形式的复杂化，已经成为全球化时代文化冲突的重要特征和表现。

（二）文化冲突的本源探析

只有深入探究文化冲突的本质和根源，才能把握全球化时代文化发展的规律性，从而才能找寻到建构全球化时代国际文化新秩序的有效途径。关于文化冲突的本源问题，学术界有着纷繁复杂的论述，综合各方面不同意见，本文认为，全球化时代文化冲突的本质和根源主要有几下三点：

首先，文化本身差异性的恒久影响。人类社会是一个由不同类型文化所构成的共同体，在漫长的历史发展过程中，每个民族、每个国家都在创造自己的文化。由于地域、历史、传统的不同以及各种现实因素的影响，不同区域、不同时期、不同传统的人类社会共同体总是在社会的生产方式、生活方式和思想方式，以及相应的语言、哲学、科学、文学艺术、伦理、宗教、政治、法律、技术等文化体系方面，表现出不同程度的独特性和产生不同的文化类型。世界文化的多样性不仅是一个客观存在的事实，而且是促进世界文化进步发展的一个积极重要的因素，每种文化都有其独特的历史发展过程，文化的多样性也就意味着差异性，包括内容的差异、形式差异、发展水平的差异。正是因为这种差异，才会有文化对话和交流，才会有相互借鉴和相互学习，也才会有文化冲突的发生。

其次，国家利益的内在驱动。国家利益尤其是国家的经济利益是文化冲突最根本的本质和根源。德国学者米勒论述道："稳定和开放是破译未来之门密码的关键。这首先是指全球范围内综合竞争能力的普遍提高，而不是把社会上处于不太有利地位的成员推入被社会遗弃的角色。"① 他所指的"综合竞争能力"，最根本的方面就是经济实力，经济利益的获取，需要文化价值观念的支撑，而在全球化中如何按照不同国家的意志安排其秩序，也需要文化价值观加以维护，文化的冲突也就成为利益冲突的副产品和伴随物。在全球化时代，国家利益的内涵和结构都发生了变化，广大发展中国家原来追求的生存利益，在全球化的背景下，开始关注其发展利益，其中最重要的一个方面即民族文化的保护与发展，对这一国家利益的追求势必对西方文化强势国家现有的文化地位及其文化利益形成挑战，双方的冲突在所难免。所以，从根本上说，全球范围内的文化冲突，其本质还是以国家利益为根本出发点的，强调的还是国家的经济利益和经济地位这个根本点。

最后，与国际政治形势的变化密切相关。随着全球化发展趋势的不断加强，发展中国家与发达国家的关系发生着深刻的变化，文化的民族性与世界性的紧张关系有所激发。同时，随着文化霸权主义的加强，也激起了不同国家对自身文化阵地的坚守和价值观念的强固，民族国家之间的文化冲突开始加剧。"文化成了一种舞台，上面有多种多样的政治和意识形态势力彼此交锋。文化绝非什么心平气和、彬彬有礼、息事宁人的所在；毋宁把文化看作战场，里面有多种力量崭露头角，针锋相对。"② 总之，全球化时代国际政治形势的变化为文化冲突提供了新的舞台。

（三）文化冲突的未来走向

在全球化浪潮汹涌澎湃的今天，文化冲突的跌宕起伏日益成为人们关注的主要话题。根据人类文化冲突的发展，在人类未来的发展中，文

① ［德］哈拉米德·米勒：《文明的共存——对塞缪尔·亨廷顿"文明冲突论"的批判》，郦红等译，北京：新华出版社2002年版，第297页。

② ［美］萨义德：《文化与帝国主义》，载《马克思主义与现实》1999年第4期。

化冲突也表现出一些新趋势。只有把握文化冲突的未来走向，我们才能够建构一个合理的、符合现实要求的全球化时代的国际文化新秩序。

从人类文化冲突的发展态势看，文化冲突在全球化时代主要有以下几种发展趋势：

首先，冲突主体日益多元化，导致冲突范围不断扩大，文化冲突涉及的层面更加广泛和多元化。随着全球化的不断深入发展，参与文化冲突的主体也日渐多样化。人类文化的多样性发展，使得越来越多的文化主体有机会参与世界范围内的文化竞争，他们之间的摩擦、碰撞时有发生。“民族文化的存在本身可能表现出来，它是栖居于全球文化的显现之中的。”① 这种“显现”的过程，就是不同地域文化的冲突过程，民族文化的表现也必然因此而更加复杂和多样，从而导致文化冲突层次的广泛、复杂和多样性。

其次，冲突内容的日益深化和丰富，导致文化冲突的深层化。随着全球化的全面展开，文化冲突也逐渐超越了生活习惯、礼仪风俗等等表层现象的局限，开始深入社会生活的基层，侧重于关注不同地域文化发展中的本质差别。文化冲突借助于经济全球化的作用和威力，突破原有的传统形式的局限，把对立和斗争的焦点集中于经济利益和个体生存权的斗争，这对世界的总体发展必将产生广泛而深远的影响。人类社会发展的结果，就是“一切关于生活的问题已经被考虑到了极限，已经达到了知与不知的一种最后的、明显的境界”。② 斯宾格勒所设想的这种人类文化发展的“结局”，就是人类文化在全球化时代深入发展的突出表现形式，这种形式，必然会对文化冲突的深化产生重要的影响。

最后，文化冲突的持久化。作为一种人类文化发展的重要形式，文化冲突将是长期的持久过程，是不可能在全球化的发展过程中消失的，正是文化冲突为不同地域文化的存在提供了合理性基础，也只有在文化

① ［英］约翰·汤姆林森：《全球化与文化》，郭英剑译，江苏：南京大学出版社 2002 年版，第 147 页。

② ［德］奥斯瓦尔德·斯宾格勒：《西方的没落》，齐世荣等译，北京：商务印书馆 1963 年版，第 226 页。

冲突的过程中，异质文化之间的差异性才能被人们重视起来，成为不同文化形态之间相比较而存在的理由。特别是在全球化的背景下，这种主体意识将不断得到增强，这也是人类文化展现其多样性的重要方式，随着这种多样性的保持与发展，文化冲突也必将伴随其整个过程。

对于以上人类文化冲突所表现出来的几种趋势，我们应该将其与当前的时代发展联系起来，进行全面的理解，在全球化的时代背景下理解文化冲突，必须强调以下几点问题：

其一，文化冲突是文化发展的必然方式，这一点在全球化时代也不会改变。无论在形式上还是在内容上，人类文化的发展都不能在一种没有冲突的“和谐”局面下实现自己的发展，这是人类文化多样性的根本要求，是人类文化多样化的重要体现，所以说文化的冲突是不可避免的，也是不会消失的。不管是一种文明形式独霸世界的企图还是形成具有普世性的“大一统”文化的设想，都是不可能实现的。全球化条件下的文化发展是伴随着文化冲突进行的，从某种意义上说，有冲突，有碰撞，才有文化火花，才有思想活力，正是在撞击过程中，才可能萌发民族文化新的发展生机。从文化发展史看，民族文化的更新与创造也常由外部刺激引起，异质文化的冲击对自身发展有其重要意义，有时还会催发新型文化的降临。像目前正在风靡的日韩文化以及港台文化，都是在西方文化的冲击下形成的新的文化形态。所以我们应以一种理性的方式看待和应对文化的冲突问题，一方面使文化冲突保持一定张力以求民族文化的发展，另一方面又避免过分的冲突导致民族文化的萎缩。总之，从某种意义上说，文化冲突是全球化时代人类文化发展的“正题”，是人类文化多样性发展的重要表现方式。

其二，文化冲突在具体形式和内容上的嬗变，是与全球化的进程相协调、相一致的。全球化作为一种客观的进程，是处于不断的发展之中的，它推动着文化冲突的具体形式和内容不断发生相应的变化。所以，文化冲突形式是不断变化的，但是这种变化的根本依据就在于它以全球化为主要内容的社会发展，它不可能超越全球化发展的客观进程，不可能以某些人设想的方式实现。

其三，全球化时代的形势变化是文化冲突实现新发展的动力。突出时代特点，是理解文化冲突发展趋势的根本要求，当前，全球化的发展给世界带来的全新变化，是理解文化冲突最基本的时代背景。世界范围内的经济、政治和文化发展，为文化冲突的深入化提供了更加丰富的物质手段和更加广阔的历史舞台，只有把文化冲突放到这样的时代背景下，我们才能对其发展趋势有一个全面认识。

综上所述，在全球化时代到来的今天，文化冲突作为不同文化主体存在和发展的“象征”，以其丰富多彩的内容和形式为我们展示了新时代文化发展的基本风貌。这是我们理解和把握全球化时代文化发展特点的首要内容，也是人类文化发展多样性的重要体现，更是我们构建全球化时代国际文化新秩序的必要基础和前提。

第四章　文化全球化与文化融合

一、全球化进程中的文化全球化

全球化作为当今人类社会的发展趋势，已经成为一个无可争辩的事实。在经济动力和技术力量的推动下，世界正被日益塑造成一个共同分享的社会空间。伴随着经济活动主体、经济活动产物、经济运行方式的全球化，这样的发展必然带来社会生活和文化的全球化，文化全球化必然成为全球化进程中的重要组成部分。

（一）文化全球化的理论解析

对于文化全球化，学术界存在着不同的看法。争论的核心问题在于对文化全球化内涵的理解，即文化全球化是等同于文化的同质化、单一化和同一化，从而否定世界丰富多彩文化的存在，还是指文化打破原有的地域限制，在全球范围内的交流与互动状态。因此，要正确把握全球化时代文化全球化的相关问题，首先就必须对文化全球化的内涵进行深入而准确的理论解析。

关于文化全球化的内涵，目前学术界并未达成统一的认识。有的学者认为，文化全球化就是各民族文化通过交流、融合、互渗和互补，不断突破本民族文化的国界并在人类的评判与取舍中获得文化的认同，不断将本民族文化的资源转变为人类共享共有的资源的过程;① 有的学者认为，文化全球化是一种跨文化的对话与交流机制，是各种文化通过平等交流而共同维护关系到人类社会的共同利益的一些基本文化价值，是多种文化通过冲突与对话而形成的新的文化格局;② 有的学者认为文化全球化并不是文化同质化，它是由经济全球化决定、以文化的传播技术为媒介、以不同文化在全球层面上的大规模交流为内涵的世界文化发展过程;③ 有的学者指出，文化全球化有悠久的历史，把五百年前的文化全球化称为“文化国际化”，公元1500年后的才叫做文化全球化;④ 还有的学者虽然没有明确使用文化全球化的概念，但也论述了这一问题，如张岱年先生认为，经济全球化势必加强各地区文化的联系，对文化的交流有一定的影响，但是不可能消除各地区文化的特色，更不会导致文化全球化，百家争鸣是世界文化发展的前景;⑤ 李宗桂先生指出，应把经济全球化臆想为政治全球化与文化全球化，经济全球化必然对民族文化产生重大影响，但是不同文化无论如何也不会融为一体;⑥ 费孝通先生对全球化背景下文化的发展作了这样的描述：“21世纪是一个个分裂的文化集团联合起来，形成一个文化共同体，一个多元一体的国际社会”;⑦ 汤一介认为世界文化的发展是“和而不同”。虽然这些学者没有明确使用文化全球化的概念，但从他们的观点可以看出，他们反对的只是文化的同质化与单一化，并没有否认全球化对文化的影响以及世界文化在全球化背景下交流与发展的状态。综合当前学术界各个学者对文化全球化内涵的论述，本文认为，文化全球化与经济全球化一样，并不是指文化的同一化与同质化，而是指不同文化在全球层面上大规模的交流

① 高永晨：《文化全球化与跨文化交际研究》，《苏州大学学报》1999年第4期。
② 衣俊卿：《全球化的文化逻辑与中国的文化境遇》，《社会科学辑刊》2002年第11期。
③ 韦幼苏：《文化全球化与建构中国先进文化》，《南开大学学报》(哲社版) 2002年第3期。
④ 鲍宗豪：《全球化与当代社会》，上海：上海三联书店2002年版，第351页。
⑤ 张岱年：《经济全球化与文化综合创新》，《天津日报》2001年8月6日。
⑥ 李宗桂：《文化的先进性与文化建设的基本目标》，《学术研究》，2000年第8期。
⑦ 费孝通：《从反思到文化自觉与交流》，《读书》1998年第11期，第7页。

与互动状态，并在这个过程中相互吸收、相互借鉴而促进文化的共同发展。

学术界关于文化全球化论争的症结归结到一点上，就是文化全球化到底是同质化还是多元化。人们如何认识文化的同质化与多元化的关系是问题的关键所在。文化概念边缘的模糊性使得人们很难概括出一个能被普遍接受的权威性定义。文化是一个内涵丰富的复杂整体，同时这个复杂的整体必须要由一定的历史主体或实体来承担。人类主体无时无刻不受到他们生活于其中的文化的影响，另一方面文化也为人类主体所创造和再塑。当代文化全球化论争的双方虽然都没有指涉具体的文化概念，但是不难看出，其头脑中却始终贯穿着对文化主体的争论。

总之，文化全球化的内涵是辩证的、包容性的，文化全球化是一个长期的、不均衡的复杂过程；问题是将其看作一个参与的过程还是一个垄断的过程，是被动接受的过程还是积极应对的过程。由于自身的地位以及各种社会关系的存在，自身利益受到全球化的直接影响，全球化的参与者就很难保持客观的认识，因此全面认识与把握文化全球化的辩证内涵就显得尤为重要。有一点需要提出的是，全球化的价值观念与本土文化、地方文化价值认同的合理性复归是可能的，但是不赞成文化整合的观念，更不赞成隐藏在文化整合背后的冷战意识和权力欲望。

（二）文化全球化与经济全球化

文化全球化是经济全球化的反映，是经济全球化不断发展和深化的产物。作为社会存在的经济全球化势必会对作为意识范畴的文化产生决定与影响作用。著名历史文化学家汤因比在解释世界民族文化的产生与发展时提出了“挑战与回应”的理论。这一理论认为，每个民族的文化就是该民族对其所处环境挑战的一种回应。① 这一理论从一个侧面说明了环境必然对文化的变化起到影响作用。当今经济全球化的事实，使

① ［英］汤因比：《历史研究》（上），曹未风等译，上海：上海人民出版社 1966 年版，第 109 页。

人类的社会生活跳出了原有的地域和空间限制，科学技术的发展，使得人类生活在同一个“地球村”，人类的生存环境发生了很大的变化，作为文化主体的人的流动性进一步加快，作为文化载体的文化产品、经济产品也在全球流动，科学技术尤其是信息技术使信息能够迅速传播到世界的每个角落。在人类这种跨时空交往、跨时空实践的基础上，势必带来文化价值观、文化模式的冲突、磨合与融合，从而产生一种新的文化关系与文化模式，这便构成了当今社会文化全球化的客观状态。在一定意义上讲，经济全球化也正是通过文化全球化而让人感知和认识的。“只有当人们再度回眸时才发现，原来与经济、政治的全球化相比，人们更为直接、也更强烈感受到的还是文化全球化的发展过程。”①

要更好地理解经济全球化与文化全球化的相互关系，必须从经济与文化的关系角度入手来考察，文化的发展一般受到两个方面因素的影响与制约，其中之一就是经济对文化的决定性作用。文化不能脱离它赖以产生和存在的经济基础而独立发展。正如马克思在《哲学的穷困》一文中所说，“人们按照自己的物质生产方式建立相应的社会关系，正是这些人又按照自己的社会关系创造了相应的原理、观念和规范。”② 经济对文化的决定性具体表现在以下四个方面：

首先，文化诸要素的产生，都是社会生产发展的产物。无论是文化中的行为方式、风俗习惯等外在形态，还是文化中的哲学、道德、法律等理论形态，其内容都来源于人类的社会生产生活。政治、法律、哲学、宗教、文学、艺术等等的生产和发展都是经济发展的产物。

其次，社会生产的发展水平决定着文化的发展程度。物质生产是精神生产的前提和保障，社会生产力的发展水平决定着人类文化的发展程度。在原始社会，由于生产发展水平低下，人类还没有独立的文化生产，“思想、观念、意识的生产最初是直接与人们的物质活动，与人们的物质交往，与现实生活的语言交织在一起的。”③ 随着社会生产力的

---

① 韦幼苏：《文化全球化与构建中国先进文化》，《南开学报》（哲社版）2002 年第 3 期。

② 《马克思恩格斯选集》第 1 卷，北京：人民出版社 1995 年版，第 142 页。

③ 同上，第 72 页。

发展，剩余产品的出现，精神生产者才逐步从物质生产者中分化出来，进行独立的文化生产，使真正意义上的文化生产成为可能。同时，社会的生产水平也制约着文化的对象与范围，文化的内容将随着社会生产的发展而不断丰富。

再次，社会生产的性质决定着文化的性质。一定社会文化的性质是由社会生产中占统治地位的阶级的性质所决定的。“统治阶级的思想在每一时代都是占统治地位的物质力量，同时也是社会上占统治地位的精神力量。支配着物质生产资料的阶级，同时也支配着精神生产资料。因此，那些没有精神生产资料的人的思想，一般地是隶属于这个阶级的。占统治地位的思想不过是占统治地位的物质关系在观念上的表现。不过是以思想的形式表现出来的占统治地位的物质关系。”① 因此，不同的社会生产，就会产生不同的文化类型。

最后，社会生产的变革，会引起文化的变革。社会生产活动是人类文化生产的源泉。因此，社会生产的变革必然引起精神领域和思想观念的变革。文化的变革，具体表现为文化生产主体与文化服务方向的变化。如历史上资本主义社会取代封建主义社会，封建社会封闭的、保守的文化思想被资本主义商品生产所需求的新的思想观念与思维方式所取代，那种为地主阶级所主导并为其服务的文化生产方式，也将变为为资产阶级所主导并为资产阶级服务的文化生产。正是因为如此，一个民族的文化才会在不同的历史时期，呈现出不同的特征，具有不同的阶级属性。

总之，经济与文化的相互关系，是探讨文化全球化发展趋势的理论前提。由经济对文化的决定制约作用可以推导出：经济全球化的发展必然带来文化上的变化，使文化有融合的一面。经济全球化带来了社会生产与经济活动方式的全球化，要求各国在经济交往中按照相同或相似的规则活动，建立类似的机构制度。同时，随着经济全球化的深入发展，人类共同实践活动的扩展与实践活动的加深，人类面临的超越国家界

① 《马克思恩格斯选集》第1卷，北京：人民出版社1995年版，第98页。

限、具有全球特性的问题也越来越多，如环境问题、粮食问题、人口问题等等，这些问题的解决需要世界各国采取一致的行动，需要对问题本身有共同的理解，需要对人类的未来与生存发展有共同的认识。此外，人类交往的普遍性缩短了各民族在文化上的距离，势必产生不同文化的交流融合与相互吸纳现象。因此，随着经济全球化的发展，由于经济体制、经济运行方式、社会生产方式趋于一致，那些最初与它赖以产生的地理生态环境与民族实践联系在一起的民族文化，必将突破地域与民族的界限，朝着全球化的方向发展。

（三）文化全球化与文化本土化

前文已经论述，文化全球化既是一种过程，包括各民族文化之间的冲突、交流、融合等，也是一种结果，即各民族文化区域的资源可以被全人类所共享、共有。但它并不意味着各种民族文化将被消灭，而形成某种一致的、共通的、普世的全球性文化。随着国际互联网的普及和信息高速公路的建立，各个国家之间及各国人民之间能够在瞬息间就能了解对方的一举一动，并进行沟通和交流，这种文化全球化的现象随着社会的进步、科技的发展仍将继续深入下去。

文化本土化指的则是各个民族在现代化发展过程中，使根源于自身历史的传统、习惯、生活方式、符号、信仰、价值观等一整套认知体系重新得到尊崇。文化本土化在现实世界中有时表现为对本国传统文化的歌颂，有时表现为对外来文化特别是欧美文化的排斥，有时则同时表现为两者。在理解这一概念时，我们一定要注意剔除主观偏见，而不能妄作价值评判。在理解与把握文化全球化与文化本土化相互关系时，要注意处理好以下几个问题：

首先，需要明确的是，文化全球化不会导致某种普世文化。目前在西方学术界，鼓吹普世文化观的学者不在少数，有的学者甚至认为“全球化隐含的假定就是某种主导文化——假定是西方文化或美国文化——将征服地球的每一个角落。”这一观点暗示我们，人类在文化上正在趋同，全世界各民族正日益接受共同的价值、信仰、实践和体制，而“共同”一词就意味着将取消文化的多样性。这种普世文化的出现有两个根源：一种认为在全球化过程中，某种文化处于明显优势，在各种文化的冲突与撞击之中，只有该文化才能最终获胜，从而达成该文化的“大一统”，至于其他文化，则要么接受这种文化的主导地位，要么就在该优势文化的冲击下走向灭亡；另一种认为，全球化所带来的各种文化之间的交流会使各民族文化中负面的东西被摒弃，优良的成分得到保护与发扬，从而自然而然地在融合中产生一种完善无瑕的普世文明。然而这两种观点的逻辑基础都是站不住脚的。因为，首先，任何一种民族文化都不可能是完美的，或是所谓的理想形态，它不可能在一切方面领先于其他文化，所以必要的学习与借鉴对任何文化来说都是不可缺少的。其次，文化的全球化确实会加强各民族文化之间的相互交流、加强各个民族对本民族文化的重新审视和思考。但这种审视与思考并不意味着文化交流会在“优胜劣汰”的过程中诞生某种普世文化。

其次，文化本土化并不等同于民族文化保守主义。将文化全球化与本土化对立起来的错误在于把文化的全球化等同于普世文化，而将文化的本土化视同民族文化保守主义。但事实上，文化的本土化作为对文化全球化的一种回应，它只是一种客观的现象而不应被随意贴上“保守”的标签。

与普世文化观出现的根源相似，文化本土化的复兴也有两个原因：其一，是受民族文化影响较深的人，他们受父辈与自身经历的影响，对本民族文化充满自豪感，认为本民族文化在各方面都很优秀，因此应该受到尊崇与发扬。当然，持有这种民族文化优越感的人并不一定会要求将本民族文化作为样板强加于其他民族。但是，这种对本民族文化的自豪与推崇仍将对本土文化的蓬勃发展起一定的推动作用；其二，另一些受过西方高等教育的精英人物，他们为本民族文化所面临的冲击感到忧虑，担心自己的民族文化会被西方文化所同化，因而从理智的自我保护角度出发，他们提出要维护、发扬本民族文化的优秀传统，以使之避免消亡的境遇。这两种观点既有积极方面的作用，也有消极方面的作用。

从积极的方面看，本土文化的复兴反映了全球化浪潮中各民族对自身文化的重视与关爱，这是无可厚非的。在全球化过程中存在着西方国家推行“文化霸权主义”的危险，这为本土文化的复兴提供了合理论证。也就是说，当现实世界存在推行文化霸权主义的实际动向时，本土文化的复兴作为一种抵抗文化霸权的方式，在道义上是可以成立的。而这种文化霸权主义倾向的存在，也是当今世界的客观现实。为了对抗文化渗透与侵略，所有的弱势民族都有必要维护自己民族文化的尊严与地位。也即是维护国家的“文化主权”，亦即现代民族国家将本民族文化的习惯、信仰和价值观念上升为国家意志，维护本民族文化所拥有的最高独立的权力和权威。需要强调的是，本土文化的复兴并非是对民族文化的顽固守旧，它与封闭、孤立的文化保守不同，而是包含着许多革新因素。[①] 总之，各民族文化的兴盛与相互交流，会使各民族对自身文化予以重新认识，并努力使之适应不断发展变化的全球社会。

从消极的方面看，本土文化的复兴在一定程度上为该民族传统文化中的腐朽落后因素提供了滋生的良机，而一些狂热民族中心主义者的行为也为文化的良性发展设置了层层障碍。正如一位学者在谈到日本时所指出的[②]因此，如何维护、发扬各民族文化的优秀成分而摒弃其落后、腐朽的东西，这是文化全球化与本土化过程中所需要解决的一大难题，它的解决将有赖于各民族的努力与相互理解。

最后，要正确处理好文化全球化与文化本土化的相互关系。文化全球化与本土化是一对辩证统一的关系，文化的全球化并不排斥各民族文化的兴盛，而各民族文化的繁荣也有利于推进文化的全球化。因此，两者之间没有根本的矛盾可言，具体来说，文化全球化与本土化之间的关系体现在以下两个方面：

其一，文化的全球化是以民族文化的多样性为基础的，它为本土文化的复兴提供了指导，以确保各民族文化能够健康发展。不同民族在语

---

① 文化主权的认同观念来自于本民族的传统，它并不排斥外来文化，而是对外来文化的吸收要基于本民族国家的诠释并有利于本民族文化的发展。

② 本土化若被夸大到一个不恰当的地步，就有可能被少数军国主义分子利用而导致法西斯主义侵略扩张欲望的膨胀。

言、历史、宗教、习惯、心态、思维方式等方面有显著差异，我们往往把这种差异归之为不同民族文化的存在。到20世纪中期之后，随着人类文化学家的卓越发现，尽管在民族文化的数目、优劣上仍然不断有争论发生，但文化的多样性已得到大多数人的承认。而文化的全球化正是以这种民族文化的多样性为基础的。因为只有多样性的存在才要求进行交流与融合，才要求实现资源共享，而一元文化根本就无所谓交流与融合。同时，文化全球化还需要各民族文化能够顺应这一进程，在自身文化繁荣的同时加强对别国文化中合理因素的借鉴与学习。在这种文化全球化的浪潮中，各民族都不可能孤立、封闭、保守，而需要对自己的传统文化进行一些扬弃。这能够在一定程度上防止民族文化中消极腐朽因素的复活。随着文化全球化的进一步深入，未来的文化不会由某种全球文化或普世文化来支配，而应是在多民族文化共存的基础上谋求发展。也就是说，多元文化程度不同的、不同层次的共存、交流或融合才是人类文明史发展的大趋势。

其二，文化的本土化是对文化全球化的回应，是文化民族性对全球性的反弹，它对文化全球化提出了新的挑战。这种挑战表现在文化全球化使各民族文化受到冲击，而①在这种情况下，为了使自己的民族文化能实现创造性转化，重新适应新的全球化环境，本土文化的复兴就作为一种回应而出现了。总之，文化的本土化是文化全球化的伴生物，这正如奈斯比特所说：② 当然，需要再次强调的是，本土文化复兴并不代表保守的文化观。但是，一些民族文化的消极落后因子确有可能会在复兴过程中得以伸张，要克服这一挑战，需要全球化进一步深入发展。同时，需要在肯定各民族文化的基础上鼓励相互之间加强交流与对话，以帮助各民族克服自身文化中的落后一面，实现新的文化繁荣。

总之，在全球化时代的背景下处理文化全球化与民族文化本土化关

---

① 全球化的效果势将削弱所有民族国家的文化向心力，即便经济上的强势国家亦不能幸免于此。

② 我们越是全球化并在经济上相互依存，我们就越是做着符合人性的事情；我们越是承认我们的特性，我们就越想紧紧依靠我们的语言，越想紧紧抓住我们的根和文化。

系时必须坚持解放思想、实事求是的思想路线，努力探索全球化时代国际文化的新关系，在实践中要处理好主旋律与多样化的关系、经济效益与社会效益的关系、保护与发展的关系、民族文化继承与创新的关系以及借鉴与反渗透的关系，只有处理好以上五个方面的关系，才能真正找到建构全球化时代国际文化新秩序的可行路径。

二、文化全球化中的文化多元化与世界化

前文已经论述，文化全球化的概念本身包含着两个辩证统一的过程，即文化的多元化与文化的世界化，它们是既对立又统一的不可分割的两个方面。对于文化全球化中的多元化与世界化进行深入的分析，是我们更好地理解文化全球化，进而为建构起合理的全球化时代的国际文化新秩序的理论需要。

（一）文化全球化中的文化多元化

所谓多元化是指文化内容的多元化和文化全球化的参与主体角色多重化，是指各民族文化在发展过程中仍然保持自己的民族特色和精神特质，并在全球化中汲取营养，实现自身的创新与发展。由于全球化不等同于同质化，以及文化的民族性、稳定性作用，世界文化的发展仍将保持多元的局面。这是由各国、各地区经济利益不同、阶级性质不同和民族传统不同对文化发展的必然要求。

首先，不同文化存在的经济基础、阶级基础与民族基础依然存在。实现“大同”社会是人类社会发展的理想目标，但目前的全球化不能实现经济上的完全一致，仍然会有不同的经济基础与阶级利益，不同文化存在的经济基础和阶级基础仍然存在。全球化虽然促进了国际合作的开展，但也加剧了国家之间的竞争，在以国家为基本单位构成的世界格局中，各个国家不可能脱离本国家、民族的利益去处理国际事务，他们都必须站在国家利益的立场上去寻求最佳的道路。因此，在维护国家利

益这一内在动因的驱动下，各国对本国意识形态、文化传统、价值取向、民族精神、生活方式的重视程度不仅不会降低，反而会大大加强。为此，在全球化过程中，只要有国家存在，强调民族文化传统与其他民族文化的差异性就不会消失。全球化虽然有使文化向世界化方向发展的一面，但是不会形成“一种文化一统天下”的局面。

全球化也不会带来民族的消亡，文化的民族性依然存在。文化是民族精神的特质，是一个民族区别于其他民族的本质所在。各民族既是本民族文化的创造者、培育者与建设者，又是民族文化的呵护者和捍卫者。他们对本民族文化充满偏爱、欣赏与珍视，在心灵深处充满发展本民族文化的愿望、动机、责任并转化为自觉的行为，促使本民族文化不断更新与发展。各民族的独立发展成为实现全球化的先决条件。恩格斯曾经指出：“欧洲各民族的真诚的国际合作，只有当每个民族在自己家里完全自在的时候才能实现。”① 所以，只要民族存在，维护本民族文化的主体力量就存在，文化的多元性就不会消失。

全球化的发展不仅不会淹没文化的民族性，而且在客观上还会促进民族文化的自觉与创新。在全球化到来之前，各民族处于相对封闭的状态，文化的多样性虽然是事实，但这种事实并未被人们广泛认知。随着全球化的发展，文化的差异性与多样性更突出地呈现于世人的面前。原有的各民族视本民族文化为中心的狂妄思想逐步受到挑战，文化成为一种可比较、可感知的存在。为此，各民族文化必须在与其他文化的相对关系中进行自我限定。因此，人们总是反复地提到自己国家的名称，注意到“我们”这一集体名词，强调自己民族的特性，从这个意义上说，全球化的发展促进了民族文化的自觉，而在文化自觉条件下民族文化必将会多元发展。

不可否认，从人类的发展历史来看，各个民族不论大小，都或多或少地对人类文化做出了贡献。但同样不可否认的是，每个民族的贡献又不完全一样。在全球化的进程中，西方现代性的文化可能仍将在很长时

① 《马克思恩格斯选集》第1卷，北京：人民出版社1995年版，第267页。

间内起主导性作用。文化作为一个动态的过程总是处在兴衰流变之中，文化的接触产生了文化抗拒力，这种力可以是正面的，也可以是负面的。由于文化势差现象的客观存在，不同的文化相接触后，先进的一方必然会影响落后的一方，高层次的文化必然会影响低层次的文化，尽管这种影响在一定程度上是相互的。目前西方文化由于诸方面的原因处于某种“文化予体”的地位，而非西方文化则在总体上处于“文化受体”的地位。随着全球化的发展，许多非西方国家都不同程度地接受了西方现代性的东西，诸如有关自由、人权、平等、法制、民主、世俗国家以及自由市场等普世性观念，目前已经为越来越多的国家和地区所接受。对于这一点，我们不仅要有学术上的认识，更要有面对事实的勇气。伊朗总统哈塔米在倡议“文明的对话”的同时，对西方文明在当今世界经济、政治、文化、社会中的影响给予了客观的评价，指出：“穆斯林虽然过去拥有一个文明的世界，在人类历史上发挥了一定的作用，但现在那种地位和作用已经消失了。如果不具有西方文明所创造的成果，非西方的生活将不再可能。”① 这显然是一种值得赞赏的理性态度。

其次，文化继承性使文化的发展并不能脱离本源文化的根基。由于先定环境与条件不同，以及历史上形成的文化的差异性与多样性，各民族在面对其他文化的影响时，不可能完全被其他文化所同化，而只能是有选择地吸收和利用。一般来说，文化特质的被接受或被排拒，视其效用、适应性以及对接受一方有没有意义而定。以推出“文明冲突论”而著名的美国学者亨廷顿则说：“历史上，文化时尚在文明之间传播，一个文明中的创新总是被其他文明所采纳。然而它们通常只是一些缺乏重要文化后果的技术或昙花一现的时尚，并没有改变接受者的基本文化。”② 在全球化进程中，人们的生活方式、管理方式、行为理念虽然有世界化的趋势，但是必须清楚地看到，这种趋势只不过是文化“嫁接”成功的表现，并都被打上了深深的民族烙印。

---

① 《环球时报》2003年10月19日，第三版。

② ［美］塞缪尔·亨廷顿：《再论文明的冲突》，李俊清编译，《马克思主义与现实》2003年第1期。

文化内部异质性的存在及其相互挑战、相互对话和相互激荡，才能使文化本身保持活力。文化的多元化不仅是可能的，而且是必然的。文化系统内部的逻辑一致不可能发展出文化变迁的理论，因而不可能对文化维持和变迁的动力机制作出有效的分析和解释，人类的历史已经反复证明了这一点。同时，文化交往的进程必然是双向度的，文化“克隆”作为一种态度或许可以理解，但绝对不会是事实。作为一种西式快餐，麦当劳以其“品质、服务、清洁和价值”的经营原则风行中国的大都市，中国原有的就餐方式已经远不是它的对手，到麦当劳就餐也已经成为中国年轻一代所流行的生活观念。但事实上麦当劳这种西式快餐已经带有了中国本土化的特征，“老北京鸡肉卷”的出现就是美国大众消费文化中国化的一种表现，北京的“麦当劳”成了具有中国特色的“美国文化”。[①] 而且麦当劳的餐厅也被当作儿童生日庆典、年轻人恋爱约会的场所，结果是中国的麦当劳既不同于西方原汁原味的快餐文化，也不同于传统的中国饮食文化，成为一种典型的杂交品种。我们从文化全球化中最直接、最形象的形式——消费文化的例子中可以看出，不管我们在理论上赞同与否，文化的全盘接受绝对不可能是一个社会历史或文化上的事实。所以文化全球化并不是对人类文化的差异性和多样性的平整，也不会使文化变得单调乏味。

最后，文化多元化是文化形态发展的本质需要。文化与经济发展的相对不平衡的特点说明，发达地区仍然有落后的文化，而不发达地区和国家的某些文化可能是先进的。各种文化没有高低之分，在全球化进程中都有自己的价值。虽然现在发达国家的文化有在全球扩张的趋势，但并不能证明它在所有的环境下都适宜，也不能说明它的这些文化观念都是正确的、先进的。在文化霸权主义的推动下，这些观念一时可能在全球范围内广泛传播，但是，它的生命力最终取决于接受者的文化批判和文化筛选。有时，某些文化可能会呈现出自己的独特优势，来解决发展

① 翁乃群：《全球化背景下的文化研究及其思考》，《中国社会科学文摘》，2000 年第 2 期。

中出现的问题，如西方文化中高度强调主体的作用、强调人对自然的征服。这些观念，虽然促进了工业革命的大发展，但面对全球问题的出现，又显得无能为力。而中国传统文化主张人与自然和谐发展的思想却得到了世界有识之士的认可与重视。英国著名历史学家汤因比就认为中国传统文化蕴涵着解决现代化社会伦理问题的深刻内容。这就说明，各个民族的文化都是平等的，都有其存在的合理性。由此，我们已经可以知道，文化的全球性发展不会也不可能使各具特色的民族文化消亡，因为任何一种文化都可以分为物质层面、制度层面和心理层面。在全球化面对多元化的民族文化时，所能做的仅仅是改变它的物质层，有时也可以在一定限度内影响到它的理论、制度层，但对最为内在的、作为它的灵魂的心理层却难以有所作为。民族文化的心理层是一个民族世世代代实践活动长期积淀的结晶，具有异乎寻常的稳定性，这种稳定性决定着民族文化的稳定性，而各个不同民族文化的稳定性又决定了世界文化多元共存的基本景观。文化的全球性发展并没有也不可能改变这种景观。

（二）文化全球化中的文化世界化

文化的世界化是指那些代表生产力发展要求，体现人类社会进步方向的各民族文化中的优秀部分通过融合与吸纳而产生的为世界所共同认可的文化价值观念及基础规范的过程与趋势。这种世界化是不同文化在全球层面上大规模交流与互动过程中的相互认同和达成的共识，是人类文化共性的体现，并不是所有内容的完全一致。

对此，学术界不同学者发表了各自的看法。汤一介、费孝通先生提出世界文化发展“和而不同”的观点：蔡拓教授认为，文化全球化是符合逻辑的命题，它内涵着文化的同质化、文化的殖民化、文化的交流相关化三层涵义；① 衣俊卿教授认为，文化的世界化和文化的民族化，世界文化与本土文化，共性的文化和个性的文化都是共存的，它们是互为存在条件的。全球化时代的世界文化不是单一的、一元文化的专制统

---

① 蔡拓：《文化的全球化及其对国际关系的影响》，《天津社会科学》，2001 年第 5 期。

治，而是多元文化的互动所形成的一种关切到人类生存和人类社会发展的共同的价值取向和价值追求。① 这些观点，虽然表述不尽一致，但都对全球文化发展中不同文化之间的互相认同与认可表示肯定。

文化的世界化所定位的文化主体是人类整体。文化是个人和集体组织起来并从时间和空间上建立认同概念的中介，当人们把文化的主体定位于社群、民族、国家的时候，他们所看到的只能是多元文化、异质文化；但是当人们把文化现象定位于人类主体的时候，文化的共同性就是难以否认的命题。全球文化是高度多元的、竞争性的和互补的，文化主体的定位和转换在很大程度上决定文化的性质，与社群、民族、国家等主体相对应的文化内容、文化形式呈现出高度的多元性和异质性，也就是对文化异质性的认同；而定位于人类主体、人类整体的文化，则难以否认文化的世界性。全球化的概念既是指世界的压缩，又指把世界作为一个整体的意识的增强，当前人类面临着日益严峻的生态、环境、资源、人口、毒品、疾病等全球性问题，凸显出人类利益的整体性，而定位于以人类整体的观念、人类整体的意识来考察全球事物的全球化，才是全球化真正意义上的发端和肇始。

文化全球化中的各民族文化在一定程度上相互融合、相互认同，向世界化的方向发展，这是全球化发展的逻辑使然。全球化发展带来的跨国界的物质产品流动、科学技术尤其是信息技术的高速发展以及大范围的社会交往为文化的世界化提供了现实条件与物质基础。人类同居一个“地球村”，面临着共同的未来，这就使人类在客观上越来越相互依赖，主观上也越来越意识到合作的必要性，需要认同更多的行为准则，遵循一些共同的价值规范。这些行为在客观上都促进了文化融合而走向世界化的进程。

1、文化世界化发展的原因探析

全球化进程中文化的融合并向世界化的方向发展，既有文化本身内在的因素，也有全球化提供的现实条件：

① 衣俊卿：《全球化的文化逻辑与中国的文化境遇》，《社会科学辑刊》，2002 年第 1 期。

首先，从文化本身内在的因素来看，文化本身具有很强的实践性，各民族文化都有自己赖以生存和发展的根基与土壤，具有地域性、本土性、特殊性和相对静止性的特点，同时，它又有着普遍性、动态性、渗透性和扩张性的特征。这些特点决定了文化不是孤立的、封闭的。任何民族的文化都是静态与动态的统一，既是单一的，又是多样的，既是民族的，又是世界的。文化在本质上是趋于融合的，各种文化特质形成一种具有内在统一精神和价值取向的文化模式，这种文化模式把每一个体的行为包含于文化整体之中。① 从历史发展来看，尽管各种文化、文明之间存在差异，有时不同文化、文明之间的国家和民族之间发生矛盾、冲突、甚至战争，但是人类几千年的历史中，并没有出现不同文化、文明之间长期对立的情形。西方文化与伊斯兰文化有很大的差异，但并不是互不相容的全面对立，不少伊斯兰国家同美国及西方国家长期保持和谐与良好的关系，有的甚至是盟国式的紧密关系。在全球化的发展趋势影响下，各民族本土文化都以开放的姿态与异域文化进行着积极的对话，在相互交流中补益和发展自身。人类文化从整体来说，就是各国、各民族文化汇聚和交流的产物。人类文明的发生、发展就是一个不同文化、不同文明在不断地交流、碰撞、冲突、摩擦中创新的过程。文化以其固有的性质加速着文化向世界化方向发展的进程和步伐。

其次，从经济全球化创造的外在条件来看，经济全球化的发展，不仅打破了传统经济的壁垒，在一定程度上也打破了精神、文化壁垒。作为不可阻挡的历史潮流，经济全球化以其特有的外向开放特性冲破了各种社会之间的藩篱，强化了人类文明中“同”的一面，为不同民族文化之间的交流和发展提供了更大的空间和契机，促进了不同文化之间的融合和相互认同。这主要体现在以下五个方面：

第一，全球化提供了文化世界化的物质基础。文化只有在交流中才会融合，才会相互吸收，没有交流，文化就不会发展。民族文化的形成总是与地域的局限性与封闭性联系在一起的。由于受生产力发展的限

① 衣俊卿：《论哲学视野中的文化模式》，《北方论丛》，2001 年第 1 期。

制，人们的活动范围局限于一定的地域范围，长此以往，形成了自己独特的生产生活方式、道德伦理、观念习俗、语言心理、社会制度，并以此为基础，形成了本民族的文化。全球化的发展，带来了物质、人员、资本、技术的流动，成为加快文化交流的有效载体和媒介；任何从事国际经济活动的人都代表一种文化类型，与其他国家和民族的人员进行的经济接触同时也是一种文化上的接触；跨国公司的发展，进一步加快文化跨国界流动的进程，使得不同文化更加接近，相互交流、渗透、融合，改变各种原有的文化特点，向着世界化的方向发展。尤其是大众消费品的世界化和趋同化，更进一步加速了大众文化层面上的融合。“如今在一个中国人的家里，可能有美国生产的电脑、日本生产的电视机、德国生产的电话、意大利生产的冰箱、韩国生产的空调，有各种进口的或外国独资、中外合资企业生产的日常用品和文化用品。”① 各国物质产品的背后，都蕴涵着本国的文化理念。所以，物质产品的国际化，带来了人类生活方式的国际化。从而改变了人们的饮食和生活习惯，使他们在对食品、衣着和娱乐的选择上表现出日益弱化传统定势的倾向。在这些方面，人们的开放程度进一步加大，接受一些外来的东西，融合、借鉴，相互各取所需。人们日常生活的食品、服装和音乐、娱乐等方面正呈现出相似的特点。

第二，发达的现代科学技术，为文化世界化创造了条件。全球化的重要推动因素和显著特点就是科学技术，尤其是信息技术的高速发展。它们不仅导致运输和通讯成本的降低，促进了世界经济的发展，而且还使文化的世界化发展成为可能。经济全球化以发达的科学技术和迅捷的信息为先导极大地缩短了世界各国尤其是第三世界与发达国家之间的距离，全球各地区之间的联系更加密切，尖锐的文化边界日趋松弛，为文化的世界化发展提供了便利条件。② 现代信息技术一方面大大提高了信息处理的速度和效率，另一方面则跨越了不同语言文字的障碍，促进了

① 尹继佐：《经济全球化与上海文化发展》，上海：上海社会科学院出版社，2001 年版，第 13 页。

② 俞新天：《美国的国际文化关系研究综述》，《太平洋学报》，1999 年第 1 期。

全球性文化交流。借助这些现代传媒工具，各国之间相互了解彼此的文化传统与现状，接触彼此价值观念与信仰的机会大大增加，从而促进了情感上的相互加深；在社会层面上，也进一步促进了人们心理上的认同感。而作为信息载体的某种语言，也变得更加全球化，为特定区域内、特定国家间相互理解提供了便利条件，使文化产品与思想更容易传播。同时，科学技术的发展，消除了人类思想认识上的误区，人类对世界的认识将更为科学和一致。在科学技术不发达、人类又相互隔绝的状态下，不同民族的人们产生了对世界的不同看法。关于世界的不同看法便产生了不同的文化价值理念，形成了文化上的巨大差异。但是随着科学技术的发展，人类认识上的一些模糊认识得到了澄清，人们对世界的认识更加科学和统一。这就消除了产生文化歧义的思想根源，为人类达成文化共识提供了科学前提。

第三，区域集团化促进了文化之间的交融与发展，进一步推动着文化向世界化方向的发展。在经济全球化的进程中，区域经济集团化、区域经济一体化为国际政治中的文化世界化提供了条件。战后最大的区域一体化组织欧盟的诞生与发展，固然以其政治和经济利益的结合为主导原因，但在文化领域存在着某种程度上的共同性，尤其是历史上一脉相承的基督教文明和近代以来不断发展的欧洲统一观念，无疑构成了欧洲经济一体化坚实的历史根基。相同的文化背景、日益加深的经济合作以及共同的民族和国家利益冲破了现存国界的藩篱，使欧盟越来越“用一个声音说话”。[①] 地区经济一体化的发展，不仅促进了政治一体化，而且加强了文化一体化的进程，尤其是同质或同源文化的进一步融合。值得注意的是，虽然相同的文化背景有利于形成区域经济一体化，但是区域集团化组织也并不仅仅建立在同质文化的基础上，不同文化背景也可以建立区域集团组织，如亚太经合组织和东盟。各成员国由于经济依赖程度的加强，在政治、文化领域的交流与融合也得到了进一步的加强。他们在尊重区域内文化多样性的基础上，探索不同文化背景中共识的部

① 程人乾：《论当代世界民族主义的发展趋势》，《山西大学学报》，1995年第3期。

分，并相互取长补短，在求得文化共性的基础上通过文化融合求得文化价值观的共识。区域经济集团化的发展，恰恰为促进他们之间的文化融合提供了条件，不断推动着文化向世界化的方向发展。

第四，全球化的实践活动，导致共同的文化需求。人的精神生活及其需求既是精神生产的产物，也是精神生产发展的动因。没有需要，就没有生产。随着经济全球化的深入发展，人类需要遵循共同的规则，使用共同的交流工具，面临着共同的问题。这些共同的文化需求，自然成为文化向世界化方向发展的直接推动力量。一个国家或者地区的文化总是具有浓郁的民族性，也总是密切关注时代潮流的变幻和发展，并参与其中，做出自己的反应和奉献。① 首先，和平与发展的时代主题为文化世界化提供了有利的空间，在这个过程中，各国人民要和平、求发展的强劲呼声，正在倡导和形成许多新的人类价值观念，并逐步渗透到每个国家的社会生活和精神观念中，使文化的世界性发展成为一种新的时代潮流。其次，人类共有的一些意识与价值观念日益被普遍接受。在人类不断交往的进程中，已经形成了很多具有普遍意义的准则和规范，如自由、平等、互助、诚实、信任、尊重、效率、公平等等。体现人类普遍要求的这些准则和规范，越来越多地得到更多国家、民族和地区人们的认同和接受。同时，与市场经济相适应的一些经济运行规则、管理方式与方法，以及各民族文化中体现社会生产力发展要求的优秀文化也将被世界各国普遍认同和采用，以适应全球化的发展。最后，全球性问题的凸显，为文化的世界化提出了客观要求。全球化的发展，给人类创造了前所未有的物质财富，极大地改善了人类的生存条件，增强了人类的主体意识与创造性。但同时也产生了人与自然关系的恶化，如核威胁、全球气候变暖、人口爆炸、粮食问题、南北差距、环境污染、恐怖主义等。人们的价值观念也出现了不确定性，产生了信仰危机和道德堕落以及由此引发的消极行为，这些整个人类社会面临的共同问题，单靠某一

① 吴元迈：《经济全球化与民族主义——兼论文化的民族性与世界性》，《中国社会科学院研究生院学报》，2001 年第 2 期。

个国家或民族是不能解决的。所以，在全球化的背景下，任何一个地区的、局部的问题随时可能上升为全局性的、世界性的问题，各国都必须在承认并尊重其他民族和国家文化的基础上加强合作与交流，充分合理利用人类共有资源，这种共同的文化需求，也是文化向世界化方向发展的推动力。

第五，国家利益的非零和性目标和双赢外交是文化世界化的现实基础。全球化背景下，国家利益已不再是传统意义上的孤立的民族国家自身的利益或者国家之间你死我活的“零和”式斗争，而变成国家之间的共同利益或者说全体利益的“非零和”式的共享。双赢成为一种全新的外交理念，成为一国外交战略的必然选择。① 双赢也就是双方都获得利益，它代表一种公正的理念，这种公正性不仅表现在对别人利益的尊重上，也表现在对自身利益的取舍上。现代社会的发展已使人民意识到“你死我活”的独占欲望的结果只能是一无所有，而双赢则可以使双方从对抗到合作，从无序到有序。这种新观念的植入，将改变那种传统的残酷竞争，双方都损失惨重的局面，形成良好的合作、共同获利、共创未来的局面。只有双方都获利，合作才能成功，也只有互利互惠的双方才能建立起牢固的合作基础。这种外交政策上的双赢战略，国家利益上的“非零和”理念，本身就是文化世界化的产物，它在国际政治中的实践，不仅使各国加强了经贸合作与交流，改善了国际关系，也促进了世界不同民族、不同宗教、不同文化之间的交往与交流，从而使文化世界化的趋势不断得到加强。

2、文化世界化发展的特点

全球化进程中文化世界化发展呈现以下新的特点：

首先，国际政治中文化行为主体的文化世界化意识增强。在国际政治领域，文化主体可分为国家行为体和非国家行为体。全球化进程中，无论是国家行为体还是非国家行为体的文化世界化的意识都明显增强。从国家行为体看，当今国际冲突中往往隐含着文化差异的背景因素，如

---

① 刘亚娜：《试析双赢外交战略选择的必然性》，《江汉论坛》，2001 年第 5 期。

海湾战争、科索沃战争以及车臣危机等政治事件背后都有着深层的文化原因。随着人们对文化重要性认识的不断提高，各国政府也认识到只有加强本国同其他国家的文化交流与往来，增强文化的相互补充、相互促进才是谋求自身发展和维护世界和平的正确途径，其外交政策也相应体现出尊重彼此的文化传统、加强文化交流的意图。当前美国就是以一硬一软两种权力构成其对外战略的支撑点：以“先发制人”战略打击“邪恶力量”，以“融合战略”改变中国、印度等转型中的大国；采取“参与扩展战略”，以经济、文化制度、价值观渗透扩展其主导的“自由、民主、市场”体系。[①] 从非国家行为体看，随着经济的发展，公民参政要求日益增强，国家决策的“大众化”趋势日益明显。[②] 公众的信仰、价值观、个人偏好作为文化的一种表现，影响着国家的决策与行为，成为决策者不可忽视的因素。各种国际性组织如国际红十字会、人权观察组织、奥林匹克组织、绿色和平组织等等以惊人的速度发展壮大，他们之间的频繁互访以及区域经济组织和跨国公司的飞速发展都给国际间的文化交流与融合提供了广泛的途径和纽带，为文化的世界性发展提供了广阔的舞台。

其次，网络成为文化世界化的崭新途径。当今人类社会正在经历一场全球性信息技术革命，加速迈向信息社会和“网络时代”。网络文化是物质文化、制度文化、观念文化的综合体。它变革了人们的文化价值观及信息观、交往观、时空观、等级观等，并产生了新的认知模式，促进了群体思想及行为规范的创新。网络文化将各民族的本土文化贯通起来，使世界日益成为一个紧密联系的整体，构建了一个“网络地球村”，强化了人类的心理认同感与文化认同感。同时网络文化的双向互动性推动了各文化领域之间的相互渗透和影响，促进了多元文化之间的交流、共享与融合。正如微软总裁比尔·盖茨所言：“信息高速公路将打破国界，并有可能推动一种世界文化的发展，或至少推动一种文化活

① 袁鹏：《“后后冷战时代观”的思考》，《现代国际关系》，2002 年第 10 期。

② 姚俭建：《信息网络时代与人的认识模式的演进》，《毛泽东邓小平理论研究》，2000 年第 5 期。

动、文化价值的共享。"① 网络文化使国际合作的规则与范围、国际间的相互依赖关系及国家行为方式发生变化：一方面，资源共享使信息跨越国界，市场日益公开化、竞争明朗化，生产、投资、销售等行为在世界范围展开，扩大了国际合作的范围和领域；另一方面，网络文化的互动性使国际间的相互依赖日益向深度和广度扩展。网络文化不仅加深了公司或企业间的依赖关系，而且增强了各国在相互交往中的依赖性。网络文化的产生拓宽了文化世界化发展的领域，为文化的世界化提供了更广阔的空间和更丰富多彩的途径，增强了各国间的相互依赖和达成共识的可能性。

最后，文化世界化的方式和途径日益多样化。文化世界化一般是通过政治关系、经济关系、家庭关系、地域关系等途径得以实现的，文化全球化进程中，文化世界化的方式和途径呈现多样化的特点，具体表现在大众文化不断趋同、同质文化融合的深化、异质文化融合的加强和文化世界化层次的深化上。

总之，文化的世界化指的是多元文化之间的相通性和可对话性。文化全球化是以实现文化多样性为轴心和目标，而文化的多元化应该包含着某种共同的全球文化的要素，使各种实体的多元性之间能够进行最低限度的沟通。当然这并不是要全然否定各种本土文化之间的差异性以及文化主体之间的非一致性，问题的关键在于认识非一致性的目的是为了平等对话、相互沟通，还是为了加深价值分歧、扩大身份差异。如果不同文化主体都过分地追求其文化本土化、地方化的本质性或本真性的绝对化标准，并将其作为文化全球化的唯一标准的话，那么不同文化主体之间就无法进行理性的对话与沟通，更无法达成共识，势必会引发严重的价值危机和对抗，甚至在某些时候会成为一些国家攫取自身利益的工具和采取暴力行动的合法性证明。所以，在承认文化差异性的基础上不断扩大不同文化之间的交流，从而促进文化向世界化的方向发展，也是全球化时代国际文化新秩序的客观要求。

---

① ［美］比尔·盖茨：《未来之路》，北京：北京大学出版社1998年版，第326页。

（三）文化多元化与文化世界化的辩证关系

文化多元化与世界化是文化全球化发展过程中的两种发展趋势，也正是文化发展多样性与统一性、个性与共性的具体表现。两者并不是矛盾的，而是统一于全球化的发展进程之中。

首先，多元文化的存在是文化世界化发展的前提，没有文化的多元化就不会有文化的世界化。多元文化的存在和相互交流，为文化的世界化提供了条件与可能。文化发展的世界化，是被世界各国普遍承认或接受的文化内容，是各民族文化中的普遍性与共同性。它既能体现人类的共同愿望，也能为世界不同民族的人们所接受与认可。因此，文化的多元化是世界化的基础，没有文化的多元化，就没有文化的世界化。

其次，文化世界化是文化多元化发展的保证。如前所述，文化世界化是各民族文化精华的汇聚，是各民族文化交流与融合的结果。如果各民族文化之间的交流与融合在某种程度上不能形成世界化，那么就可能导致文化之间的冲突，从而影响到其他民族文化的存在和正常发展，最终会威胁到文化多元化的存在与发展。

再次，文化世界化与文化多元化是统一的，“同”中有“异”，“异”中有“同”，二者共同构成文化全球化发展的客观状态。文化全球化的过程是一个多向发展的过程，在这个过程中，文化发展是个性张扬与整体合一的有机统一。在发展中，文化的多元化与文化的世界化两种实践是共存的、互动的，一方面，文化的多元化，尤其是传统文化的复兴运动，是对文化世界化的回应。由于外来文化的冲击，不同的民族为了突出民族特色，不被淹没于经济全球化的浪潮中，他们都纷纷举起了民族文化的旗帜，这就是“同”中有“异”；另一方面，民族文化的发展，与其说是传统的复兴，不如说是传统的再创造，在这个过程中，民族文化已经吸收了世界上其他文化中有利于自身发展的成分。正如学术界有的学者所言：“在外来文化被地方化的同时，地方文化也吸收了外来文化对自身有益的成分。”① 这正说明了文化多元化与文化世界化两种趋势的统一。

最后，文化世界化与文化多元化的地位又不是完全平等的。人类社会的理想目标是实现社会的“大同”，所以，文化的世界化是人类文化长期的发展方向。但对于目前来说，在很长一段时期内，全球化还不能改变一个国家和地区的国家性质与阶级性质。不同文化服务的对象仍然是不一致的，代表的阶级也是不一致的，各种文化仍将保持自己的本性。如同阶级社会中的文化一样，其中既有要求全体社会成员共同遵守的普遍性原则，又有代表统治阶级利益的文化规范，但代表统治阶级利益的文化规范是社会上的主流文化。目前，文化虽有向世界化发展的一面，但其民族性仍是其本性，具体到不同国家，反映本国经济利益与阶级要求的文化仍会是其主流文化。

三、全球化时代的文化融合

在全球化时代，多元文化之间的交流空前加强，在这种沟通和交流的过程中，文化融合的问题也逐渐浮现出来。深入探讨全球化时代的文化融合，是我们全面理解全球化时代国际文化新秩序的客观要求。

（一）文化融合的现实依据

关于文化融合，目前学术界还存在一定的争议，一般认为，文化融合具有狭义和广义两个层次的含义。从狭义来说，文化融合是指某几种具体的文化形态之间通过相互作用而形成新的文化形态；从广义来说，文化融合则是指人类文化的各种具体形态全部融入一个统一的整体之下，形成统一性的世界文化新形态。本文认为，文化融合是指各种不同

---

① 翁乃群：《经济全球化背景下的文化研究及其思考》，《中国社会科学文摘》，2000 年第 2 期。

文化在一定条件下通过相互交流、互动与冲突，不断吸收借鉴对方的优点和长处，从而不断向前发展的状态与过程。对于文化融合的理解，更侧重于是经过文化间的交流与互动过程，在这个过程中，各种文化自身都获得了发展，达到了新的状态。对于文化融合的追求，一直是人类文化发展的美好理想。但在文化发展的初期，异质文化之间的相互封闭与隔绝，使得不同文化形式之间根本没有交流，或者只是局部性的、偶尔的、片面的交流，在这种情况下，文化融合是根本不可能实现的。文化融合的实现需要一定的现实条件，只有具备相应的条件，文化融合的美好愿望才能转化为现实。

首先，需要社会生产力的巨大进步，这是文化融合实现的物质基础。物质文明的发展进步是人类文化融合得以实现的最根本的前提条件。正是资本主义生产方式的出现和全面展开，为人类社会的进步提供了现实的基础，促进了生产力的极大解放，才唤醒了人们在思想观念、文化意识、精神追求等等方面的自我意识，促成人们以自己的主动活动参与文化进程，文化融合就是这种参与的必然结果。

其次，不同地域文化之间交流加强，为文化融合提供了实践的舞台。文化的融合并不是一个主体意识自觉自愿进行的主观过程。只有在不同地域文化之间的相互交流、相互冲突和相互碰撞中，文化的融合作为一个客观的过程才有可能实现。正如英国跨文化传播专家理查德·D. 刘易斯所言："如果语言、地理和意识形态的因素使人遥远相隔，我们就永不能充分理解'他人'。"① 如果没有不同地域文化形式之间的激烈碰撞，文化的融合也是不可能真正实现的。

再次，人类文化本身的客观规律性也会导致文化融合。从最根本的意义上说，人类文化必然以追求自身的不断完善和进步作为发展自身的根本动力。这种完善和进步的要求，可以通过各种方式表现出来，而文化融合的实现，就是这种进取精神与全球化时代的社会发展和物质条件

---

① ［英］理查德·D. 刘易斯：《文化的冲突与共融》（第二版），关世杰等译，北京：新华出版社2002年，第362页。

的有机结合。在同其他文化形式的交流中，所有的文化形式都会学习到自己原来相对薄弱的东西，使自己的形式发生相应的变化，以适应时代发展的要求。所以，文化融合对于所有地域文化的发展来说，都是不能回避的客观过程。

最后，人类自我意识的不断增强，是文化融合的最根本保证。随着全球化进程的逐步深入，人类的自我意识观念在个体、群体和总体的不同层次全面展开。文化融合的实现，是人类文化自身在全球化时代通过各种具体文化形态之间的全方位、多层次的交流与互动而实现的“自我意识”。全球化时代的社会发展，使得文化融合作为人类文化发展的一般形式，具有了实现的可能性，最终体现为人对自身认识水平的提高和认识程度的加深。

（二）文化融合的价值标准

文化融合作为一种客观的结果与永不停息的追求，需要一种衡量其发展程度和水平的尺度与标准。从人类文化发展的客观进程来看，文化融合的发展程度，是与社会进步的程度密切联系在一起的。只有把社会进步作为衡量人类文化融合的最终标准，我们才能形成对人类文化融合的全面认识。

把社会进步作为衡量文化融合程度的根本尺度和重要标准，是建立在一定的客观现实基础之上的，具体来说，可以从以下几个方面理解：

首先，只有实现社会进步，人类文化的融合才能真正实现。人类文化对于社会进步发挥着积极的促进和推动作用。这种作用可以通过多种方式得到实现，文化融合就是在这些不同的方式之间的互动中实现着自己的发展。只有通过社会生产力的切实发展，我们才能推动社会不断进步，而社会进步是我们在未来社会实现文化融合的前提条件。

其次，只有推动社会进步，人类文化的融合才可以顺利进展。人类文化融合的过程，必须与社会的进步与发展紧密联系在一起，才能实现对人类文化形式的改造与更新，保持自己的持续发展。在人类历史上，曾经发生多次落后文化以“蛮族入侵”的方式实现对先进文化形态进行“强制融合”的事例，比如：古罗马文化的覆灭、我国历史上反复上演的少数民族占领“中原文化”等等。但是，社会发展的最终结果，不是这种落后的文化形态获得了更大的发展空间，而是这种文化形态最终被先进文化形态所同化。只有把文化融合与人类社会的进步视为相互联系的统一整体，才能为文化融合的发展奠定坚实的现实基础。

最后，只有促进社会进步，文化融合才具有积极的价值。文化的发展必须与人的发展密切联系在一起，文化融合作为人类文化发展的方式，也要体现这种要求，才能够成为对于人类社会而言有益的东西、有价值的东西，只有通过社会进步，文化的价值意义才能得到提升，文化对于人而言的作用才能得到彰显。没有社会进步，一切关于人类文化融合的美好愿望都只能是无法实现的空想。

（三）文化融合的基本特征

文化融合作为一种实践的活动和客观的结果，具有其独特的表现形式。认识和把握这些基本特征，是我们判断文化融合实现程度的主要方式。

首先，从内部结构看，文化融合实现的主要标志是其有机性。不管是一种文化形态征服其他文化形态，还是二者在相互影响和相互作用中形成新的文化形态，文化融合所形成的新文化必须在内部结构上保持一种有机的形式，其各个要素之间必须具有一种结构的协调性。只有这样，我们才能认为真正意义上的文化融合最终实现。这种有机的联系作为一种客观的过程，是人类文化发展到一定阶段的必然结果，是人类文化发展程度的重要体现。

其次，从对外关系看，文化融合实现的主要标志是其整体性。文化融合的突出表现，就是作为其组成部分的文化形式，在内容和形式上相互认同，对外表现出整体的一致性。对于人类文化的发展而言，只有在出现共同的文化内容以及对这一内容产生共同的认识时，文化融合才可能变为现实。换句话说，只有一致的文化内容及其认同，才能实现文化的共同发展和整体进步。判断文化融合是否实现，就必须从一种文化形式的整体性入手，一旦出现共同的文化内容，并且所有的文化主体均对此予以认可、接纳，那么，这种文化主体之间所共同表现出的文化趋同，就是文化融合得以实现的根本标志。

再次，从根本性质看，文化融合是对文化个性差异的否定。文化融合所要实现的，是彰显文化共同性。所以，实现文化融合的过程，就是解决文化冲突中存在的矛盾的过程。文化融合的实现，就是不同的文化主体在经过漫长的交流互动后通过各种表现方式发展成为一种新文化形态的主体。

最后，从未来趋势看，文化融合实现的主要标志是其理想性。文化融合作为人类文化发展的现实可能性，是人类社会发展的理想状态。因此，文化融合总是趋向完美体现人类文化要求的理想性。只有在发展了代表了人类文化发展的理想状态之后，文化融合所代表的人类社会状态才能实现。因此，文化融合具有完美和理想的根本性质，这也决定了在社会发展的进程中，文化融合的实现具有长期性和过程性，需要漫长的历程才有望能实现。

第五章　全球化时代主要大国的文化外交

信息革命、全球化时代的到来，为文化外交的发展提供了一个崭新的国际环境。从文化的角度研究国际关系和国家对外政策，不仅开拓了国际政治和对外政策的研究视野，而且有利于人们对错综复杂的国际关系进行深层次的探讨和揭示。本章主要探讨主要大国的文化外交。

一、美国的文化外交

“9·11”恐怖袭击的发生，使得国际环境发生了巨大的变化。美国政府调整战略重点，再次把文化外交作为征服别国的主要手段，达到不战而胜的目的。

（一）美国文化外交的思想根源

“文化是社会的灵魂”，文化是蕴藏在人类社会生活中的基本要素之一。故此，作为一种软权力，文化具有很强的辐射性和影响力。外交行为作为一种由特定人和人群实施的国家行为，从其内容到实现方式和手段都显示出行为者身上的独特的文化底蕴。美国学者约翰·洛弗尔·在提到文化对国际关系的影响时说道：“人是在文化的氛围中长大的，受到其中的基本价值观、风俗习惯和信仰的熏陶，那些在每个社会中握有政治权力的人易受到社会文化的影响，他们的行为与态度将有许多文化根源。此外，在每个民族国家，统治本身和外交政策的制定都是在一种文化背景中发生的。"① 由此可见，文化观念强烈地影响着国家领导人对政策问题的看法，在制定政策过程中，都会有意识或者无意识地以其文化观念作为选择坐标。这也就表明，文化是国家在国际关系海洋中航行的"导航仪"，国际领导人在处理对外关系时，会在很大程度上受制于他们所处的文化环境。另外，由于各国国家利益、社会制度、传统文化、历史观念的差异，不同国家的公民对国际政治的看法和估价也是不一样的。总之，文化因素进入现实政治领域的程度，"要比专攻国际关系和相关研究的许多人—当然不是所有的人—所承认的要大得多。也许可以再一次在不同程度上说，一切国际政治都是文化性的。"② 所以，文化与现实国际关系间的深刻相关性，使得我们相信文化外交作为外交体系的一部分，同样深受本国文化的影响。

文化作为一种本源性和导向性的要素，影响着美国外交行为的每一个环节和方面。迈克尔·H·亨特在《意识形态与美国外交政策》中指出，从意识形态的角度审视建国以来美国外交政策的历程，从与文化体系相关联的角度去理解它，忽视文化价值的作用会走入误区。在利益纵横交错的国际环境中，美国特有的文化为其国家领导阶层提供独特的道德伦理标准和价值取向。文化对美国文化外交的作用机理可以表述为"文化控制"。③ 正是此种运作机理的存在，虽然美国一直以来的外交风格因行为主体的不同而表现出各自的特征，但人们仍旧能辨认出肯尼迪、卡特、里根、布什均是典型的美国领导者，因为他们最终的价值趋

---

① 转引自潘小松《美国对华关系的文化因素》，载于《国际论坛》，2001 年 2 月，第三卷，第 1 期，第 27 页。

② 参照朱马杰《美国文化特征及其对外交行为的作用机理》，http: //www. xslx. com/htm/gjzl/zlps/2003 - 10 - 27 - 15159. htm.

③ 著名的文化人类学家克利福德·格尔茨在论述文化对人类进化的意义中提出的一个很有意义的概念—文化控制。他指出："我们的中枢神经系统—最重要的是大脑皮层—部分是在与文化的交互作用中成长起来的，因此没有有意义的符号体系提供的指导，它就不能指引我们的行为或组织我们的经验。""我们的思想、我们的价值、我们的行动，甚至我们的情感，象我们的神经系统自身一样，都是文化的产物。"这一概念的提出未我们提供了解读文化对外交行为作用的一种新思路.

向都是相同的。那么，到底是怎样的共同文化价值观多年来一直控制着美国的精英阶层甚至普罗大众呢？纵观美国的发展史，我们不难发现是“天赋使命观”促使不同的领导者最终指向一个目标，成为美国文化外交的文化动因。

“天赋使命观”即是美国文化的精髓所在，也是美国领导阶层奉若神灵的价值指向标。纵观美国的外交史，我们不难发现不论在建国初的孤立主义时期，还是在20世纪初的全球扩张主义时期，处处都存在“天赋使命观”的踪影。毫无置疑，作为美国人看待和了解世界的一种独特的方式，它是美国文化中最根深蒂固的一部分，自其出现以来，就一直是美国外交政策的出发点和归宿点。“天赋使命观”起源于北美殖民地时期，自第一批清教徒踏入美洲大陆起，就认为美国是“上帝指定的希望之乡”，代表着人类的美好未来。尤其当美国人民仅用二百多年，就把北美从一个荒凉的殖民地变成世界上最强大的国家时，“美国人从建国开始就坚信他们的命运是—以身作则地向世人传播自由和正义，把人类从罪恶之路引导到世间新的耶路撒冷”。同时，“天赋使命观”也是美国“例外论”和美国“至上论”产生的根源。在他们看来，美国是世界上最特殊的国度，美国的社会制度、生活方式和文化都是“独一无二”、“最优秀”的。“美国‘例外论’使美国人具有一种宗教使命感，自认为美国是一个理想的自由主义社会，是世界上所有国家的典范。”甚至美国前总统里根也认为自己的国家属于特殊的例外。在此种思想的影响下，美国开始了其全球扩张的策略。尤其二战后，美国人更坚信美国肩负起向全世界推广其优越的社会制度、民主、自由的价值观念的使命。“对某些美国领导人来说，这种使命感被解释为伦理和宗教的。因为我们的德操，我们被上帝挑选出来在公正和正义方面指导和教育其他民族。……我们有责任向地球上落后地区传播文明，甚至为了他们利益而统治野蛮和无知的民族。”①

---

① Edward Burns, The American Ideas of Mission, Concepts of National Parse and Destiny, Rutgers, University press, 1957, p. 6-7.

由此可见，“天赋使命观”是产生美国文化外交的动因之一。就美国的文化外交政策的本质而言，“天赋使命观”式的理想主义是美国人民和统治者的精神信仰在对外关系中的反映。它认为美国的道德原则和价值观念是放之四海而皆准的；美国应该致力于鼓励全球范围内的真正“自由”、“民主”，反对国际社会中存在的“专制理论”；美国应该善于运用自身的文化和信息优势，而非利用武力来解决国际社会中的可能存在的矛盾和冲突。正是这种理想主义色彩浓厚的价值观，促使文化外交的产生。因为其更符合向世界推广它的价值观和民主制度，建立新的社会制度和国际规范的理想主义需要。

于是，在对外关系中，“天赋使命观”成为美国一直实施着的文化外交政策的思想基础。美国对外决策者在制定文化外交政策时无不希望美国成为全世界的“耶路撒冷”。从华盛顿的“神圣之火”到威尔逊的“十四点计划”，从肯尼迪的“和平战略”到里根的“民主工程”等，美国领导者一直在追求给“世界树立一个自由与民主的榜样”，并把自由和民主传遍到世界各地。

此外，由于深受“天赋使命”观念的影响，美国的文化外交表现出强烈的扩张主义色彩。在某一程度上说，扩张主义是“理想主义”和“天赋使命观”的衍生物。在“天赋使命观”的掩盖下，“扩张”在美国人看来从来就不是一个贬义词。“扩张”是美国人乐善好施的体现，是美国人为拯救世人而做出的无私奉献。

可以说，在美国社会中，扩张的思想从来就未与进步和使命的概念相脱节。美国开展的文化外交所输出的文化价值观主要包括三方面的内容：资本主义、自由主义、大众文化。虽然，美国对外文化输出的主要目的都是要世界按美国的模式行事，要实现美国一统天下的局面。但在文化外交政策的润色下，美国的文化扩张并不是文化霸权和文化侵略，而是传播先进的社会制度和生活方式，帮助“落后”国家摆脱“专制”统治，步入美式的“民主自由”。布热津斯基在《大棋局》一书中指出：“当对美国的模仿遍及全世界时，它为美国行使间接的和似乎是经双方同意的霸权创造了一个更加适宜的环境。”①

（二）美国文化外交的利益动因

现实主义认为，国家利益是国家对外交往中的行动指南和行为准则，任何主权国家在制定和执行外交政策时都必须以本国的国家利益为根本出发点。这表明虽然在不同历史时期和不同地区，美国采用不同的文化外交政策，但文化外交作为美国主要外交战略，它始终受到美国国家利益的支配并最终服务于美国的国家利益。但是，在谋求实现国家利益时，文化外交与传统的外交方式有所不同，它有自身独特的方法和优势。尤其在当代，在大国间军事政治力量相互制衡的情况下，文化手段将成为越来越强大、也越来越重要的渗透工具。前美国国务卿鲍威尔曾说过，“没有它促进的相互了解和信任，美国外交就不可能成功地追求自己的战略目标，扩展各层次的深层接触，维护美国的全球利益。”显然，“如果一国能使它的权力在别人眼中是合法的，它的愿望就较少遇到抵抗；如果一个国家的文化和意识形态是有吸引力的，他人就会自动追随；如果一国能建立与它的内部社会相一致的国际规范，它就没有必要改变自己，如果一国能够支持一个国际制度，其他国家均愿意通过这个体制来协调他们的活动，它就没有必要使用代价高昂的硬权力。”②这正道出了文化外交的魅力所在。美国的领导者正是通过文化外交战略，以本国的信息、科技文化优势为依托，希望实现对他国公民和政府的“归化”（converted），最终达到实现和维护国家利益的目的。例如，美国在二战后，对德日所实施的民主改造。虽然表面上，美国是通过一系列的文化交流和输出政策，以改变德日的法西斯统治所遗留的思想。但实质上，美国的最终目的是以捍卫所谓的民主制度为由，试图从思想上打败共产主义，为实现全球美国化增添两个“新的生力军”。布热津

① ［美国］兹比格纽·布热津斯基著：中国国际问题研究所译：《大棋局》，北京：人民出版社1998年版，第36页。

② 王沪宁：《文化扩张与文化主权：对主权观念的挑战》，载于王缉思：《文明与国际政治》1995年12月第1版，第356页。

斯基在考察古罗马和英帝国何以统治如此宽广的版图时就指出，“当文化优越感成功地得到维护和悄悄地被认可后，它具有减少依赖巨大军事力量来维持帝国中心的力量的必要性的效果。”这也就意味着，文化外交是外交政策中最具“经济性”的，它在实现国家利益上可以达到“花小钱，办大事”的有效回报。

总之，当前美国政府期望能够通过文化外交的方式征服他国民众和决策者的心灵，期望当“对美国方式的模仿逐渐遍及全世界时”，它就会“为美国发挥行使间接的和似乎是经双方同意的霸权创造了一个更加适宜的环境”。[①] 那么，一旦美国的意识形态和价值标准成为世界楷模时，美国的统治阶层就无须为达到目的而动用军事手段或者政治、经济施压的方法，即可以大大降低来自外部世界的抵抗风险，也可以减少对外扩张的成本。正是由于文化外交的特殊魅力—通过自身的吸引力和感染力来引导目标自愿做你期待的事情，所以美国政府一直十分注意通过文化外交的方式来谋取其国家利益。由此可见，美国对外政策中的意识形态、认同以及国家利益结合在一起，推动了美国对外文化战略的形成和实施。

（三）美国文化外交的法律基础

美国政府开展的文化外交活动，其法律基础来自于两项重要法案。一是《1946 年富布赖特法案》，以及其以后更全面的《1961 年富布赖特——海斯法案》；二是 1948 年的《史密斯——蒙特法案》，正式名称《1948 年为美国信息与教育交流法案》（United States Information and Educational Exchange Act of 1948）.

1、富布赖特法案（Fulbright Act of 1946）

二战刚刚结束后，参议员 J · 威廉 · 富布赖特提出对《1944 年剩余物资法》进行修改，并提出一项议案，即把战时同盟国购买美国战争剩

---

① 布庆荣《冷战后美国的“价值观输出”，载于《内蒙古民族大学学报》，2005 年第 3 期，第 15 页。

余物资的债款转化为国际教育交流项目的经费。该法案虽然意在通过人员、知识和技能的交流，增进美国人民和他国人民之间的了解，减少相互之间的敌视。1946 年 8 月 1 日，法案经杜鲁门总统签署生效，由此具有世界影响和历史上规模最大的富布赖特计划（Fulbright Program）开始生效，它标志着美国政府直接介入国际教育文化交流领域，是二战后美国在国际上全面展开文化外交的一部分，为美国即将充当世界领袖建构文化和道德认同。

1961 年，根据前期的实践和现实需要，肯尼迪又签署了《教育与文化相互交流计划》（又称《1961 年富布赖特—海斯法案》）。该法案是一部更为完善的法案，自此其成为美国政府主导的文化与交流活动的基本文件。更为引人注意的是，该法案还规定了针对波兰、匈牙利、罗马尼亚等东欧国家的交流方案。

至今，富布赖特计划快要迎来六十五周年庆，统计数据显示，参加富布赖特计划的人数每年大约是五千人，已经参加过富布赖特计划的美国人超过八万人，外国人超过十四万人。①

2、《史密斯—蒙特法案》）（Smith – Mundt Act）

鉴于富布赖特项目仅限于教育交流活动，仅限于运用剩余物资，参议员 H · 亚历山大 · 史密斯和众议员卡尔 · 蒙特就提出一项立法议案，旨在要求国会有权推行全球性的一揽子信息项目和为富布赖特项目中的教育交流项目提供经费补充。由于冷战已经开始，美苏在各个领域展开全面争夺，为了对抗共产主义的文化宣传战，美国也不甘示弱。故此，《史密斯—蒙特法案》获得了多数议员的支持。此法案一方面与富布赖特法案相互补充，提升了美国政府在文化中的地位和作用；另一方面，它清楚区分了教育文件交流与信息项目。正因如此，它促成了教育交流办公室（Office of Educational Exchange）和国际传播办公室（Office of International Information）的产生。

① 美国驻华大使馆文化与教育交流处：中美富布赖特项目的历史回顾资料. http://usembassyChina. orb. cn/acee 八 ndexfhtml，2005 — 03 — 10。

显然，《史密斯—蒙特法案》的突出宗旨是推动其他国家更好地了解美国。然而，该法案虽然授权新闻社等几个可以向国外传播有关美国政策的信息，却禁止这些由美国政府发布，提供给国外民众和政府的信息在国内传播。

以上法案的存在，为美国发展文化外交政策提供了基本的“规则”，之后的其他具体法规多是在《史密斯—蒙特法案》和《富布赖特法案》的基础上，为适应时代的发展所做的延伸和补充。总之，随着时代的不断发展，规范文化外交的法律规则体系将不断得到扩充、完善。

（四）美国文化外交的相关机构和活动方式

自建国以来，推行美国文化外交的机构随着时代的不断变迁也发生了较大的改变，但是到目前为至，美国国务院始终是其文化外交的最高领导机构，也是美国文化外交活动项目的管理者、政策制定者。在美国的行政体系内外，以文化外交为责任，或者涉及文化外交内容的机构众多，包括：美国新闻署、和平队、对外关系协会以及大量的学术研究和基金会组织等等。所有这些机构相互交织，形成了强大的互动网络体系，为美国文化外交的开展提供了有效的物质和智力支持。

1、美国文化外交的主要相关机构

众所周知，美国是世界大国中唯一没有成立文化部门的国家，所有参与文化外交政策的部分散见于若干政府或非政府机构当中。因此，参与制定和实施美国文化外交政策的机构繁多，既包括政府部门和公共机构，也包括大量的私人组织和科研机构。它们相互协调和合作，多层次、多渠道地为推广美国文化和传递美国政府的信息而服务。

（1）美国国务院教育和文化事务局

国务院是美国文化外交政策机构的关键组成部分。它对文化政策的制定和执行起着核心作用。在美国国务院的组织机构中，文化事务从属于“公关外交和公共事务”部门，该部门下设三大主要机构：公共事务局、教育和文化事务局、国际信息项目局，由一位副国务卿统一管理。而其中教育和文化事务局是国务院内主管文化事务的部门。它负责协调全国范围内的文化事务，其主要职能是："通过教育和培训项目、个人与组织之间的联系以及向国外受众展示美国历史、社会、文化和艺术，促进美国和其他国家的双边理解。"该部门通过运作多项大型文化和教育项目来达到这一目标。其中广为大家所熟悉的包括：富布赖特项目、英语教育项目、教育伙伴项目、国际访问学者等等。

（2）支持各种私人机构

在20世纪早期，即美国文化外交政策成型之前，美国向外推广价值观和对外文化交流活动一直是由牧师和私人机构进行的。至今，这种非政府组织依然在美国的文化外交政策中扮演着重要的角色。美国政府通过各种各样的非政府机构向他国的民主人士或者教育、司法、行政等机构提供物质和智力的支持。这是美国政府开展文化外交的一种重要形式，也是美国输出其民主思想的重要渠道。

基金会组织是美国政府支持非政府组织所采用的主要形式，其中比较著名的有：亚洲基金会、福特基金会、全国民众基金会等等。这些基金会在政府或非政府的专项资金的支持下，通过社会和社区建设、发展，教育、媒体、艺术与文化等领域的交流项目，推广美国的文化和价值观。卡耐基基金会的宗旨是：增进和传播知识，并促进美国与曾经是英联邦海外成员的某些国家之间的了解。福特基金会的宗旨是：加强民主价值，减少贫困和不公正，促进国际合作，促进人类的法发展。洛克菲勒基金会的宗旨是：促进知识的获得和传播，预防和缓解痛苦，促进一切使人类进步的因素，以此来造福美国和各国人民，推进文明。

从上述基金会的宗旨中，我们不难发现美国政府通过间接的手段向他国的教育、知识和舆论界等机构的活动及其政治选举活动提供支持以便达到向这些国家输出美国文化价值观、民主制度和自由市场经济制度的目的。同时，在这些基金会资助下的国际教育项目一直都是美国文化外交关注的重点所在。值得一提的是，美国政府还特别重视对思想库的支持，通过他们所开展的科研活动和项目，为美国文化外交政策的走向提供多方面的专业意见。例如："9·11"后，外交关系协会在政府资金的资助下对美国的文化外交进行了全方位的检视，为美国如何有效地推销其对外政策，并更好地促进“跨文化交流”提出建议。同时，该协会更是在外交界拥有卓越声誉的《外交》杂志的创办者。正由于思想库拥有美国各界具有重要影响力的人士，故此，它在美国外交活动中发挥着巨大的影响力。

（3）美国新闻署（United States Information Agency，USIA）

毫无置疑，美国新闻署的出现扩大了美国对外交流活动的范围，加强了对外教育和文化活动的灵活性，是美国对外教育、文化交流活动走向成熟的一个标志。美国新闻署于 1999 年并入国务院，不再是联邦政府的一个独立机构。

1953 年 8 月，为了更好地适应美国外交政策的需要，整合政府原有的海外交流和宣传项目，艾森豪威尔总统批准设立美国新闻署，美国之音电台归新闻署。1978 年，在卡特任内，美国新闻署又经历了一次机构改革。国务院的教育和文化事务局（Bureau of Educational and Cultural Affairs）与新闻署合并，成立美国新闻交流署（United States International Communication Agency，USICA），1982 年，里根总统为了加强美国对外文化交交流的力度，恢复了美国新闻署这一旧称。1999 年 10 月，新闻署并入国务院。

从以下美国新闻署公布的任务说明中，我们可以了解到新闻署在对外交流上所起到的作用。

1、使用符合异国文化背景的可靠措辞解释并宣扬美国政策；

2、提供关于美国人民、价值观和制度的信息；

3、通过人员交换和思想交流建立持久的关系和相互理解：

4、就国外民众的态度，及其对于美国政策的含义向决策层提出建议。

由此可见，美国新闻署并不是一般意义上的新闻机构，而是为了完成文化外交任务而设立的行政管理机构。正如其训条所言：向世界讲述美国（telling America’s story to the world）。

（4）全球传播办公室（Office of Global Communications，OGC）

布什政府创立于 2002 年，隶属于总统行政办公室，其主要责任是：

对抗宣传和虚假信息，协助政府向受众提供关于美国的正面新闻等等；其主旨是：为布什政府及其战争进行全球公共活动，消除美国在世界上傲慢自大的形象。

该办公室每天均向大使馆以及相关单位发送《全球信使》（GlobalMessenger）的邮件，提供政府关于重要国际问题的基本口径。尽管美国政府声称，办公室所提供的均为真实信息。但是，外界对此多抱怀疑态度，认为它不过是白宫的“喉舌”之一。

（5）和平队（Peace Corps）

和平队是美国政府开展文化外交的重要工具之一，也是美国文化外交的重要构成部分。它由美国建立的、具有半独立性的国际性志愿工作的机构。和平队以美国青年为主力，以发展中国家为对象，对当地民众进行援助，以提高其生活水平。它的主要目标是：帮助所在国培训技术人员；促进派驻国人民更好地了解美国：促进美国人更好地了解派驻国人民。

和平队是美国在与苏联争夺第三世界的发展模式和道路过程中为重塑美国国际形象而建立起来的一个机构。“9·11”后，出于反恐战略的考虑，布什政府加大资金投入。目前，共有168000多美国人在和平队中服务。故此，和平队为增进美国和其他国家的友谊做出了巨大的贡献。

（6）广播管理委员会（Broadcasting Board of Governors）

国际广播是美国文化外交的主要支柱。由于美国是当前信息革命的领头羊，所以有效地利用现代大众媒体是其外交政策的特色。

广播管理委员会是美国政府所设立的独立机构，负责管理所有美国政府，以及由政府资助的非军事用途的国际广播活动，包括：美国之音、自由欧洲自由电台、自由亚洲电台等等。“它不同于直接而僵硬的政治宣传，而是采用间接和渐进的方式，去塑造社会意识。”美国政府正是利用现代文化外交和媒体复合力量去实现其国家利益。

（五）美国文化外交的主要活动形式

从广义上说，美国文化外交的活动方式多种多样，主要有国际信息项目、国际文化交流项目两大类。其根据时期的不同，对象国的不同，会侧重采用不同的活动形式，但总的说来，国际传播活动、教育与文化交流活动、对外援助项目和文化产品的输出构成了美国文化外交活动的主要支柱。

1、国际传播

美国的领导层一早就认识到，“媒介已经成为我们所在时代的新兴权力中心，它拥有庞大的经济力量和意识形态塑造力量，深刻地影响着大众头脑中的世界图景”。故此，借助一切通信技术手段，声色并茂地向他国传递本国的政策和价值观已经成为美国文化外交政策中不可或缺的一部分。

美国文化外交的国际传播活动包括两种形式。一是采取组织传播的形式；二是采取大众传播的形式。前者是指在某特定群体内进行的信息传播活动。后者在文化外交中具有特殊的意义。因为，不论在发达或是贫困国家，媒体已成为人们日常生活不可缺少的一部分，它存在于几乎一切社会的角落中。故此，作为一只“无形的手”，它在维系表面的“客观”、“公正”的同时，也为他国民众认同美国的对外政策披上一件很好的外衣，也成为文化外交最主要的日常内容。

2、教育与文化交流

教育与文化交流一直是文化外交活动的重点所在。通过教育领域的文化外交活动，美国一方面向外部世界显示其强大的科研实力，另一方面又让他国的知识精英于潜移默化中接受了美国文化价值观，为美国向外输出民主打开了方便之门。对此，美国著名的国际文化交流专家伦纳德·R·沙斯曼总结道，“文化交流，然后政治变化，是经过很多年在这些国家社会中发生作用的”，“我们无法弄清楚文化在其中究竟起了多大作用，但我们深信它是其中一个因素”。因此，多年来，美国政策决定者一直致力于利用多种教育交流的项目达到美国对外扩张文化价值观和自由市场制度的目的。就当前看来，美国的教育与文化交流活动主要有以下几种：

（1）富布赖特项目。资助对象主要包括教师、作家、学者、文化精英和学术团体人员，通过合作研究、学术讨论等，促进“美国学”在世界的发展。

（2）国际访问学者。资助对象一般是他国政府未来的领导者，其根本目的是让访问学者亲历美国生活，体验美国的文化价值观念，了解美国的社会政治制度，从而了解或认同美国的民主制度。

（3）国际青年访问项目。

（4）美国研究项目。为国外大型、研究机构从事美国历史文化的研究项目提供支持。

（5）图书项目。是美国历史较为久远的对外宣传和文化交流项目。

（6）艺术演出。

（7）英语教学。

此外，美国还有大量的民间交流项目以促进民间友好往来，它们和各种官方的交流活动结合在一起，为对外宣传美国的政治、经济和文化做出了极大的贡献。值得注意的是，美国的文化交流项目并不是着眼于短期的利益，它最重要的功效是潜移默化的效果，服务于美国的长远战略目标。

3、对外援助

国际开发署和和平队是美国进行对外援助的主要机构。它们不仅向派驻国提供物质和资金等方面的援助，同时也承担着发挥美国外交“软实力”的使命。不可否认，美国的对外援助对广大发展中国家的社会、经济和文化发展具有一定的推动作用。正是由于此，援助队传播的美国价值观、大众文化及社会发展模式更容易为受援国接受。可以说，对外援助是一项意义深远的“美国形象工程”。

4、文化产品的输出

经济的全球化不是孤立的，它在政治、文化领域中产生的效应也非常显著。随着国际贸易的不断发展，美国凭借其在经济和技术方面拥有的绝对优势，为其文化产品向全球扩张提供了物质基础，也为美国政府更隐蔽地实施其文化外交战略提供又一便捷、有效的途径。对美国政府来说，通过培植文化产业的发展，例如在全球播放美国的电影、连续剧和美国式的新闻具有重要的战略意义，所以这些文化产品都是根据美国“感情”制作的，是按照美国看待世界的方法来影响和教育世人的世界观。此外，各式各样的日常消费品（例如：麦当劳、可口可乐等），无不渗透着美国的消费文化和生活方式。从另一个角度看，美国的跨国公司在赚取钱财的同时，也大大地丰富了美国文化外交的手段，而且使得美国政府能在更隐蔽的方式下推广美国的价值体系。毫无置疑，通过文化产品的渠道，美国的文化外交的指向对象由知识精英逐渐转向社会大众，对受众国形成一股强大的包围力量，大大增强了文化外交对目标国的冲击力。

（六）美国文化外交的历史发展

纵观美国的外交史，我们可以发现其文化外交根源可以追溯至二百多年前，是伴随着美国国力的不断强盛，以及逐步广泛而深入地参与国际事务而发展起来的。开始阶段，美国展开的对外宣传活动主要针对法国和欧洲公众，希望获取他们对北美人们自由、民主事业的支持。到19世纪末，伴随扩张海外殖民地的需要，美国掀起了海外传教的热潮。但从总体上看来，由于美国国力的限制和“孤立主义”思想的影响，美国早期的文化外交的力度和规模都非常有限。

直到二战爆发后，美国的文化外交战略才走向成熟，成为美国对外政策中不可忽视的组成部分，受到历届政府的重视。毫无置疑，1942年秋，耶鲁大学的拉尔夫·特纳（Larf Turner）为美国国务院所提供的对外文化工作的政策纲要对美国的文化外交战略实施具有划时代的意义。拉尔夫·特纳不仅提出了“文化外交”的新概念，更为战后美国的对外文化战略提供了理论基础和指导方针。但在大战期间，美国推行文化外交的主要目的还是要瓦解敌军的士气、鼓动人们赢取战争。艾森豪威尔将军也认为，“口头语言和书面文字在削弱敌人抵抗意志方面是一个重要因素。”

二战结束，冷战接踵而来，为了加强意识形态领域与苏联的对抗，美国政府开展了新一轮的更全面、规模更庞大的教育和文化交流活动。

美国领导层普遍认为，“布尔什维克主要是思想上的侵略，你不能靠军队击败思想”。故此，文化外交成为冷战期间的进攻性战略武器，更一度被美国政府自诩为非常有效的“军火库”。其中新闻署、富布赖特、美国之音、自由之声以及欧洲自由之声等可以说是美国文化外交史的成功典范。例如，1949－1989 年接受富布赖特项目资助的人多达 11 万，美国之音在苏联和东欧国家的听众人数也高达 2250 万。正是这些信息和文化交流活动的存在，促使了资本主义民主阵营的巩固和苏东共产主义意识形态的消解，从而大大拓展了美国的国家利益。至今，很多学者仍认为，美国“赢得冷战胜利，不是因为军事强大或因为外交官的技艺高超，而是凭借美国制度赖以为基础的民主思想的力量，是以这种民主思想对社会主义国家进行意识形态的宣传、感染和渗透的结果”。

此外，值得注意的是，美国除了有意识地利用文化交流项目传播其价值观外，更利用对外援助和经济贸易等载体，进行思想传播。例如，马歇尔计划就是美国政府提出“以经济为诱饵来引诱东欧国家脱离社会主义道路”。从肯尼迪时期起，美国就提出要利用资本和技术，扩大同社会主义国家的贸易，新闻方面的经常性交流等等。美国人坚信，“世界上还没有哪个国家发现一种办法，既进口世界的产品和技术，又能够把国外的思想阻挡在国界外”。故此，贸易往来成了美国政府进行“文化输出”的有效途径。另外，美国政府在实施文化外交战略时，不仅注重政治思想和制度的输出，也跟注重生活方式和社会制度的输出。通过各种各样的文化产品，例如，大量的好莱坞电影、图书、艺术品等等，和大众传播工具，大肆渲染美国式“自由”及个人生活方式的美好。

冷战结束后，由于国际关系出现了的深刻变化，文化外交在美国对外战略中处于急剧调整时期并进入低潮期。但从总体上看，美国政府并没有因冷战结束而放弃文化外交活动。同时，由于美国拥有国家商业和信息网络的优势，故此它能充分利用当代通讯技术和国际互联网来“推销”自己，使得美国可以在更大的范围内自由地推行文化外交战略。然而“9·11 事件”的发生，再次改变了美国人对文化外交的认识。华盛顿在反思的同时，又开始了新一轮的对外信息与文化宣传活动，以扭转世界各地的“反美主义”情绪，重塑美国的国际形象。不过，不难发现，当前布什政府文化外交的焦点将对准中东和伊斯兰国家。

综上所述，我们发现美国的文化外交战略具有以下特点：首先，美国的文化外交具有多样性和多元化的特征。从文化外交的表现形式、手段到其蕴含的内容无不显示出这一特点。以其手段为例，从富布赖特项目到国际青年交流倡议，从新闻、图书到好莱坞电视、电影，从国际广播到互联网，都体现了美国为实现“文化帝国”已到了无所不用其极的地步。其次，美国从来就缺乏一贯稳定的整体的文化战略。美国政府只有在“危机”来临的时候才积极介入和资助其文化外交计划。例如，冷战后，华盛顿就认为其处于外来威胁较低时期，比较少关注和资助文化外交。而“9·11”事件后，出于安全方面的考虑，“文化外交”再次成为社会各界关注的焦点，也成为拯救美国在伊斯兰世界形象的“救星”。再次，美国的文化外交始终与其经济战略密不可分。美国的贸易代表甚至直截了当地说：“WTO 是一种最有效的工具，可以把美国的价值观带给仍在黑暗中摸索的世界。”

在此，贸易不仅是创造财富的工具，更是把美国的思想和理念渗透到世界各地的主要渠道。美国长久以来都把贸易、投资和民主、人权相挂钩，动辄以最惠国待遇、经济制裁等相要挟。这也决定了美国的推销方式是粗俗而急躁的，是一种单向的强制灌输。最后，美国的文化外交政策与其公共外交手段是紧密相连的。可以说，公共外交是文化外交的有益补充。文化外交的本质是“推销真相”而且必须是“软推销”。这与公共外交的作用—利用大众媒体和民意调查等对美国的政策进行包装和宣传相一致。因此可见，美国的文化外交和公共外交机器配合共同发挥作用的。

二、英国的文化外交

英国是较早进行文化外交的国家。英国的文化外交经历了均势外交下的文化外交，“三环外交”下的文化外交，再到布莱尔政府文化外交的新模式，英国的文化外交注重准官方组织出而实施，文化外交体制松散而灵活；注重开展公共外交主题系列活动；注重与其他部门合作，形成合力；注重创意外交，从而塑造英国新形象。英国文化协会是执行英国文化外交的核心机构。英国长期以来的对华文化外交活动是一个合作双赢的过程。当前中国的文化外交应借鉴英国经验，文化外交的职权和管理需适当集中，对文化外交机构进行适当改革；充分发挥非政府组织的作用；实施以孔子学院为核心的国家汉语战略，从战略角度发展对外文化贸易，使文化外交成为塑造中国国际形象，促进中国和平发展的重要推动力量。

（一）英国文化外交的机构与管理体制

英国的文化外交机构从建立之初，就与国内文化管理部门分立，直属外交部管理，其政策制定和经费来源也大部分来自外交部。英国的文化外交部门既相互联系，又分土自责，各具独立的运作机制。英国的文化外交机构主要有三个部门：

1、外交与联邦事务部（Foreign&Commonwealth Office）

外交与联邦事务部是英国文化外交的领导机构，负责统一协调英国文化协会、英国艺术来访署等文化外交机构的文化外交活动。外交与联邦事务部的对外文化司负责制定英国政府对外文化政策和英国对外文化交流的拨款工作。外交与联邦事务部的公共外交及海外工作是为促进海外公众队英国外交政策的理解和展示英国的形象。外交与联邦事务部对文化外交工作的拨款主要集中在信息和访问服务、奖学金计划、英国广播公司、英国文化协会等四个领域。① 对外文化关系司通过开展广泛的文化和教育活动以促进英国的海外利益。该司的工作职责包括：“协调外交与联邦事务部与英国文化协会的关系，制定预算和监督英国文化协会对拨款的使用：管理外交与联邦事务部的奖学金项目，处理广泛的双

① 范中汇著：《英国文化》，北京：文化艺术出版社，2003年1月第1版，第98页。

边的或多边的国际文化关系。”

2、英国文化协会（British Council）

英国文化协会成立于 1934 年，原称英国对外关系委员会（British Committee forRelations with Other Countries），1936 年启用现名。经过七十五年的发展，英国文化协会已经成为英国与国外发展文化关系和对外开展文化外交的重要半官方机构，在全球一百一十个国家和地区拥有分支机构，为英国总体外交及对外援助的重要组成部分。英国文化协会是一个政策性非常强的机构，其工作重点及使用资金和援助的方向完全取决于英国外交政策。该协会对外宣称其为一个慈善性组织，接受政府拨款但完全独立运行。① 该协会的宗旨是扩大英国在海外的影响：增进对英国和英语的广泛了解，鼓励英国与世界各国开展文化、科学、技术和教育合作。

3、英国艺术来访署（Visiting Arts organization）

英国艺术来访署是独立运营的、山英格兰艺术委员会、苏格兰艺术委员会、威尔士艺术委员会、北爱尔兰艺术委员会、手工艺术委员会、外交与联邦事务部和英国文化协会合资建立的机构。J，该署的宗 VH 为推动和促进外国艺术在英格兰、苏格兰、威尔士和北爱尔兰的介绍，使外国的艺术能够为发展文化关系，增进文化意识和促进互利的国际艺术联系做出贡献。该署的工作分为五部分：

一、咨询服务：设计外国艺术在英国发展的战略：向外国提供其在英国举办艺术节的可行性指导。二、顾问服务：向项目承办者提出有关引进国外艺术的事先策划。三、出版出版物：每年出版三期《来访艺术》期刊，介绍正在或将要上演和展出的外国艺术演出及向演出商、经纪人、新闻媒体等推荐外国艺术项目：出版国别实用手册，包括各国艺术组织的名称、地址、电话和传真号码。四、开展培训：组织外国驻英文化官员参观英国文化设施，介绍英国的艺术状况和管理经验。五、资

① 茅晓篙：《英国文化委员会》，载《国际资料信息》，2005 年第 8 期，第 33 页。

助：为艺术来访署所侧重领域的具体研究课题提供资助。”①

山此可见，英国的文化外交以英国与联邦事务部统一领导，英国文化协会、英国艺术来访署为主体，体制松散而灵活。英国政府每年都进行大量的国家文化交流项目，但政府只起制定政策和监督项目实施的作用，项目的具体实施往往交给英国文化协会、英国广播公司、“志奋领”奖学金等准官方组织负责。英国大多数国家的还是地方的文化机构，都采取自负盈亏、自主经营的运营方式，有相当数量的机构能够为政府创收。英国在文化管理上已经形成了纯熟的管理体系，能够联合国家各相关部门，形成大文化外交管理机制。

（二）英国文化外交的发展历程

第一次世界大战之后，英国的国际地位有所下降，尤其是二战以来，英国的国际地位进一步下降。英国领导人不愿意眼睁睁地为大英帝国送葬，都在努力通过各种方式维护英国的世界大国地位。从 20 世纪 20 年代开始，英国文化外交发物，通过长时间的努力，英国建立了一系列文化外交机构，推出了大量的文化交流、以及教育资助等文化外交项目。根据英国外交重点的变化，将英国文化外交发展历程分为三个阶段。

1、文化外交体系的初步建立

在处理国际关系的长期实践中，“均势原理”是英国外交理念的核心，英国外交坚持“没有永久的敌人，没有永久的朋友，只有永恒的英帝国利益”这一原则，长期奉行欧洲“均势政策”，强调维持欧洲大陆的均势，反对任何大国谋求欧洲大陆霸权。② 20 世纪 20 年代开始的文化外交也是均势外交在对外文化政策方面的表现。此时的英国文化外交还处于初级阶段，政府决策者对其的重视程度不够，只把他当成对外文化政策的一部分。文化外交的手段和目标都比较简单，是系统的执行机

① 范中汇著：《英国文化》，北京：文化艺术出版社，2003 年 1 月第 1 版，第 102 页。

② 盛红牛著：《英国政治发展与刈一外政策》，北京：世界知识出版社，2008 年版，第 144 页。

构和完善的外交体系的形成期。

这一时期的英国为维护“日不落帝国”的地位，其文化外交的重点是前殖民地国家。1920 年英国成立了一个“英国海外共同体外事办公委员会”，制定了系统的对外文化政策，内容包括保障海外英国人子女接受英式教育，组建“英语联盟”，加强英语图书的出口等。只可惜英国政府内部其他部门未将文化外交提到战略高度，对其效果持怀疑态度。这一计划最后被财政部以投入太高风险太大而予以否定。从 1923 年开始，英国草拟了一项关于非洲殖民地和埃及的教育政策，在一些拉丁美洲国家创办学校，文化外交在英国缓慢起步。英国文化外交真正发展起来是20 世纪30 年代以后。1927 年，英国政府将广播公司改组为公营公司，向英国广播公司提供了大量政府公共资金，英国广播公司的业务范围迅速扩展到全球。英国广播公司于 1932 年设立对外广播节目，通过几年努力，其报告称“英国广播公司的国际广播使英国民族的生活和思想在国外得到广泛的了解”。① 为了协调官方和非官方的对外文化活动，英国政府于 1934 年成立了“不列颠对外关系委员会”，1940 年，委员会名字更改为“英国委员会”，成为专门负责对外文化交流的非官方组织，负责统一协调英国各高等院校和相关基金会的对外文化项目，承担培训英语语言教师和提供留学服务的任务。到二战结束以前英国文化外交的主要组织——英国广播公司和英国文化协会的对外信息传播和对外文化交流活动已经步入了稳定发展的轨道，英国文化外交形态基本确定了，即在英国外交部门的领导下，以准官方的非政府组织为主体，由英国文化协会统一协调，英国广播公司等文化产业单位积极配合的文化外交体制。

2、三环外交下的文化外交

二战结束以后，英国退居二流国家。为了继续保持英国的世界大国地位，丘吉尔提出了“三环外交”的外交总方针。1948 年 10 月 9 日，丘吉尔在保守党兰达诺年会上发表演说时提出了“三环”的概念，认

① 温飚:《英国广播公司的改革之路》，载《视听界》2004 年第 5 期，第 32 页。

为英国的大国地位依赖于在英联邦国家、美国等英语世界国家和联合起来的欧洲中处于链接地位。[①] 二战结束以来，包括布莱尔工党政府的“枢纽外交”，都是在不同程度上贯彻实行“三环外交”的思路。1933年，英国政府公布的《创造性的未来》国家文化发展战略中明确指出：英国文化外交的重点是欧共体国家，目标是在交流与合作中增进世界对英国的广泛了解，扩大英国在海外的影响。同样，作为英国外交的一部分，文化外交所执行的也是三环外交下的“文化三环外交”，即以文化纽带维系英联邦，在加拿大、美国等英语世界强化文化影响，在联合的欧洲展示其历史文化特色。

在英联邦中，加拿大、澳大利亚、新西兰和南非是“老”英联邦国家，这些国家居住着大量的白人移民，他们对于母国英国有着一种割舍不断的“大英帝国情结”。英国文化协会在这些国家的活动对这些国家的居民保持对英国的好感和忠诚度起到了不可替代的作用。英国文化外交的重点是英联邦国家。在英联邦国家，英国文化外交的主要内容是技术援助、“海外英语教学”和“援助联邦英语”等计划。主要实施机构是英国文化协会等诸多机构。在英国外交部的大力支持下，英国广播公司的海外英语节目也是英国文化外交的内容。“像尼日利亚等国家没有因为政治独立而降低英语的社会和官方地位，英语在当地的官方语言、教育及图书出版中仍然保持着强有力的竞争优势。”

英国对美国和加拿大文化外交更看重展示现代化英国，着力向美国展示英国充满活力的形象。“通过影响美国来影响世界”被认为是第二次世界大战后英国外交思想的一个重要原则。英国将美国作为他的最亲密的伙伴。英美特殊关系是英国三环外交中的重要一环。英国文化协会设立在美国。在美国，英国文化外交的重点是“开展教育、科学、技术领域的交流，特别是在能源、环保和生物健康等高科技领域的交流”。特别是在美国人眼里，英国被看作是欧洲老人。英国对他们不过是“悠

① 赵怀普：《英国与欧洲一体化》，北京：世界知识出版社，2004年版，第29页。

长的教堂钟声、长满青藤的古堡，英国只不过是一个老古董”[①]。因此，英国对美国的文化外交更看重展示现代化英国，注重牛津大学、剑桥大学等大学发挥重要作用，引导各种基金会加入文化交流团队，着力向美国展示英国充满活力的形象。在联合起来的欧洲国家，英国文化外交注重“建立在校际交流和文化产业的展览展示。英国文化协会专门设有支持艺术交流方而的款项，同时向社会各界争取捐款等其他资金保证。”英国在欧洲国家的文化外交，使其他欧洲国家更加了解英国的文化，扩大了英国教育、出版等文化产业在欧洲的影响力，推动了欧洲各国文化的交流和发展，对强化欧洲认同、推动欧洲一体化也有积极的作用。这都有助于英国在欧洲保持一定的“政治存在”，保持政治优势。

3、布莱尔政府文化外交的新模式：公共外交

“公共外交”这一概念是在2003年山英国公共外交战略委员会第一次提出。[②] 该委员会认为，“语言、教育、新闻传媒都是文化的组成因素，其目的是为了改变他国国民对英国的印象和看法”。公共外交可以看做是实现文化外交的一种途径和手段，属于文化外交的范畴。英国这一时期的文化外交的目标是建立对英国的创造性和和技术革新的正确评价，提高国际上对英国提供学习机会的范围和质量的承认度，加强国际教育合作，促进对英国民主价值观和程序的认知，为强化善治和人权状况进行双边合作。在2004年至2005年期间，英国广播公司和英国文化协会获得的资助多达3．52亿英镑。[③] 巨额的财政支出表明英国政府对这两个机构和公共外交十分重视。

---

① David Dimmleby&David Reynolds，“An Ocean Apart. The Relationship Century”，New York：1988，pp. 318－321.

② Public Diplomacy Strategy BoardTerms of Referenceas agreed in 2002see www. fco. gov. uk.

③ See：BBC Annual REVIEW 2004/05，financial Statements，p. 37，available at www. bbc. co. uk/worldservice；BritishCouncil，“Making a World of Difference”，Annual R eport and accounts 2005－05，December 2005，p. 65，available atwww. bitishcouncil. org；Public Diplomacy Review，15 December 2005，p. 17，para. 51. 4.

三、法国的文化外交

法国是最早有意识地将文化手段付诸外交目的的国家之一，也是最重视、最善于开展和运用文化外交并形成了显著特点的一个国家。这里将对法国文化外交的历史演变、主要特点和政策具体做一个系统的阐释，以期通过这一个案来展示当代西方国家在外交实践中打“文化”牌、利用“文化”软实力优势扩大自身影响、谋求国家利益的战略意图。

（一）法国文化外交的历史演变

1、历史遗产

法国对文化外交的大力运用是在一战以后，但是，法国有悠久的将文化服务于外交的传统。历史上，法国一贯重视文化的作用，认为文化与法国的国家形象密切相关，是法国在国际舞台上的一块金字招牌。如“太阳工”路易十四就曾用重金奖励文人，使他们致力于“使国工崇高，使工国荣耀”的活动。而且历史证明，在树立法国的威望方面，“太阳工”的文化扶持比他发动的战争更加有效。法国还有意识地将文化和外交活动联系起来，将文化名人视作法国的名片而委以外交重任，如16世纪著名诗人杜贝莱曾被任命为驻罗马大使；18世纪，卢梭迁驻维也纳大使；19世纪，著名诗人夏多布里昂任驻伦敦和罗马大使，随后又出迁外交部长；同一世纪，著名诗人拉马丁也曾被委以相同职务。文人外交官成为18、19世纪法国外交的一大特色。

19世纪末，欧洲列强在非洲、近东和远东等地区开始了争夺势力范围的激烈角逐。除尖船厉炮外，输出文化在上述地区的精英阶层中培养亲已势力也成为角逐的筹码。在这一背景下，法国的对外文化活动拉开了序幕：宗教团体首先登场，四处办学，教授法语。到1939年，已在全球建立千余所法语学校；民间机构紧随其后：1883年，法国诞生了一所非盈利的私人文化宣传机构——法语联盟（Alliance Francaise），其成立有着非常明确的目的，即在宗教和官方机构出于政治原因而无法进入的地区传播法国语言文化。这些最初的对外文化行动虽非官方发起，但国家站在幕后，提供了鼎力支持，有着明确的政治目的—通过文化渗透争夺势力范围。

20 世纪以后，法国政府开始更为直接地插手对外文化事务：1909 年，法国外交部建立了一个国外法语学校与著作办公室，用以协调日渐增多的对外文化活动。一战的爆发凸显了宣传的重要性——“宣传”可以起到争取中立国或盟国的精英阶层的目的，为此，法国把许多民间文化团体纳入了它的外交战略。1920 年，外交部将国外法语学校与著作办公室升格为法语著作司，重新定义了其使命，即“法国的对外知识扩张”，明确表述了成立该机构的目的：“我们的文学、艺术、工业文明、思想在任何时候都强烈地吸引着其他民族；我们设在国外的大学和学校是法国真正的宣传阵地，它们是我国政府的一件武器。”这就是为什么外交部及其驻外机构不惜任何代价地启发和促进法国的知识渗透的原因，我们坚信知识渗透是我们的对外行动中最为有效的方式之一。一战前夕，法语著作司的预算占到法国外交部总预算的近 20%。

上述这些有意无意的文化外交实践，为一战后法国现代文化外交的发展奠定了基础。

2、现代文化外交的发展

一战之后，在全新的时代背景下，文化外交作为挽救法国国际地位的手段之一，地位日益重要，获得了实质性的发展。法国在世界历史上曾经盛极一时，是欧洲乃至全球强国，地位显赫。其大国地位的获得，除了来自路易十四的王权和拿破仑的征战外，还归功于辉煌灿烂的文化：法国是古典主义的发源地、启蒙运动的中心，若干世纪以来，一直引领着世界文学、哲学、艺术（包括音乐、绘画、雕塑、建筑、电影等在内）和思想界的潮流；法国文化名人众多。以文学为例，仅 20 世纪，法国获得诺贝尔文学奖的作家就多达 13 人；巴黎在很长一段时期内是欧洲乃至整个西方世界的文化中心，甚至成为文学、艺术和知识的代名词，吸引着世界各国人士；法语被视作贵族的语言和高雅的象征，受到欧洲各国宫廷贵族和上流社会的热烈追捧。简言之，法国的强大，是其雄厚的“硬实力”和以文化为代表的“软实力”共同支撑的结果。

两次世界大战极大地削弱了法国。战后，随着美国和苏联的崛起和法兰西殖民帝国的解体，法国在政治、经济和军事领域均衰落了，在国际事务中的发言权也一落千丈。虽然硬实力受到重挫，但法国依然保持着文化大国的地位。正如前总理保罗·雷诺所言，法国“已经不再是路易十四和拿破仑时代的法国了”，但是它在某些领域“例如道德、文学、科学和艺术方面仍处于前列。”

虽然风光不再，但是法国人对往日的辉煌却一直念念不忘，一心渴望恢复昔日帝国时代的荣光。正如戴高乐将军所言，“法国一定要站在最前列”，“法国一定要伟大，否则就不称其为法国”，“怀念美好的旧时光”，在法国成为一种普遍情绪。在这种“大国情结”的驱使下，恢复并维护大国地位成为战后以戴高乐主义为指导的法国外交的首要诉求。鉴于硬实力比较优势不足，法国便倚重残存的文化软实力优势，将之作为扩大国际影响、复兴大国地位的重要手段。正如法国官员所言，20 世纪，“由于缺乏强大的军事、经济支撑和启蒙运动的光芒，要维护法国的‘世界地位’，只能通过向国外大量宣传和输出法国文化来实现”在这一背景之下，法国对在历史上已经存在的文化外交实践进行了更加深入而全面的发挥，一战一结束，法国就将对外文化活动直接纳入了外事工作：1945 年外交部成立了“对外文化关系总司”，并将之作为工作重点，其预算一度占到外交部总预算的一半以上，首批司长都是有影响力的名人，如路易·约克斯，雅克·德布邦—布塞（Jacques de Bourbon – Gusset）等，这表明，它肩负着挽救法国国际形象的重任。文化关系总司的存在，使法国成为全球几乎唯一一个在外交部内组织文化活动的国家，也使得法国的文化外交比其他国家显得更加直截了当。

冷战结束以后，面对新的时代背景，法国对文化外交进行了更为巧妙的运用。苏东解体后，国际局势发生了深刻变化，两级格局演变为一超多强，美国成为全球唯一霸主，美国文化风行世界，对法国的文化优势构成了重大挑战；与此同时，法国国内也出现了困难：自 20 世纪 90

年代起，法国遇到一战以来最为严重的经济衰退，进入21世纪后，情况依然不见好转，经济增长率长期徘徊于1% -2%，失业率居高不下、社会停滞不前、综合国力进一步下降，在衰退的道路上越走越远。在国内外双重压力下，法国的“大国梦”实现起来更加困难。在此背景下，法国对谋求大国地位的外交战略进行了战术调整，将之放在了“建立多极世界”的旗号之下，通过推动单极世界秩序向多极化演变来谋求对国际事务的更大发言权。为实现“多极世界”的战略构想，在硬实力愈加不足的情况下，法国继续寄希望于文化软实力。然而这一优势正受到美国文化的强大挑战，为此法国非常“艺术”地提出了“文化多样性”原则，指出这是通向多极世界的一条重要途径。在“文化多样性”旗帜下，法国既可以保护本国文化免遭美国文化的挤压，又可以打着推动建立多极世界的旗号进一步利用本国的文化优势，开动文化宣传机器，加强国际影响。可见，“文化多样性”绝不仅仅是一个文化命题，也可见法国将文化运用于外交的智慧。

近几年，法国政府和学术界对外交政策展开了新的讨论，基于法国国力继续衰落、沦落为中等强国已是不争的事实、甚至面临着正被中国等新兴国家超越的现实，提出以“影响力外交”取代“老式外交”的思路。尼古拉·唐泽（Nicolas Tenzer）提出，对外政策包含两个方面，一是传统的“政治—军事”外交，以国与国之间缔结政治协议，预防、管理和解决冲突为特点。这种外交方式以谈判能力为基础，谈判能力则取决于一国所拥有的、能够施加压力的军事和经济手段；一是施加长期影响和存在于世界市场的能力。这段话很好地解释了“老式外交’，和“影响力外交”的区别。热拉尔·沙利昂（Geranl Chaliartd）指出，“影响力外交”是一种间接的策略，当今时代，工业化民主国家采取直接行动的余地日渐缩小，这进一步凸显了“影响力外交’战略的重要。概言之，“影响力外交”具有间接性、长期性和隐蔽性特点，即通过间接的手段寻求长期的影响。文化凭借其“细水长流”、“点滴渗透”可至“石穿”的特点，成为“影响力外交”最合适的工具之选。其实，早在1999年，阿尔芒·马特拉（Atrnand Mattefart）就已经明确提出，“大国寻求影响的手段越来越少，因为帝国主义和军事占领日益罕见并且遭到国际社会的唾弃，而随着新兴经济国家的兴起，北方对南方的技术统治也变得越来越不可靠，因此文化就成为一国对外活动中少数可施加影响的手段之一，拥有文化影响力也就是拥有政治影响力。文化是在国际舞台上彰显实力的硕果仅存的因素之一。议员阿德里安·古泰龙在相关报告中也提出："拥有文化活力的法国不必强调国家机器，只需用'软实力'和'影响力外交'的逻辑即可彰显其影响……"上述种种论述表明，进入新世纪，法国在综合国力继续衰落，政治、经济手段受到掣肘、无法立竿见影地带来影响力收益的前提下，更加依赖文化软实力优势来寻求施加影响。外交部明确声称："法国比以往任何时候都更加是一个文化大国"。前外长体伯特·韦德里纳指出"法国世界地位的核心体现是文化"，在谋求影响力方面，"请别忘了我们的软实力，它是巴黎的魅力，是法国的时尚、奢侈品、烹调、葡萄酒、优美风光和法国文化的吸引力……"，这就是为什么法国打算整合外交部和文化部的相关资源、联合成立"法国文化署"的原因。按照前外长菲利普·杜斯特——布拉齐的解释，建立这样一个机构是为了提高法国文化在国际社会的"可读性"和"可见度"，提高法国对外文化活动的效率。由此可见，法国正更加清醒、更加自觉地开发利用自身的文化优势，以更加全面的文化输出谋求国际影响。

从以上的简短回顾可见，"文化"是法国大国形象的重要代表，在法国半个多世纪的外交实践中自始至终扮演着重要角色。正如法国外交官阿尔贝·萨隆所言："自一战以来，法国的所有政治家——无论党派——及文化政策的领导者都毫不含糊地确认，文化政策是对外政策的一个方面乃至一根支柱。"参议员古泰龙的归纳也一语中的："法国的文化外交旨在通过弘扬法国语言和文化来强调法国在世界的角色，实现通过建立非正式的'朋友'俱乐部的方式来影响世界的目的。"总之，一切都是为了使文化服务于外交，其所要达到的目的最终是政治的。法国资深外交官让—大卫·莱维特则直截了当地指出，"文化外交是法国的一张王牌"。

（二）法国文化外交的特点

1、以推广法语为基石

法语曾经是头号国际语言和外交语言，是法兰西民族的骄傲。两次世界大战后，法语伴随着法国国际地位的下降而衰落，虽继续保持着国际通用语言的身份，但使用者和使用范围都逐步减少。反之，英语随着美国的崛起日益取代法语，先成为外交语言，后又乘着全球化的快车窜升为为国际“普通话”。语言的衰败折射着国力的减退，因此，法国人认为，振兴法国需从复兴法语做起。法语在法兰西民族的形成过程中发挥过重要作用，是共和国的认同符号。语言是文化的载体和交流的工具，“是最好的孰合剂”，所以法国人认为，讲法语者必然容易认同法国的文化和思想观念、认同法国，从而有助于提高法国的国际影响力。出于上述两方面原因，法国从一开始就把在全球范围内推广法语视作文化外交的首选工具：1y 世纪末的对外文化行动是从在海外开办法语学校开始的；一战后成立的文化关系总司司长雅克·德布邦—比塞—上台就宣称，要不惜一切代价在全球推广法语，哪怕牺牲其他文化活动的开展。此后的半个世纪里，法国始终将推广法语视为谋求大国地位和国际影响力的重要手段，不断声称确保“推广法语”在对外文化活动中的优先地位；如前任总统希拉克就多次强调，法语的国际地位直接关系到法国能否重新跻身世界强国之列。推广法语的重要性还反映在预算上：海外法语教学在法国对文化行动中的花费一直名列前茅。从 20 世纪 90 年代法国经济持续低迷以来，对外文化活动的经费不断减少，但无论总预算如何削减，对外视听建设（是推广法语的一种方式）和对外法语教学却始终不降反升。除此以外的其他对外文化活动经费一律受到大幅度削减。

2、不断拓展“文化”的内涵

在文化外交实践中，法国未将“文化”局限于“文学、艺术”等狭义的文化中，而是根据形势的发展不断拓展“文化”的内涵。文化部前高级官员雅克·里戈说：“外交不能忽略文化，这涉及捍卫和弘扬法国的语言、民族的声誉，捍卫和提高法国的影响力，为在国外的经济活动保驾护航、促进人员和观点的交流……我们应该从最广泛的意义上来理解文化，从书籍和电影贸易直到我国科技成果的传播。”“对外文化政策应该不断发展变化，即忠实地反映文化本身的变化和外交的发展。我们不能向世界展示一个躺在祖先的光荣里停滞不前的形象，要展示我们的发展创新”。莱维特也指出：“无论是纽约还是东京，对法国的认识依然停留在印象派画家、德彪西和拉威尔的音乐、加缪或萨特的文学和哲学、帕斯卡尔的科学上……这是不公平的，我们的年轻艺术家也有十分出色的创造力……我们也有高精尖的技术，如高速列车、空客飞机和阿丽亚娜火箭”。法国认为，在世人眼里，德国、日本、美国等是“科技发达、工业先进、生机勃勃”的象征，而法国则停留在“文学和艺术的祖国”的传统形象上，这不利于扩大法国的影响，要改变这种僵死的看法，展现“现代的法国”比“古老的法国’更加迫切。为此，外交部几经改革，把由其他部门负责的“技术’，和“科学’，合作整合入文化关系总司，将文化关系总司升级为文化和科技关系总司，后又将合作部的发展司合并进来，成立了国际合作和发展总司，全面负责对外文化、教育及科技交流。改革使文化传播与科技合作融为一体，为法国与发达国家进行高端合作、确保在激烈的国际竞争中不落败提供了政策支持；也为对外文化活动提供了更为方便、快捷的现代化工具。相应的，对外文化宣传的内容得到了丰富，在文学、艺术等人文社科成果的基础上添加了自然科学成就，使法国的文化品牌不再局限于祖上留下来的文化遗产。

把“文化”从狭义的“小”文化拓展至包含科技在内的“大”文化还有一个重要考虑，即通过科技援助与合作保持法国在前殖民地国家的存在和影响。20世纪50、60年代法国前殖民地纷纷独立后，法国在上述地区以法语教学为主的对外文化活动遭遇挫折，新独立国家表现出强烈的摆脱法国控制的倾向，致使这些地区的法语学校大多遭遇关门的命运。而对新形势，法国转变了思路，变“法语学校”为“技术援助与合作”，希望藉此把新独立国家继续笼络在法国周围，正如文化和技术事务总司的报告所建议的，“如果设计一个部门，把技术援助和文化行动的计划和执行统一起来，我们几乎遍布全球的文化存在必会为这种新型的国际合作行动与和平渗透提供难以估量的可能。”于是我们看到，法国“降下了二色旗，却拉开了（技术）合作协定的密网”。

3、从文化单边主义转向文化双边主义

在文化外交实践中，法国一开始奉行中一边主义，只输出本国的语言文化、甚至把本国文化强加于人。民族解放运动后，法国失去了大部分势力范围，其声音不再像以往那样畅行无阻，在这种背景下，法国人开始正视其他文化的存在，承认各文化之间存在互相依赖关系和补充作用；意识到，要想别人听你的，自己得先作一个好听众，“己所欲之，先施于人”。本着该原则，骄傲的高卢雄鸡放下架子，在本国推介其他国家的文化、如创办了外国文化季洋活动，使“对话”、“合作”成为20世纪80年代法国对外文化政策的关键词。冷战的结束、特别是美国文化的全球风行突出了团结其他文化的重要性，文化对话与合作在法国文化外交中的地位也变得更加重要，正如莱维特指出的：“要促进文化对话……只有在法国教授伙伴的语言，我们的语言才能更好地被人接受；只有通过长期的交流，接纳全球各地的（文化）创作，我们的文化才能更好地被别人接纳。”次合作的重要性还反映在文化机构名称的改变上，如文化和科技关系总司内的文化传播处在更名为“认同与文化交流司”后，又相继更名为“文化与语言合作司”和“文化与法语合作司”。在具体行动上，法国的驻外文化机构开始与当地联合开展活动，而不似以往那样自顾自推销本国文化。但是整体而言，与输出本国文化相比，法国对其他文化的推介依然不够。为此，在2001年，法国参议员伊夫·道日在调查了海外法国文化中心的情况后，提交了一份报告，指出：在新的时代背景下，法国应当改变给别人上课的“说教者”形象，对外文化机构应当更多地融入当地，和当地文化机构联合行动，使之从展示法国文化的橱窗变为文化交流的平台；在弘扬法国文化的同时也弘扬当地文化。

4、借助国际组织的力量

半个世纪以来，法国不遗余力地在全球范围内传播本国文化，但是在经济全球化背景下，受美国文化的冲击，文化强国的道路并不好走，加之对外文化活动经费日渐不足，法国开始寻求集体的力量，有意识地依托联合国教科文组织、欧洲委员会、国际法语国家组织等国际组织开展活动。以推广法语为例：法国一直花大力气四处“兜售”法语，遗憾的是法语不仅依然难与英语相抗衡，还给人感觉是出于“一己之私”。法国于是转而推动语言和文化多样化，在“促进文化多样性”的旗帜下、将“法语作为欧洲的语言”加以推广，如此便将本国的文化利益提升到了欧洲层面，使法国一国的“事业”升格为整个欧洲的“事业”，从而具有普遍意义和号召力。法国文化官员也指出，现如今，只打法国牌难以奏效，必要的时候要打打欧洲牌。

在众多的国际组织中，国际法语国家组织是法国施加文化影响、进而施加政治影响的主要平台。它的前身是结构松散的法语国家文化技术合作局，宗旨是凝聚和壮大法语世界的力量、弘扬法语文化、维护法语的世界地位。现今它已发展为一个结构严密的国际组织，成员众多，除几个以法语为官方语言的发达国家外，大多数是法国的前殖民地国家，还有和法语没什么关系的国家，如苏东解体后的中东欧各国。它一直是法国寻求文化影响的主要舞台和支持法国捍卫“文化多样性”的主阵地。客观地看，虽然打着捍卫“文化多样性”的旗帜，但其内成员国之间实力差距悬殊，因此受到捍卫的只是法国的语言和文化，小国、弱国的本土语言和文化很难享受同等待遇，因此它的最大获益者是法国——是法国以维护共同的法语文化的名义、以技术援助为“诱饵”，换取了其成员国对法语、法国文化和法国立场在国际舞台上的支持。希拉克总统在1997年法语国家组织河内首脑会议上的讲话道破了这一点：“从现在起，法语国家组织作为一个政治集团，在国际舞台上应该以一种声音说话，以一个面貌出现。”众多非法语国家的加入更证明了这一点。所以有西方英语媒体称它正在变为法国在“文化多样性”的外衣下“恢复昔日帝国时代的荣光”的工具。

5、奉行精英路线

法国文化外交的第五个特点是精英色彩浓厚。对外文化行动大致可划分为两种类型，一种是走“上层路线”，即以精英阶层为主要受众；一种是走“下层路线”，即针对普通民众。法国很希望两者兼顾，既培养更多知法、亲法的精英，在国际舞台上获得更多支持的声音，又让更多的普通人了解法国、向往法国、进而亲近法国。怎奈财力物力有限，特别是经济每况愈下，对外文化活动经费捉襟见肘，心有余而力不足。为此法国选择了将有限的资源用在刀刃上，即以精英受众为主、兼顾一般受众，以影响当下或未来的决策者和话语权掌有人为重点。21 世纪，外交部明确提出，法国的战略重点之一是“更积极地培养世界精英”；针对政府的做法，法国学界提出了不同的意见。有学者指出，影响精英固然重要，但是法国的政策过于阳春白雪，致使世界各地的普通民众对法国知之甚少，这显然无益于扩大法国的影响力。他们建议学习美国，美国文化产业的发达和大众文化的全球风行使得普通人对美国的熟悉和向往程度远远超过法国。

（三）法国文化外交的政策工具

1、语言与文化宣传网络

法国建有庞大的对外文化宣传网络，该网络由两部分组成：一是法语教学网络，一是文化宣传网络。法语教学网络主要由法语联盟组成。法语联盟自 1883 年成立以来，一直是法国文化外交的基石，也是“推广法语”的主要执行机构，是法国海外法语教学的主力军。其总部设在巴黎，在外交部的大力资助下，目前在一百四十个左右的国家建有一千余所分校，形成了一个遍布全球的、庞大的法语教育网。法语联盟一直致力于在更多的国家和地区建立更多的分校。文化宣传网络山法国文化中心和文化学院构成，这两种机构除去名称的不同外，几乎没有差别，在行政上均隶属外交部，但是拥有则政自主权。截至 2007 年，法国在全球一百个左右的国家建有二百二十所文化中心和学院，其中近一半在欧洲，其次是非洲，亚洲和美洲最少。这个庞大的文化宣传网络被视作法国软实力的核心体现，自一战以来，一直肩负着二大使命：组织法语教学，提供有关法国的资讯，举办画展、影展等各种文化艺术活动。简言之，它们是法国的“橱窗”，使命是展示“法国”形象。

2、对外视听网络

为了更有效地传播法语，即使世人对法国有直接、形象的认识，对外视听宣传成为法国文化外交一项十分重要的工具。自20纪80年代以来，法国逐渐建立了一个覆盖全球五大洲的对外视听网络，主要由二大主角组成：法国国际广播电台、电视5台和法国国际频道。继BBC和美国之音之后，和德国之声（DeutscheWelle）并列为全球第二大国际广播电台，它用多种语言播出节目，宗旨是影响讲法语和亲法的精英阶层，同时让更多普通人了解法国。电视5台是继MTV和CNN之后世界第二大国际电视网络，只用法语播出节目，但是几乎覆盖全球，战略重点是增强法语节目在非法语国家的影响；它的初衷是为非洲的公共电视台提供免费法语节目，以加强法国在非洲的文化存在和影响，目前的使命是为世界范围内的电视台提供法语节目。二大主角在使命和栏目设置上互有重复，为此法国政府计划将二者进行整合，建立一个堪与BBC和CNN相媲美的法语国际新闻频道，与英语视听传媒一争高下。“无形”的视听网络对上文山文化中心和学院构成的“有形”的文化网络构成了有效补充，因此获得了“大网络”的美誉，文化网络则被相应的称为“小网络”。

3、翻译、出版资助

传播法国思想是弘扬法国文化的一项重要内容，译介法语著作则是实现该目标的一项重要工具。为此，法国外交部建立了一套系统的出版资助计划。计划涉及七十多个国家，在每个国家都有不同的名称，大多以目标国有代表性的文化名人命名，如在俄罗斯称为“普希金计划”，西班牙为“塞力—提斯计划”，印度为“泰戈尔计划”。在中国，则以著名翻译家傅雷先生的名字命名，即“傅雷计划”。该计划一度以资助译者为主，后来鉴于出版社的“阵地”作用而改为重点资助出版社，同时重视挖掘、培养年轻翻译人才，定期选拔优秀的青年译者赴法培训。

4. 文化季洋活动

20 世纪 80 年代，在“对话”成为法国文化外交关键词的背景下，法国创建了在本国举办外国文化季洋的活动，并于 1985 年成功地举办了印度文化年。冷战结束后，随着文化对话与合作重要性的提升，法国加强了对外国文化的推介，从 1990 年代中期起将文化季洋活动制度化以来，每年举办至少一次，同时增加了互办文化季洋的活动频度。

外国文化季洋活动是法国倡导文化对话、平衡美国文化霸权、促进文化多样性的重要手段。在法国举办过或者将要举办文化季洋的国家，不是传统上亲法的法语国家地区、冷战后独立的中东欧国家，就是民族性、文化性异常突出的非英语国家。简言之，都是法国在同英语文化的抗争中可以团结的力量。因此，法国很重视这些活动，认为它们“有助于纠正或者缓和时下的风气，平衡某些自视为世界中心的国家的霸权主义。

5、高等教育推广

人才资源的争夺已成为世界文化博弈和软国力竞争的重点。如美国以丰厚的奖学金从全球吸引了大批人才，使留美学生占到全球留学生总数的 28%，他们要么留在美国效力，要么回国成为精英。相形之下，法国逊色得多：留法学生仅占全球留学生总数的 9%。在巨大的差距而前，法国政府决定大力开发利用本国发达的高等教育资源，鼓励外国人赴法留学。如莱维特指出的，“培养一部分世界精英，从他们中学毕业直到大学毕业，是事关政治、经济和文化的大问题”。法国外交部于 1996 年专门设立了法国国际教育署，用以在全球范围内推广法国的高等教育。国际教育署的目标是在短期内将外国学生的比例提升至占全法学生总数的 25 – 30%。法国政府还通过合作办学与联合培养等方式与国外开展高等教育合作，这项工作在法国对外文化活动中的作用日益重要，因为高等教育合作“关系到法国的未来”。

另外，有“高官的摇篮”之美誉的法国国家行政学院、国际公共管理学院等高等院校每年都从世界各国选拔青年行政、司法骨干进行培训，目的是希望这些未来的政府官员能为他们各自国家带去更多知法、亲法的声音，“扩大法国的政治影响”。

6、科技援助与合作

科技援助与合作的主要对象是法语国家，特别是非洲地区。这些前法国殖民地是法国的“后院”，为防止“后院”起火或被别人抢占，法国采用了文化发展援助的手段，即所谓的“科技援助与合作”。援助方式主要有两种：一是出钱出人，帮助目标国援建基础设施，改善其教育、科研、文化、医疗环境；一是通过选拔至法国或在当地培训两种途径为目标国培养行政管理或专业人才。无论哪种途径，均使用法语授课，在援助的同时传播了法语，可谓一举两得。合作的主要方式是签署协议，共同开展相关文化科技项目。

2007 年，法国对外文化活动预算逾十亿欧元，二战迄今，法国的现代文化外交实践，已经走过了半个多世纪，在这六十多年的时间里，无论政权如何更迭，法国利用“文化”软实力优势扩大自身影响、复兴大国地位、谋求国家利益的战略意图始终十分清晰。正如里戈指出的，“在我们充满冲突的历史上，对文化的看法自始至终都是一致的，即文化是我们民族认同的一个不可替代的组成部分，即负有对外宣传我国的使命”。借用莱维特的总结：“文化外交是法国对外政策的一个基构成，在一定程度上构成了法国对外政策的一大特点，因为很少有国家开展货真价实的文化外交并为文化外交提供手段。”在这为数不多的几个国家里－美国、英国、德国和法国，由于文化外交的资历和从法语学校、文化中心、科研机构、考古机构到法语联盟的对外文化网络的质量与密度而位列第一，“我国还是全世界唯一一个在外交部和总司框架内组织连贯的（对外文化）政策工具－海外法语教学、文化传播、科技合作、发展援助以及对外视听－的国家。”六十余年里，法国不断根据自身和国际形势的发展变化补充、修正文化外交的内容，创立、丰富文化外交的工具，即投入大量人员、资金－刊外文化活动经费一度高达古外交部总预算的 50－60%，一般情况下也占到 30－40%，使之最大限度地服务于国家利益。

结合法国悠久的文化外交传统，可以看出，其实早在 19 世纪末，法国就流露出了凭借“文化牌”来挽救拿破仑时代后国力江河日下的窘境的决心。简言之，在通过软实力的优势来复兴大国地位、谋求世界影响的问题上，法国人一直思路清晰，矢志不渝。其运用文化软实力的“艺术”，在很多方面，值得我国借鉴学习。

四、俄罗斯的文化外交

俄国由资产阶级自由主义思想指导下的自上而下的现代化进程到了 1917 年便与西方社会分道扬镳。1917 年十月革命后，俄国接受了马克思主义，开始了以无产阶级的共产主义思想为指导的国家现代化进程。经过七十多年的发展，苏联没有完成国家的现代化。在物质生活层面，苏联明显落后于西欧；在政治制度和精神思想层面，则被西方斥为专制和极权。20 世纪 90 年代初苏联解体，作为苏联的主要继承国俄罗斯开始了由传统社会主义体制向现代民主政治和市场经济转化的社会转型进程。自 1991 年底起，刚刚获得独立的俄罗斯即开始了它的“国家复兴进程”。它发现“自己置身于史无前例的疆界中。它必须像欧洲一样，花费一番苦心为国家重新定位”。[①] 经过将近二十年的转轨过程，议会民主、三权分立、多党政治、自由选举和思想多元化成为俄罗斯政治生活的主要内容。然而，揭开表层的自由民主，俄罗斯政治文化的内核依然表现出对传统的偏向和回归。

（一）俄罗斯转型期初期的文化状况

俄罗斯选择了西方式道路，即政治上的多元化和政党政治与经济上的纯粹市场经济、外交上向西方一边倒、思想文化上的个人主义和西方价值观。俄罗斯复兴的核心即是“重返欧洲”，叶利钦总统希望从此搭

---

① 基辛格：《大外交》，海南出版社 1998 年版，第 8—9 页

上“欧洲复兴的快车”，建立“从温哥华到符拉迪沃斯托克的欧洲——大西洋大家庭”。但是这个全方位和急速的社会转型却异常波折和艰难。① 俄罗斯的社会转型是一个充满矛盾和冲突的过程，并且伴随着激烈的斗争。由于俄罗斯的转型是以一种社会制度取代另一种社会制度，如此巨大的变化势必引发错综复杂的矛盾，势必在社会不同阶层中激起巨大的震荡。代表不同阶层利益的政治势力之间的激烈斗争始终贯穿于整个转型时期。严重的经济和社会危机造成十分明显的社会和族群分裂，代表不同阶层利益的各种政治势力，提出各不相同的治国纲领和政策主张，围绕议会选举和总统选举以及国家内外政策展开激烈的斗争。因此，俄罗斯转型时期政治文化也表现出一个复杂状态。文化“在任何时候都是长久的记忆和态度，再加上对当前状态的反应的结合”。转型期俄罗斯政治文化的发展模式实际上表现为以传统文化为基础的“适应性改造”，即人们并不抛弃旧有文化，而是在传统文化的基础之上引入新的文化因素来构建自己新的行为模式。叶利钦时代虽然有西方行为模式的全盘引入，但俄罗斯多数民众并不愿意完全抛弃已有的文化和价值观，而是无意识或有意识地用传统文化的根基去赋予新因素以新的理解和意义。俄罗斯20世纪90年代政治格局、经济制度、社会体制的激烈动荡引发了人们思想意识、文化心理上深刻的矛盾、困惑、冲突和危机，俄罗斯民众的思想和心态也经历了深刻的变化。转型时期政治上的失范和无序状态对俄罗斯文化向传统的进一步偏转和回归起到了推动作用。

1、对权威主义的渴望

新俄罗斯立国之初，将激进的西方化改革视为振兴国家的根本出路，叶利钦将西方的民主制度和市场经济全盘照搬到俄罗斯，实施“休克疗法”试图一夜之间实现俄罗斯的转轨。然而这种近乎于革命的闪电式改革之路却是一条失败之路。多民族的俄罗斯失去了凝聚力，民族分离主义盛行；经济改革中产生的寡头瓜分了国家财产，把持着经济的重

① 张建华：《俄国知识分子思想史导论》，北京：商务印书馆2008年版，第536页。

要部门；根源于经济的政治也受到了寡头的控制；府院之争愈演愈烈；俄罗斯民众对国家经济、政治状况的失望，政治参与度极度低下。国家的宏观控制力削弱，隐藏在俄罗斯传统国家主义政治文化中的无政府主义思想潜流便以各种形式表现出来。这种无政府主义行为倾向进一步导致了社会无序状态的出现。犯罪和腐败现象泛滥成灾、权威的失落、法律虚无、市场无序。俄罗斯民族的性格决定了它不能全盘照搬西欧的自由民主模式，自由主义价值观的失败正是因为它没有认识到俄罗斯的特性，完全忽视了这种个性，违背了俄罗斯国民意愿，造成了俄罗斯社会的混乱，加重了俄罗斯转型的复杂性和曲折性。在自由主义的价值观下进行的改革，一时间将存在已久的集权体制彻底击碎，却又没有建立一个有效的、能凝聚国民的体制，使俄罗斯人在“充分的”自由下失去了原先的安全感；私有化的在短时期内加剧了社会贫富悬殊，人民感到不公平，社会不满和骚动也由此而生。自由民主模式在俄罗斯人的预想中的失败，使他们苛求通过建立一个强有力的中央权威来实现稳定。俄罗斯历史上长期的家长式专制的政府行为模式对当今俄罗斯人产生很大影响。在法理权威尚未建立的情况下，俄罗斯人认为秩序和稳定比权利、自由和法制更为重要，把接受一种“强权领袖”看成是避免无政府和混乱状态的必然要求。这与沙皇时代“呼唤明君”的思想极为相似。俄罗斯人还认识到，为了维持法律和秩序，给人们带来安全和保护个人权利，必须有足够强大有效的政府。

2、对往日帝国的怀念

如上所述，俄罗斯是一个“伟大的国家”。这是由俄罗斯特有的地缘政治、经济和文化所决定的。“俄罗斯中心”思想在俄罗斯历史上一直是处于决定性地位的指导思想。“俄罗斯中心”思想体现了一种疆界扩大了的俄罗斯国家观：它优于其它民族，其实质正是源于“俄罗斯救世主”的观点。俄罗斯人的内心深处依然怀念着过去的辉煌，强烈的强国自豪感、民族自豪感和历史使命感使俄罗斯人不可能接受不断下降的国际地位；虽然仰慕西方社会的发达，但却不愿受西方大国的对自身改革的介入，也不屑于西方社会对其的指责。俄罗斯人坚信俄罗斯生来注定是要当强国和大国的，处于二流国家地位是俄罗斯人的耻辱，俄罗斯必须承担使命、光荣、荣誉。在2000年7月的国情咨文中，普京对俄罗斯的未来作了定位："俄罗斯惟一现实的选择是做强国，做强大而自信的国家，做一个不反对国际社会，不反对别的强国，而是与其共存的强国。"普京的"政治宣言"充分体现了他复兴和建立一个强大的俄罗斯国家的强烈愿望和理念。在第六次向联邦议会发表的国情咨文中普京再次强调"俄罗斯过去是、现在是、将来仍然是最强大的欧洲民族。"为了实现这一理想，普京强调要用物质、精神和道德方面的一致目标来凝聚俄罗斯民族，这是俄罗斯复兴强大的一个先决条件。保护俄罗斯侨民的利益不受损害，保护俄罗斯国家形象不受污辱。苏联解体后，滞留在中东欧国家的俄罗斯侨民就有2500多万，昔日苏联境内的强大民族在解体后的东欧各国国内成为不占优势的少数民族。在一些东欧国家内还有歧视当地的俄语居民，剥夺他们享有选举和被选举的基本权利的现象发生。境外俄罗斯人失去原有的政治、经济和社会文化上的优越地位，而且很难在居住国家的重要和体面的部门就职，政治上受到歧视，语言文化生活上遇到不少困难，经济生活陷入困境。因此维护俄罗斯在外侨民的权利就是维护俄罗斯国家的尊严。

3、呼唤法制和社会的公正

20世纪90年代的俄罗斯，广大民众人心涣散、情绪悲观，勉强支撑国家安全和保障社会生活、引领大众免受崩溃和混乱的庞大国家机器也同样是处境艰难。几百万在国家机关工作、拥有良好职业技能并对社会起着极为重要作用的人被漠视，虽然他们恪尽职守，却生活在极度贫困中，备受屈辱；而那些不择手段的投机商、冒险家、犯罪集团不仅在恣意享受，而且还继续毁坏国家和社会生活的基础。这种不公产生的结果不仅是民众的普遍沮丧情绪，从长远看将带来的是纪律的涣散，国家体系的逐步瓦解。长期以来俄罗斯都处于法律不健全状态，社会的无序、寡头的横行，正是因为缺少健全的法制体系。俄罗斯民众在呼唤强势领袖出现的同时，同样意识到健全的法制体系是维护公民权利、国家政策顺利实施的重要保障。如何建立私有、个人和集体财产不可侵犯的坚实保障，如何恢复国内外投资者对俄罗斯的信任，如何妥善处理国内效率公平和稳定的关系，如何规范政府职能等等这些，都直接取决于俄罗斯社会法制的健全。

（二）重塑社会核心价值观

苏联的解体使俄罗斯人有很强的失落感。随着俄罗斯经济的恢复和发展，国民对大国地位的向往和期待再次成为影响俄罗斯外交的重要因素。普京在《千年之交的俄罗斯》中说："我们国家迫切需要进行富有成效的建设性工作，然而，在一个四分五裂、一盘散沙似的社会里是不可能进行的。在一个基本阶层和主要政治力量信奉不同的价值观和不同的思想倾向的社会里也是不可能进行的。"三十二个俄罗斯民族习惯于作为一个整体，以集体主义思维来判断事物。因此普京认为，新俄罗斯要维护国家的统一、政权稳定，就必须有一个能为全社会所认同、突出集体主义并包含有俄罗斯民族伟大使命的思想价值体系。普京指出，俄罗斯的改革艰难而缓慢的原因之一就是"公民不和睦，社会不团结"，俄罗斯人需要在目标、价值观、发展水平等问题上取得一致的认同。普京掌管下的俄罗斯，正努力地摆脱意识形态的束缚，在政策上兼容并蓄，采取的措施灵活多样，力求走出一条符合俄罗斯实际的发展道路。普京执政以来，俄罗斯社会复杂动荡的社会形势及政治思想渐趋平静，这与普京的执政理念以及强国思想是紧密相连的。俄罗斯需要被统一认同的价值观，但是对于如何确立这一价值观普京明确表示不会采取强制灌输的形式，他反对恢复任何形式的国家官方的意识形态，任何社会的一致都应该通过自愿的方式达成，用粗暴的行政手段压制争论，是一个社会主流价值观体系僵化衰落的根本表征。然而，思想是不可能靠行政手段强制灌输的。因此，普京提出树立能为广大社会阶层普遍接受的俄罗斯新价值观。他认为大多数人希望稳定，希望和平、安全和法制，希望利用多种所有制、经营自由和市场关系所提供的机会，是实现思想统一的社会基础。普京提出的"俄罗斯新思想"实质上是对传统的俄罗斯民族主义、大国主义、国家专制主义和社会集体主义去芜存精，嫁接上西方的政治自由主义、财产权和人权观念，以及市场经济和经营自由等价值观，形成一个特殊的思想混合体。[①] 以国家意识形态的形式将权威主义的执政理念固化下来，以求实现俄罗斯国内的政治稳定。可以说，确立具有影响力的主流价值观是政治文化建设的必由之路。

1、俄罗斯特色的主权民主

私有化进程已经使民主、自由、平等的观念深入俄罗斯民众的心中，俄罗斯未来的道路必将是向民主化方向发展。虽然自由主义的改革给俄罗斯带来了巨大的伤痛，但是“俄罗斯的健康力量完全接受而且发展了被自由主义创造出来的正面积极的因素：不可剥夺的个人权利，必须保护个人诚实劳动所得的权利，公平竞争的良好作用以及对滥用垄断地位和腐败的毫不容忍。”[②] 20 世纪的历史证明了“共产主义的失败”，在全球化的背景下，市场经济、民主、尊重人权和自由的原则在全球扎根，俄罗斯要融入全球社会就必须接受和适应这些的普世的价值观。美国罗切斯特大学约翰·穆勒与卡耐基基金会国际和平研究所欧亚研究部主任阿斯隆对俄罗斯的转型给予高度评价，认为俄罗斯“已经基本完成了向民主政治和资本主义制度的转型，根本性的变化已经结束，社会将在民主政治和资本主义制度的氛围中继续发展，变得更为文明、仁爱、负责与高效。”[③] 俄罗斯人已经“学会了珍视民主、法制国家、个人自由和政治自由”。坚持要走议会民主之路，认为这是人类都在走的主干道。在 2003 年接见征文比赛获奖的大学生时他强调：不能容忍权力集中于一批人手里，作为总统不能超越宪法的范围，因为人民彻底选择了民主。[④] 普京执政后，致力于打造俄国特色的民主，改善俄罗斯的形

---

① 许志新：《普京的政治思维与实践》，载《俄罗斯中亚东欧研究》2003 年第 5 期，第 3 页。

② ［俄］米哈伊尔·杰里亚金：《后普京时代——俄罗斯能避免橙绿色革命吗?》，北京：社会科学文献出版社 2006 年 9 月版，第 345 – 346 页。

③ 22 Robert Stayer, “Why Did the Soviet Union Collapse? —Understanding historical Change”, Business Parkdrive, 1998, N. Y. 转引自《转型理论与俄罗斯政治改革》，冯绍雷，相兰欣主编，上海：上海人民出版社 2005 年版，第 20 – 21 页。

④ 俄新社莫斯科 2003 年 6 月 5 日电，转引自《转型理论与俄罗斯政治改革》，冯绍雷，相兰欣主编，上海：上海人民出版社 2005 年版，第 36 页。

象。在2000年的国情咨文中，普京说道："不尊重人的权利与自由，就不可能成为一个强大的国家。只有民主的国家才能确保个人与社会之间利益的平衡，使个人主动精神与全民族的任务并行不悖。"① 普京在2004年国情咨文中说："我认为，在俄罗斯建立属于自由人民的自由社会，这是我们最主要的任务。"② 可见建立自由民主国家是俄罗斯上至领导阶层下至民众所盼望的政治发展目标。在普京总统的授意下，2006年1月22日俄罗斯联邦社会院召开第一次全体会议，会议通过了章程，标志着俄罗斯联邦社会院正式成立。联邦社会院的成立，可以顺畅公民与国家政权之间的对话渠道，有利于从社会公众的利益出发制定与落实国家政策，是一个能充分表达民意的机构，构筑了社会同国家对话的平台，促成公民和国家机关互动，以便在决策时统一思想，增强国家的凝聚力。③ 通过这些途径俄罗斯逐步建立起颇具传统文化特色的民主自由的国家的机制。但经过惨痛的转型时期的教训，俄罗斯的民主建设必将是一个不同于西方的过程。普京认为：民主应适应本国的特定条件，而且不能容忍他国利用民生问题谋求利益；民主制度与原则必须适合俄罗斯，适合俄罗斯的发展现状和阶段，适合俄罗斯的历史和传统。④ 2005年4月5日，普京发表的国情咨文中论述了俄罗斯的民主问题。普京的重要智囊、总统办公厅副主任苏尔科夫将普京对民主的理解解读为"主权民主"（сувереннаядемократия）。⑤ "主权民主"的含义为：民主传统已经在俄罗斯确立起来；俄罗斯需要的是确保民主制度的发展潜力；民主与主权同样重要；民主的价值同经济发展和社会稳定一样重要；民主应该适应俄罗斯的特点条件；民主主要原则的表现形式不应强求一

---

① 《向俄罗斯联邦会议提交的2000年国情咨文》，《普京文集》，北京：中国社会科学出版社2002年，第82页。

② 刘再起：《从追求"强国"地位到更加关注"民生"——解读普京总统的国情咨文（2000—2006）》，载《俄罗斯研究》2007年第1期，第13页。

③ 徐海燕：《俄罗斯联邦社会院的成立与发展》，载《国际资料信息》2007年第1期，第20—22页。

④ 邢广程主编：《2005年：应对挑战（俄罗斯东欧中亚黄皮书）》，北京：社会科学文献出版社2006年4月版，第103页。

⑤ http://www.svoboda.org/programs/tp/2005/tp.071105.asp

致；不能容忍他国利用民主问题谋求利益；言论自由受适当控制是可行的。2007年“主权民主”的概念在政权党“统一俄罗斯”党第七次代表大会上被正式作为该党的指导思想。统一俄罗斯党认为主权民主思想“是人民根据自己的传统和法律做出自己选择的权利；这是有效参与公正的世界秩序的形成的可能性；这是国家外部和内部安全的同义词；这是我们历史竞争力的条件，也是公开地表达和捍卫自己的民族国家利益的权利；这是无条件地承认民主的普遍价值，在实现这些价值时必须考虑到民族模式的多样性。”① 俄舆论认为，主权民主体现了普京总统的政治哲学，这就是消除政治混乱，实现政治稳定，通过政治治理、完善体制、巩固国家以及民主化要有序进行，在普京时代民主没有倒退，而是为更好地实现民主创造了条件。②

2、爱国主义加强社会团结

从历史上讲，“爱国主义”是一个政治性的概念。这一词在16世纪首次出现在英语中时，很快取得了政治上的重要性：它意味着一个人对本国政治传统的价值观与原则的承诺。爱国主义既包含对祖国的热爱与奉献，也包含由此而导致的对祖国进一步改善的期待，并可能因此而导致对祖国的一些政策、行为的批评。③ 普京认为，当今俄罗斯社会应当重新弘扬“爱国主义的传统”，为自己的祖国、历史和成就而自豪，憧憬着自己的国家变得更美丽、富足、更强大和更幸福的心愿。这种情感不应当受到指责，它也不是因循守旧。爱国主义精神是人民英勇顽强和力量的源泉。丧失爱国主义精神，就丧失了民族自豪感和尊严，丧失人民伟大创举的能力。作为爱国主义教育的重要一部分，普京首先肯定了苏联时期的历史。虽然普京认为苏联没有给人民带来富裕和安定，但

---

① 李兴耕：《以“主权民主”为基础的发展战略——“统一俄罗斯”党第七次代表大会综述》，载《国外理论动态》2007年第2期，第17—19页。

② 张树华：《俄罗斯与西方的“民主”之争》，载《求是》2006年第24期，第56—58页。

③ Robert Pinsky，“ Eros Against Esperanto” inJ. Cohen and M. C. Nussbaum eds，For Love of Country：Debating the Limits of Patriotism（Boston，Mass：Beacon Press，1996）. p. 97. 转引自《国际关系与认同政治》，何佩群主编，时事出版社2006年版，第154页。

是他肯定了苏联时期的历史功绩，尤其是在第二次世界大战中苏联人民所付出的牺牲。从普京庆祝卫国战争60周年，大力宣传那段光荣的历史的效果，可以看到俄罗斯人心中的大国意识正在上升。2005年4月，普京宣称："苏联的崩溃是20世纪最大的地缘政治灾难。"全盘否定斯大林是错误的，客观的反映历史，肯定他的历史功绩对提升俄罗斯的民族自信心很有好处。以此为基础，俄罗斯国歌恢复了苏联国歌的旋律，许多苏联时期的雕像和纪念碑在封存多年后也重新被展现出来。2007年5月4日，俄议会上院投票一致通过保留俄罗斯军旗（胜利旗帜）上的镰刀斧头图案；普京在胜利日的讲话中表示卫国战争给俄罗斯带来了前所未有的灾难，但这场惨烈的战争所激发出的伟大的俄罗斯民族精神也是前所未有的。① 苏联时期，俄罗斯民众所拥有的强国自豪感、民族骄傲感和历史使命感，沉积在俄罗斯人思想的深处，影响着俄罗斯人的思维和言行，并仍然发挥着巨大的作用。正是这种沉积使俄罗斯在国力日渐衰落时对"强国、大国地位、世界第一"的声誉和军事实力地位越来越怀念。普京在尽一切力量复兴俄罗斯的爱国主义：民族自豪感、强大的军队、俄罗斯的国际地位和外交主动权。普京让传统的红色的旗子重新飘扬在军队的刺刀上时，让大家在神圣的歌声中重温"我们的祖国多么辽阔和广大"时，他也把苏联的爱国主义推到了前所未有的阶段——以强大军队和大国实力为基础的军事实力爱国主义。而在动荡了十几年之久的俄罗斯，这种爱国主义的宣扬是鼓舞人心的，是给人民带来希望的。

3、东正教促进社会稳定

东正教神学所提倡的对上帝的虔诚、博爱、宽容、随和、热爱和平——这些构成基督教美学的重要因素对于俄罗斯国民心灵的净化和道德水平的提高产生了积极的影响。作为基督教的一个组成部分，东正教遵守基督教神学和伦理学的普遍规律：承认"上帝"作为一种超验的力量而存在，上帝具有善的本质，信仰三位一体的学说；承认人的道德

① http://zqb.cyol.com/content/2007-05/11/content_1756226.htm

是由上帝规定的，《圣经》和教父训诫中所包含的道德准则具有万能性和绝对性；承认原罪说，要求人们进行忏悔和赎罪；提倡公正、博爱、宽恕和仁慈。同时，东正教伦理观还具有自己的独特性——强调群体意识。俄国东正教伦理中的群体意识观念是古罗斯村社文化与拜占庭东正教文化相结合的产物。东正教中关于“教徒们共同理解真理和共同探索拯救之路的事业中以教会为基础的自由统一，是以对基督和神规的共同之爱为基础的统一”的“共同性”概念，是俄罗斯东正教哲学的核心因素，是俄罗斯民族群体意识产生的主要思想根源。这种群体意识有助于民族凝聚力的加强和集体主义精神的发扬。在俄罗斯国家千余年的历史进程中，东正教作为一种信仰已经融入了俄罗斯人的血液中，成为构成俄罗斯民族性格不可或缺的因素。东正教信仰对于俄罗斯传统文化的形成乃至国家道路的选择均发挥了巨大的作用。自公元988年东正教被定为国教以来，它就与俄罗斯国家、俄罗斯民族、俄罗斯民族文化紧紧地连在一起，在国家的社会政治生活中发挥巨大作用。历史上东正教不仅是统治阶级维护政权的有效工具，而且在国家生死关头总能起到积极作用。冷战结束后，为了保护俄罗斯的领土完整不受侵犯，维护国家的主权和尊严，东正教会坚决反对西方大国的强权政治，反对北约东扩，并强烈谴责车臣极端分子的分裂活动和恐怖行径，支持政府在车臣的军事行动。东正教还填补了苏联解体后在思想领域的“信仰真空”，再次发挥了整合民族精神、团结社会、增强民族凝聚力和稳定政局的作用。执政当局同样也意识到信仰的凝聚力对于国家振兴的重大意义，于是东正教成为其借以增强爱国感召力和民族团结信念的载体，并在社会政治生活中发挥着举足轻重的作用和影响。普京强调东正教在俄历史及现实生活中所起的“独特作用”，认为它应当成为“国家和全体人民的道德准则和精神支柱”。目前，俄罗斯教会的活动广泛，神职人员积极主动，各种活动丰富多彩，社会效果显著。首先，教会积极参与社会政治生活，努力提高其在国家政治生活中的地位。政府对教会的支持也使东正教的声望进一步提高，普京在举行重大国事活动时，均邀请东正教大牧首出席；当局对东正教的传播和宣传活动也积极提供渠道。其次，东正教会积极开展各种宗教活动，吸引广大民众走进教堂，把东正教的精神和道德灌输到人民的心灵之中，使宗教成为人民的主要精神生活。俄罗斯全国东正教堂的大规模修复，各种重大宗教活动举办等，使东正教成为俄罗斯人在日常生活中不可缺少的东西。教会号召所有神职人员和教徒遵守教规，忠于信仰，发扬爱国主义精神，恢复人类善良慈爱的本性，热爱和平，忘我和友爱，积极为国家作贡献。再次，东正教会积极开展社会活动，关心社会福利事业，扩大教会影响。承担相应社会责任，给予人们物质上的帮助和心灵上的慰藉。最后，东正教会大力发展宗教教育事业，大力宣传宗教思想，占领思想舆论空间。普京在 2007 年国情咨文中明确指出政治价值观确立与巩固的极端重要性，他认为“人民精神上的团结以及道德准则的一致——同政治、经济的稳定一样，是非常重要的发展因素。……只有当社会拥有一套共同的道德纲领体系，当国家保留了对母语的尊重，对独特文化价值的尊重，对祖先的尊重，和对国家每一页历史的尊重，才能够设立并最终实现伟大的目标。”俄罗斯要利用所有相关的最现代的方法，能产生新事物的最新事物的最新颖的渠道来处理面临的问题，同时还应该依靠俄罗斯人民在几千年历史中凝练出来的道德精神财富。只有这样才能明确国家正确的发展方向，俄罗斯才能走向成功。[①] 东正教作为俄罗斯现成的宗教道德哲学成为政府恢复社会道德的首选，而东正教在稳定社会上也作出了巨大贡献。

（三）核心文化价值影响下的转轨过程特点

观念的变化往往带动政治制度的本质变化。俄罗斯转轨的顺利发展不仅是建立在社会结构、经济关系及政治制度的转变上，而且是建立在观念改变的基础上。俄罗斯“主权民主”思想正是在结合转轨时期的经验教训基础上，顺应时代的潮流而提出的，它对于俄罗斯转轨的意义不可估量，具有几个鲜明的特点：

---

① http://www.krenlin.ru/appears/2007/04/26/11556_type63372type82634_125401.shtml.

1、强化国家作用

“国家及其体制和机构在人民生活中一向起着极为重要的作用。有着强大权力的国家对于俄罗斯人来说不是什么不正常的事，不是一件要去反对的事；恰恰相反，它是秩序的源头和保障，是任何变革的倡导者和主要推动力。”叶利钦时期由于国家机关的软弱无力导致改革政策在贯彻过程中出现贯彻不力和改革间断现象。普京指出，俄罗斯复兴的关键在于国家政治领域，俄罗斯需要一个强有力的国家政权体系。为了实现强国富民的战略目标，普京有步骤地进行了政治体制改革：改革联邦制，强化垂直权力体系，加强中央对地方的权力控制；推动政党制度发展，培育“政权党”；打击寡头，结束寡头政治；控制新闻媒体，影响社会舆论导向；改革行政体制与加强反腐斗争。[①]

2、强化政府职能

普京在强化政府职能同时努力进行行政改革，精简机构。从发展经济学的角度看，一个有效的政府是转型国家经济和社会发展的关键。普京始终坚持缩小行政权限、减少审批项目和裁减冗员，努力提高管理效率，严厉打击官僚腐败。

3、加强战略性资源的控制

普京上任之初就对掌握国家经济关键领域的寡头进行了严厉的打击，将这些领域的控制权收归国家的控制之下。2004 年，俄罗斯对 549 家具有战略意义的企业限制私有化；从 2005 年开始，在银行、飞机、船舶、铁路等关乎国计民生的领域组建国家控股的大型企业。甚至有俄罗斯学者认为，国家虽然已向经济提供了动力，但国家对经济发展的参与还太少，国家应当承担组织经济发展的主要责任。国家是规则公认的制定者，所有经济因素都无一例外地必须遵守它所制定的规则。

4、建立全国性政党“统一俄罗斯”党

全国性政党是防范地区分裂、促进国家统一的最重要工具之一，可

① 冯绍雷、相兰欣主编：《转型理论与俄罗斯政治改革》，上海：上海人民出版社 2005 年版。

以保证亲普京选民有一个具有凝聚力的核心，可以进行改革和使方针政策具有继承性。“统一俄罗斯”党坚决支持普京的执政理念与政治举措。由于它在杜马中占据了绝对多数席位，使总统在国家杜马中有了坚实的政治基础，保证普京的各项政策在国家杜马能够顺利通过并在政治实践中得到贯彻。“统一俄罗斯”党为普京整合政治力量，稳操政治主动权创造了条件。民众对该党的支持与认可，也表明普京推行的维护国家统一和振兴俄罗斯的治国政策得到了民众的支持。俄罗斯转轨时期表现出的权威主义的中心思想是在国家权力的调解下发展市场关系和自由主义经济。它的目标不是追求自身的永垂不朽，而是统筹社会发展，最终为社会民主的、和平的和渐进的改革创造条件。可见，俄罗斯的政体是新权威主义下的宪政民主体制，在其政治转轨进程中综合运用了民主与权威的方式。俄罗斯的转型并不是要，也不可能迅速的跳跃到西方的民主制度，但也不是要回归到原苏联的模式。为了适合俄罗斯民众希望强国富民、复兴俄罗斯、恢复公正和重新坚持大国价值观。普京成功地将民主与主权结合到一起，保留了国内主要民主架构，但给其增添了爱国主义、强国主义和民族主义的新内容，为主权民主的形成创造了必不可少的前提条件。“主权民主”是一种意识形态，也是一种政治制度。在这种制度下，民主程序和准则服从于加强大国主义和国家体制的标准。“主权民主”强调了它不同于20世纪90年代那种有悖于俄罗斯国家利益的虚伪的“民主”。对公民的民主权利和自由的某些限制是在国家面临失去重要的主权权力时出于国家最高利益的考虑而采取的。“主权民主”的政治体制使人民有机会意识到自己是政治主体并相应地采取行动。俄罗斯以建立符合俄罗斯民族特性和实际情况的发展模式实现强国目标，俄罗斯不反对民主自由，但俄罗斯的事情要由俄罗斯自己决定。俄罗斯只有通过长期的、艰苦的、非对抗的努力，才能实现国家的现代化，才能重振雄风。由此可以看出，俄罗斯国家发展还将继续保持在实行适度有限的控制的同时，大力实现社会制度的现代化——这包括民主、市场经济等。这种发展走向，就是国家在政治、法律、经济领域合法地扩大管理与监督职能。主要目的在于提高国家政权机关的效能、强化垂直执行部门、调节法律规定、保障依法办事。阻止社会的犯罪化趋势，保证比较公平的秩序，对国有财产和私有财产给予一视同仁的保护。这种发展走向有利于俄罗斯同国际社会扩大联系、有利于融入国际组织、有利于促进国内民主。

（四）俄罗斯传统文化的特质

被传统的国际关系所忽略的文化因素已经开始在国际关系中发挥着举足轻重的作用。文化互动已经对国际关系的变化产生作用。文化本身就是一种外交力量，是国家推行外交政策的一种强有力的动力。对内，它不仅通过文化认同在精神上整合民众的力量；对外，它还可以通过文化传播感召和吸引他国民众、国际社会，对提升一国实力发挥着越来越大的作用。文化具有三个层次的内涵：最广义层面是物质文化；更内层的是制度文化，包括政治制度、经济制度、社会制度和法律制度等；最深层次的是思想、信仰和道德等，其核心是文化价值观。

1、文化的理论界定

文化是一个纷繁复杂、无所不包的多元范畴，从不同的角度会有不同的定义。西方较早对文化概念进行界定的是 17 世纪德国历史学家、法学家萨穆埃尔·普芬道夫。他主要从精神层面来界定文化，并指出文化作为人类群体产物的社会性特征。[①] 对文化进行系统的界定是在 19 世纪以后，英国宗教人类学家爱德华·泰勒在《原始文化》中认为，“文化或文明就其广泛的人种学意义而论，是一个复杂的整体，包括知识、信仰、艺术、道德、法律、风俗及作为社会成员的人所获得的才能和习惯。”之后美国一些社会学家、文化人类学家如奥格本、亨根斯等人对泰勒的定义进行了修正，补充进了“实物”的文化现象，即物质文化内容。14 英国著名历史学家汤因比最具代表性的理论是关于文明起源与发展的“挑战与应战”理论，他把文化视为文明的一部分，将文化与文明结合在一起探讨。他指出：“文明乃是整体，它们的局部彼此相

① 张骥等著：《国际政治文化学导论》，北京：世界知识出版社 2005 年版，第 4 页。

依为命，而且都互相发生牵制作用。……在这个整体里，经济的、政治的和文化的因素都保持着一种非常美好的平衡关系。”在汤因比看来，文化是文明的组成部分，并且居于文明的核心。

我国学者张骥等在《国际政治文化学导论》中将文化从广义和狭义两个角度来界定。认为广义的文化是作为社会群体的人类在长期的社会实践活动中所创造的物质财富的凝结好精神财富的积累。文化包括了：1、精神层面（心理层面），包括精神信仰、哲学体系、思想意识、价值观念、审美情趣、民族性格、伦理观念等因素；2、行为层面，包括生产、生活方式、家庭模式、行为礼仪等因素；3、制度层面，包括政治体制、经济模式、社会组织、法律典章等因素；4、物质层面，指人类劳动与自然物质相结合的产物。而狭义的文化则是包含一切意识形态的内在的人类社会的精神现象。从概念界定上来看，精神文化可以说构成了文化成为类型的灵魂。文化的内核，最稳定的部分即是文化的精神层面。①

2、文化与国际政治的关系

从文化与国际政治相关性的角度出发，可以把文化分为几以下个层次的内容：政治哲学或政治思想，是一定的阶级、阶层和社会政治集团对于以国家为中心的各种政治关系和政治现象的基本观点、理论主张的总和。侧重于从宏观上、理论上影响、支配国家行为主体的政策和行为。意识形态，主要指关于某一社会制度和生活方式的一系列根本的政治、经济及社会的价值观念。意识形态是对外政策的指导思想，因为一国对外政策的基础就是正确认识国家利益。意识形态作为一种思想体系，反映了一国统治阶级对本国国家利益的系统认识，对国家对外政策目标的判断和评价起着重要的思想指导作用。政治文化，是政治系统中各类政治角色对政治系统和政治活动的认识、态度和情感的总和，是一

① 张骥等著：《国际政治文化学导论》，北京：世界知识出版社2005年版，第12—13页。

种民意的象征，是一种潜在的精神力量。其功能在于，它一方面可以为本国所要采取的政治行动提供合法性支持，同时又为怎样采取行动提供基本尺度。与此同时，它还包括着公众对政治行为的独特理解。从国际政治角度看，政治文化的价值取向往往直接或间接地影响着国家实力的强弱盛衰。而且一个国家社会各阶层政治价值取向和倾向性如何，还会涉及到对政府合法性的认可程度，并直接、间接地影响国家对外政策的制定和执行。国民心理，它是国家各阶层、集团对社会政治生活的一种不自觉、不系统、不定型的精神反映。作为国家文化心态的深层积淀，国民心理对国家政治活动的行为方式具有隐性的，但却是持久性的影响力。宗教文化，是社会意识形态的一种表现形式，是文化因素的一个重要组成部分。作为一种特殊的文化形式，它可以导致异教间的冲突和战争，也可以推动同源宗教间的合作和联合。冷战后，世界格局变换，隐藏在两极格局下的各种矛盾爆发出来，使影响国际政治格局的因素多样化，而文化间的冲突就是其中之一。首先，文化具有交流、吸纳、扩散和融合等功能，具有通过世界化构成全球化的动力和内容的特性。再者，根源于文化民族性的不同文化体系之间的差异、矛盾乃至对立和冲突又构成解构和阻碍全球化进程的重要因素。

3、俄罗斯传统文化的内核

文化并不仅仅局限于精英文化，它有着深厚的土壤，滋生在社会群体之中。从垂直角度看，文化可以划分为传统文化和现代文化。传统文化是现代文化的源头，虽然传统文化是产生于已逝去的年代和已经不存在的政治基础之上，失去了既往的生命力，但是现代文化正是在传统文化的基础上建立和发展起来的。因此，传统文化与现代文化之间仍然存在着千丝万缕的联系。在研究俄罗斯文化发展的过程和趋势时，必然要研究俄罗斯传统文化在其中发挥的重要作用。俄罗斯传统文化内核作为一种潜意识深刻地影响着俄罗斯人的文化归属感，对其内政和外交都产生巨大的影响。俄罗斯学者 И. И. 格列勃娃在《俄罗斯政治文化：过去映像与现实性》中是这样看待俄罗斯政治文化的“深层结构”的。

她认为政治文化有“变”与“不变”之处，反映了它的可塑性和稳定性，也反映它的现实性和历史性。由于历史积淀，每一种政治文化都具有保持其系统架构稳定的结构，这就是政治文化的“深层结构”。从历史记忆的角度看，它一方面缺乏历史继承性，使历史被间断性所割裂；另一方面，它又以一种独特的“记忆操作”方式形成“俄罗斯的继承性”，俄罗斯的政治文化具有矛盾性、极端性、杂交性、专制性、循环性、不成熟性和反历史性等特征。与欧洲国家对待过去的态度截然相反，俄罗斯对待过去的态度是否定性的。就像俄作家赫尔岑所说的那样：“我们放弃了历史的包袱，更加自由，这是一个绝大的优点。”“我们没有历史负担，因为我们的历史空洞贫乏，非常有限。像莫斯科沙皇制度或者彼得堡皇权等东西，我们是不可能热爱的……要在它们中寻找另一个未来的萌芽，但需要尽力摆脱它们，就像摆脱襁褓。”从俄罗斯历史来看，俄罗斯专注于欧洲的新事务、新技术、新制度，不断地以西化来“重建”社会、“重建”自己的过去，但它的态度却是功利性的。它虽然经历了基督化，却没有宗教改革；进入了启蒙时代，却没有被启蒙。在精神结构上它始终与欧洲保持了较大的距离。它的核心症结是没有历史性地看待时间，没有珍惜自己的历史遗产。俄罗斯的过去—现在—未来的连接是极不牢固的、极其脆弱的；过去和将来一样，完全不属于现在。新的社会形式不仅仅是在象征上否定过去，而且还要彻底消灭它的肌体。因此每一次社会变革总是伴随着国家和民族的悲剧。由于俄罗斯社会心理结构中缺乏对历史的继承性，造成的结果是，在社会文化方面每一个新的“现在”都不会觉得自己是过去的延续，“现在”似乎被逐出了自然的时间之流，从而成为某种奇怪的“过渡”状态。而这种状态也成为俄罗斯历史常数，其最大特点就是不确定性。俄罗斯社会群体的自我实现类型是一种“往复型”。这种架构由连续的三个阶段组成：平静（停滞）期——社会变化被掩盖的时期；突然爆发期——极端革命时期；反冲期——稳定期。分别呈现的是现代化色彩、虚无主义色彩、传统或“杂交”色彩。在每个向前冲刺阶段之后，随之而来的肯定是反冲和修养阶段。过去被摧残后又要以现在和未来的名义进行重建。[1] 新的政治文化在对旧的文化进行改装，重塑过程中适应新形势的要求。否定与重建，割裂与继承，俄罗斯政治文化在摆脱过去与重拾传统之间痛苦地挣扎，形成了自己的特征。但俄罗斯文化的内核却保存下来，指引着俄罗斯的发展。

4、俄罗斯地缘文化的特点

俄国在自然地理上横跨欧洲和亚洲，浸润于欧洲（西方）和亚洲（东方）两种文化的影响，造成了它在文化地理上和政治地理上的独特景观，形成了俄罗斯文化多元性和东西方两大文化体系的结合部特征。俄罗斯文化传统是许多世纪形成的，俄罗斯人许多世纪以来的地理环境、生活方式和精神特点对于该传统的形成发挥了重要的影响作用。地理环境、气候条件和居住状况对早期斯拉夫人—东斯拉夫人—罗斯人—俄罗斯人的物质生活以及精神生活的巨大影响，包括对其政治制度和政治取向的影响。在空间概念上，自然和地理环境的幅员广阔，这一特点对俄罗斯人的性格和行为以及它的自我组织的特点产生了重要的影响。广阔的平原促成了俄罗斯的劳动、日常生活、道德和信念的统一，从而为建立统一国家创造了客观条件。“同样的需求导致达到满意的同样方式，平原似乎是广阔的，最初的居民似乎是多样的，但或早或迟就变成了国家的一部分，由此来理解俄罗斯国家组成的广阔性。”认为强有力的国家政权和积极的疆土开拓政策对于严酷的自然条件下的俄罗斯人的生存是必要的，强有力的国家政权和中央集权的君主制对于防范来自外部，主要是东方的外敌入侵是必要的。

俄国的自然地理环境、地缘政治地位和政治文化因素在形成俄罗斯文化的特征上具有特别重要的意义。首先，俄罗斯拥有辽阔的地域和大量的空闲土地，这就促使俄罗斯农业无需采用精耕细作而采用粗放的耕

① 张昊琦：《“历史记忆”与俄罗斯政治文化——读 И. И. 格列勃娃《俄罗斯政治文化：过去映像与现实性》，载《俄罗斯中亚东欧研究》2008 年第 4 期，第 87—90 页。

种方式，也导致农民经常地进行移民活动。而不利的气候条件、收获的不确定性又使农民的经济效益十分低下。这一切都使俄国农民在土地使用和日常生活方面长期存在集体主义的农村村舍传统，使土地所有关系模糊不清，延缓了私有制的发展。同时辽阔的地域也需要强大的国家政权机关监督社会和经济生活的各个方面。在村社这个体制下，个人是微不足道的，只有集体才有意义。个人对村社的绝对服从使农民的自我意识极不发达，并产生了对“来自上面”的准许的需求，农民不能把自己理解为自身行为的主体，而力图使自己的行为得到集体的认可。在俄国农民的意识中，顺从权力是显著的特点。在时间概念上，俄罗斯民族渊源久远，它由欧洲最古老的民族集团斯拉夫人演化而来，并且经历了数个世纪的异族统治和融合，同时也在数个世纪里殖民和同化其他民族。在风俗习惯上，多民族杂居共处，多种族习俗相互影响，长期处于亚洲文化和欧洲文化、基督教文化和伊斯兰教文化、农耕文化和游牧文化的多重影响之下。俄国著名历史学家克柳切夫斯基曾指出：俄罗斯国家的历史即是开拓土地和殖民的历史，从 16 世纪中期到 19 世纪中期，“俄罗斯民族向整个东欧平原散布开来：从波罗的海到白海到黑海、高加索山脉、里海和乌拉尔河，甚至深入高加索、里海和乌拉尔以南、以东的地方。俄罗斯部族在政治上几乎全部联合在一个政权之下：小俄罗斯、白俄罗斯……一个接一个地归并入大俄罗斯，组成了全俄罗斯帝国。”俄国在 15 世纪 80 年代以前，还只是东欧的一个弱小国家，在经济、军事和文化上都大大地落后于邻国。俄国除了遭到鞑靼人的奴役外，还经常受到邻近国家和民族（日耳曼人、瑞典人）的入侵或骚扰。莫斯科大公领导俄罗斯人摆脱了鞑靼人的统治，并征服了罗斯各公国，到 15 世纪末俄国基本统一。在反抗异族压迫的过程中和伴随俄罗斯统一国家的形成，俄罗斯民族的民族意识开始觉醒，俄罗斯民族开始形成。到 19 世纪末，俄国的版图最终确立。经过长达 350 年的血腥兼并和殖民扩张，俄国由偏居东北罗斯一隅的莫斯科公国扩张成横跨欧亚的庞大帝国，它的版图由 280 万平方公里扩展为 2280 万平方公里的殖民帝国。[①] 俄罗斯地缘上的广阔性，多文化与多民族的杂糅的状况使俄罗斯传统上崇尚中央集权的强大国家机器，以保卫广阔的领土和制衡多元文化可能带来的混乱。“专制政权直接来源于俄罗斯民族的特点”，“是民族悲剧性存在的一种自然结果。因此专制主义是有机的民族需要，没有它俄罗斯不能存在。”[②] 在人民对国家的这种依附中，对民族的忠诚体现在对君主和王朝的忠诚上。俄罗斯人对国家的依赖以及对领袖个人的崇拜可以从这里找到根源。

5、“西方化”与“东方化”之间的“钟摆现象”

纵观公元10世纪以来的发展历程，俄国历史表现出较为明显的“钟摆现象”，即从第一个统一的俄罗斯国家——基辅罗斯开始，直到20世纪初，俄国的历史发展犹如巨大的钟摆，摆动于“西方式”与“东方式”两条截然不同的发展道路之间。公元10世纪，基辅罗斯大公弗拉基米尔以强制方式率众皈依东正教，拉开了俄国“西方化”的序幕，这一过程一直持续到鞑靼人入侵前的13世纪40年代；从13世纪40年代至15世纪80年代，俄国经历了长达两个多世纪的来自鞑靼人的统治，被迫走上了“东方化”的道路，尽管1480年终于摆脱了异族的统治，但是“东方化”进程以其惯性仍然延续了近两个世纪，直至17世纪末；从18世纪至19世纪初，这是俄国历史上急速的“西方化”阶段，先后有彼得一世急行军式的欧化改革，女皇伊丽莎白，特别是叶卡捷琳娜二世的“开明专制”。在他们的统治下，俄国的“西方化”进程加速了；而从19世纪开始，俄国历史发展在西方与东方之间犹豫徘徊，表现为亚历山大一世的“自由主义式”的统治和斯佩兰斯基的西方式改革，但他同样支持酷吏阿拉克切耶夫的典型东方式军屯制；亚历山大二世执政的农奴制改革的目的在于解放农奴，赋予其人身自由权利，但又试图以“东方式”的村社将农民禁锢起来。自19世纪以来，特别是19世纪60年代以来，俄国资本主义艰难地迈开步伐，开

① 张建华：《俄国知识分子思想史导论》，北京：商务印书馆2008年版，第95页。

② 张昊琦：《当代俄罗斯民族主义》，载《俄罗斯中亚东欧研究》2008年第3期，第9页。

始了经济现代化的进程，但是在政治上，专制制度仍然顽固坚持超级集权统治。西方化作为一条主线贯穿于俄罗斯的历史进程中，西方文化对俄罗斯文化有着特殊的影响和作用。为什么在俄国历史上会出现数次大规模引进西方文化的现象呢？首先，从地理因素方面看，俄国虽然为内陆国家，但却身处欧洲中部，处于东西方文化结合部上，这为西欧先进文明的传入提供了便利条件。加上弗拉基米尔大公、彼得一世以及后继者一直再为“出海口而战”，最终使俄国成为濒海的国家，使俄国有了眺望西方的窗口，这些因素都有利于西方文化的引进和传播。其次，从西方文化的借鉴和传播者方面分析，俄国的统治阶级和革命者在内心深处都存有对西方文化的原始认同感。俄国的统治阶级中有很多人从小就接受过西方文明的熏陶，在心理上大都依属西方文化，当俄国出现危机或他们个人的统治出现危机时，他们便自然地到西方文化中去寻找出路。弗拉基米尔大公引进基督教在精神上统一俄国；彼得一世学习西方，推行改革；叶卡捷琳娜二世接受启蒙思想，倡导开明专制；亚历山大一世标榜民主，自称“自由主义者”，都是巧妙地把西方思想和文化变成适应俄国专制统治的理论工具。但也在客观上推动了西方先进文化在俄国的传播。

俄国先进知识分子大多接受过系统的西方教育，很多人又都曾长期旅居欧洲，亲身体验了西方文明和民主的气氛。他们怀着对专制制度的无比憎恨，对自由生活的极度渴望，把西方先进的思想、文化作为启迪民智和反对专制制度及农奴制度的有力武器。他们是俄罗斯新文化的创造者，也是俄国现代化的主要推动者。

第三，从俄罗斯文化形成的特点和结构方面看，俄罗斯文化易于吸收外来文化的精华。俄罗斯文化本身是在融合多种外来文化基础上形成的，是东、西方文化的汇合体、结构多元并具有较强的兼容性，而西方文化又曾经是俄罗斯文化的母体之一，因此后者自然对前者拥有内在的亲和力。西方文化在俄国的传播，实际上也是西方文化与俄罗斯文化两种文化形态的冲突及融合过程。第四，西方先进文化对俄国历史的发展起到了巨大的推动作用，是俄国现代化发展的制动器好催化剂。因为传统文化在成为历史发展的阻碍时便表现出一种巨大的潜力，人们的思想要想从已成定式的旧体制中挣脱出来，既需要来自主体内部的自省自识，更需要来自外界的冲击和震荡，西方文化在俄罗斯历史和现代化进程中正是起到这一作用。“钟摆现象”，实际上是现代化与传统、外界文化与本土文化的冲突与融合过程。

6、东正教对俄罗斯精神的影响

俄罗斯著名思想家别尔嘉耶夫曾经这样指出俄罗斯民族与东正教的密切关系：“俄罗斯民族，就其类型和就其精神结构而言，是一个信仰宗教的民族。俄罗斯的无神论、虚无主义、唯物主义都带有宗教色彩。出身于平民和劳动阶层的俄罗斯人甚至在他们脱离了东正教时也在继续寻找上帝和上帝的真理，探索生命的意义。……就连那些不仅没有东正教信仰，甚至开始迫害东正教会的人，在内心深处也保留着东正教形成的痕迹。”政教合一，王权高于教权。基督教一入俄国，几乎立即被置于王权控制之下，它在俄国专制制度的形成和发展过程中起到了重要的辅助作用。按照基督教的教义，“君权神授”是强调王权来自上帝，任何人不得强行夺取，但是同时也强调君主要对上帝和臣民负责，但是罗斯教会是在王公贵族的倡议下成立的，通过什一税和馈赠维持日常生活，这种依赖使得教会一味维护王权，成为国家的统治工具。到了彼得大帝时期，取消了教会领地制度，并将牧首公署改建为正教院，从而使得教会隶属于国家行政部门。东正教为日渐统一的俄罗斯提供了封建专制的精神支柱，沙皇和东正教在现世的最高层面上合二为一。沙皇成了上帝的代理人，神圣不可侵犯。因此，即使是宗教改革，也不同于大多数西欧国家自下而上的方式，而是更具有保守性。同时，只是注重教会机构管理改革，将其纳入王权控制的轨道。东正教王权高于教权的主张与“沙皇是公社之父”相一致。由于俄罗斯国家在建立过程中保留了氏族社会很多的影响，原始公社成员对首领的崇拜和对公社的依赖也传承下来。这种心理和感情在俄罗斯建立起封建国家后，逐渐转移到沙皇身上。即使对国家政策不满，他们也坚定地认为国家是站在他们一边的。第三罗马和救世意识。俄罗斯民族意识中极为重要的理念是“莫斯科——第三罗马”。普斯科夫修道院的修士在给伊凡三世的信中写到：“整个基督教会在你这里合而为一，前两个罗马已经陨落，第三罗马屹然不动，第四罗马永无可能……你是普天下基督教徒的惟一君主。”这样一来，俄罗斯便有了神圣的使命——成为拯救全人类的弥赛亚。作为第二罗马——拜占庭的继承者，俄罗斯是基督教正统之所在。历代沙皇在扩张领土的时候总不忘利用这一点，使这一思想深深植根于俄罗斯人的思维之中。俄罗斯人成为上帝的选民，是真正上帝意志的体现者和捍卫者，俄应该成为基督教的中心和世界性国家（第三罗马），担负着统一和拯救基督教世界的使命。“在俄罗斯人心目中，俄罗斯不仅是一个地理意义上的大国，而且肩负着某种神圣使命而注定要成为一个精神意义上的大国”。[①] 无论沙俄时代还是苏联时期，大国意识深深扎根俄罗斯人民心中。“应当记住，俄罗斯的确自古就负有一种使命：当一个解决别国无法解决的任务的国家。”“俄罗斯有史以来一直致力于建立和保持强大的军队，供其他民族的召唤，为他们提供帮助。”

7、融入西方的传统情结

西方文化发源于古代希腊罗马文明，直到近代才发展为以资产阶级自由、民主思想为代表的先进文化。公元10世纪末基督教引入俄罗斯，首开俄国引进西方文化之先河，促进了俄国的统一，加速了俄国封建制度的发展。再到17世纪末18世纪初，彼得的改革以军事改革为中心展开的全方位的政治、经济、社会和文化改革，以疾风暴雨式的“野蛮”使俄罗斯民族与国家在极短的时间内丢掉了陈腐的、落后的传统，趋向于文明和先进的文化。“彼得大帝时代以及其全部的实质表达了新俄罗斯对待古代俄罗斯的态度。无论是彼得同时代的人，还是后来的几代人都明显地感到，彼得的政治成就将旧罗斯塑造成一个欧洲国家。”[②] 从彼得大帝开始，参与欧洲政治，谋求在欧洲大陆的霸权成为俄罗斯不懈的追求。

---

① 姜毅：《叶利钦时代的俄罗斯·外交卷》；北京：人民出版社2001年版，第265页。

② 利哈乔夫著，吴晓都等译：《解读俄罗斯》，北京：北京大学出版社2003年版，第267页。

俄罗斯地处欧洲的边缘，从社会发展的速度上来看，是慢于西欧国家的。但由于俄罗斯人口主要集中在国土的欧洲部分，一种无形的竞争压力和对西方文化原始的认同感始终迫使它不断地对先进的文化进行选择。在东方与西方的比较中，已经出现资本主义萌芽的西欧显然在技术、文化上要远远超前于东方，这是俄罗斯选择西化改革的原因之一。然而，俄罗斯的落后状况，没有为向这种先进文明的转变准备必要的社会基础和条件，仍然处于愚昧状态下的俄罗斯民众不理解这种改革的必要性，因此欲等待一种自然而然的过渡是不可能的。地缘政治因素带来的民族特性，使改革以一种不同于西欧的方式进行着。俄罗斯的学者在解释为何会出现这种不协调时，强调的是俄罗斯的欧洲性。И. 基列耶夫斯基在《论欧洲文明的特征及其与俄罗斯文明的关系——给科马罗夫斯基伯爵的信》中写道："欧洲文明和俄罗斯文明之间的差别只在程度上，而不在特征上，更不在文明的精神或基本原则上。"他还转引了19世纪西方派关于俄罗斯与西方的差距观点："他们当时说……在思想发展方面，欧洲远远地超过了我们。当我们这里还没有科学时，各种科学在欧洲已经繁荣，当科学在我们这里刚刚处于萌芽时，在欧洲已经成熟。因此，欧洲人是老师，我们是学生"。① 俄罗斯学者认为，在接受基督教后，社会进化的共同因素——宗教、地理环境和共同的人类学祖先是俄罗斯人和欧洲其他民族所共有的。在当代，俄国的民族传统和价值观与西方的差异不是表现在质上，而是表现在量上，这在很大程度上决定了俄国与西方在社会、政治和经济发展方面是相似的。"就俄国而言，欧洲化和现代化既意味着积极消化欧洲模式，更为彻底地实行实质上始于欧洲的文化模式，又意味着在某些方面，有意识地尝试把欧洲文化的制度和结构移植到俄国。整个帝国时期，俄国精英阶层都在试图使国家按照欧洲模式进行现代化发展，因此，俄国的现代化实际上是按照

① И. 基列耶夫斯基：《论欧洲文明的特征及其与俄罗斯文明的关系——给科马罗夫斯基伯爵的信》，张百春译，《世界哲学》2005年第5期，第69——73页，（"他们"指西方派代表）。

欧洲的范式进行的。”① 由此，俄罗斯向西欧学习的改革过程，与其说是俄罗斯国家的西方化，不如说是俄罗斯国家的现代化。由于俄罗斯历史上的落后和民族特性，它走向现代化的手段和结果都与西欧不同，正是因为这种差距，这种现代化的不完全性、改革残存的落后性，俄罗斯没有得到西方社会的完全认同。但是俄罗斯人更倾向于自己文化的欧洲定位，他们向往欧洲的文明、富裕的生活，先进的政治经济制度和科学技术，这种深厚的欧洲情结，使融入欧洲社会成为俄罗斯人世代的梦想。

(五) 传统文化影响下的俄罗斯社会转型

俄国由资产阶级自由主义思想指导下的自上而下的现代化进程到了1917年便与西方社会分道扬镳。1917年十月革命后，俄国接受了马克思主义，开始了以无产阶级的共产主义思想为指导的国家现代化进程。经过70多年的发展，苏联没有完成国家的现代化。在物质生活层面，苏联明显落后于西欧；在政治制度和精神思想层面，则被西方斥为专制和极权。20世纪90年代初苏联解体，作为苏联的主要继承国俄罗斯开始了由传统社会主义体制向现代民主政治和市场经济转化的社会转型进程。自1991年底起，刚刚获得独立的俄罗斯即开始了它的“国家复兴进程”。它发现“自己置身于史无前例的疆界中。它必须像欧洲一样，花费一番苦心为国家重新定位”。经过将近20年的转轨过程，议会民主、三权分立、多党政治、自由选举和思想多元化成为俄罗斯政治生活的主要内容。然而，揭开表层的自由民主，俄罗斯政治文化的内核依然表现出对传统的偏向和回归。

1、俄罗斯转型期初期的文化状况

俄罗斯选择了西方式道路，即政治上的多元化和政党政治与经济上的纯粹市场经济、外交上向西方一边倒、思想文化上的个人主义和西方

---

① Б. Н. 米罗诺夫：《现代化模式中的俄国和西方》，张广翔译，载吉林大学社会科学学报2006年11月，第6期。

价值观。俄罗斯复兴的核心即是“重返欧洲”，叶利钦总统希望从此搭上“欧洲复兴的快车”，建立“从温哥华到符拉迪沃斯托克的欧洲——大西洋大家庭”。但是这个全方位和急速的社会转型却异常波折和艰难。[①] 俄罗斯的社会转型是一个充满矛盾和冲突的过程，并且伴随着激烈的斗争。由于俄罗斯的转型是以一种社会制度取代另一种社会制度，如此巨大的变化势必引发错综复杂的矛盾，势必在社会不同阶层中激起巨大的震荡。代表不同阶层利益的政治势力之间的激烈斗争始终贯穿于整个转型时期。严重的经济和社会危机造成十分明显的社会和族群分裂，代表不同阶层利益的各种政治势力，提出各不相同的治国纲领和政策主张，围绕议会选举和总统选举以及国家内外政策展开激烈的斗争。因此，俄罗斯转型时期政治文化也表现出一个复杂状态。

（六）影响俄罗斯与欧洲关系的文化因素

数千年来，各民族在相对独立的环境中逐步形成了具有鲜明的民族性和地域性文化，这些复杂多样的文化不仅是各国对外行为滋生的土壤与重要根源，也是国际政治发生、发展的广泛前提和现实基础。首先，任何一个国家的领导在观察世界和做出外交决策时都要通过自身的文化棱镜来进行，即通过本国文化对外部信息进行过滤和加工，这意味着在理解外部信息的时候会有误读和误解。不同的文化铸就了不同的民族性格、气质、认知体系、思维方式、行为模式和基本的心理定势，特别是文化的核心价值观念在外交决策过程中起着重要的指导作用，它引导外交行为的基本走向。这些特质在领导者的决策过程中常常起着支配作用，引导国民的价值取向，也会影响其处理与其他文化之间的交往方式。其次，文化为外交行为提供力量和信心。文化优势所带来的导向力、吸引力和效仿力，是一种同化式的实力，同化力的获得离不开一个国家思想的吸引力或者建立某种程度上能够影响别国意愿的政治导向能力。再次，文化战略本身就是国家战略的重要组成部分，应用文化力量

① 张建华：《俄国知识分子思想史导论》，北京：商务印书馆2008年版，第536页。

来实现国家利益是引起国际社会普遍重视的重要问题。

1、俄欧文化碰撞

(1) 欧洲的“普世”价值观

西班牙外交家马达利亚加认为，自由是欧洲价值观的核心：“欧洲珍惜自由，珍惜自由的品质，它懂得看上去无用的自由具有至高无上的价值。……个人通过自由决定而塑造自己的生活，或者如柏拉图所说，选择自己的灵魂。”法国哲学家鲁吉埃强调西方价值观的某些特征是“面对挑战的威胁从不避退，接受挑战，竭尽全力，去争取胜利。”与亚当·斯密同时代的英国政治家兼思想家埃德蒙·伯克，在论述欧洲国际社会秩序时，经常强调欧洲国家间文化的同一性。他认为，欧洲所有国家都应该是“欧洲国家”（the state of Europe）。他对“欧洲国家”文化渊源概念的表述为罗马法、基督教道德、日耳曼的风俗习惯以及交往方式和生活方式。将文化视为比欧洲国际关系秩序赖以建立的一般国际关系准则更深层次的基础。① 西欧的政治文化传统认为个人权利是“天赋”的，个人主义和自由主义思想是西方政治文化的核心，整个社会的组织结构和价值观念都是建立在尊重和保障个人权利的基础上，个人或组织通过法律来建立彼此之间的权利责任关系。因此，欧洲社会形成了以权利、自由和民主为基础的社会制度和价值观念。强调个人责任、竞争精神和主动性，认为政府与个人自由和权利是对立的，政府最有可能利用国家权力对个人权利进行侵害。1648 年为结束三十年战争而缔结的《威斯特伐利亚和约》体现了近代欧洲国际关系秩序的价值观。主权观念的确立来自于当时正在逐渐形成的全新的文化价值观，它体现了欧洲新兴资产阶级对教权至上、信仰至上观念的挑战。格劳秀斯基于自然法和自然理性的国际法思想，反对国家的绝对战争权，主张国家拥有基于自然法权利的有限的国际干涉权，还包含了人权观念。作为新兴资产阶级价值观的代言人，17 世纪荷兰和英国的早期启蒙思想家（斯宾

① 俞新天等：《强大的无形力量：文化对当代国际关系的作用》，上海：上海人民出版社 2007 年版，第 53 页。

诺莎、霍布斯、洛克、弥尔顿等）和18世纪法国的成熟的启蒙思想家（伏尔泰、孟德斯鸠、狄德罗、卢梭等）也都提出了人的自然权利和基本人权思想。欧洲的第二次思想解放运动强调理性，提出天赋人权的思想，认为法律面前人人平等，主张立法、行政、司法三权分立。在国家主权与人权保护并存的当今国际社会中，欧洲人认为，主权作为一个历史概念，早已由“君主的主权”过渡到“人民的主权”、“共同主权”。民族国家的合法性不仅取决于国家主权，而且取决于一国政府对国内基本人权的保护，坚持从个人人权保护角度解释主权。卡耐基基金会的高级研究员罗伯特·卡根对欧洲的价值观做出了这样的评价：“欧洲人的确相信他们生活在历史的终结，这就意味着在一个能够大致达到和平的世界应该逐渐地按照法律、规范和国际间的协定来行事。在这样一个世界里，人们对强权政治和典型的实力主义政策不屑一顾。”弗朗西斯·福山则这样评价：“欧洲人认为20世纪的前50年是暴力的时代，原因是因为国家主权过于无节制地肆虐。从20世纪50年代开始，欧洲人就已经为自己搭建了新房，他们称其为欧盟。他们试图通过多边的规则、制度、规范，用欧盟来限制国家主权，以免主权失去控制，在此泛滥。”欧洲人比较固执地坚持着自己的价值观，并以此来评价别国的国内政治和外交政策。欧洲政治学家认为，俄罗斯与欧洲的差异就在于“对公民社会和民主价值的理解不同。如果俄罗斯真的想融入大欧洲，它就该按后者的规律办事。”现在是俄罗斯拼命想带着自己的章程进入欧洲机构，可是那里已经有自己的章程了。不愿改变规则的欧洲人当然会十分恼火。

（2）欧洲的傲慢与恐惧

在俄罗斯的社会发展进程中，“西化”成为历史长河的主流，是俄罗斯社会发展的一条主线。但与俄罗斯“融入欧洲”的迫切心情相对比，欧洲人对俄罗斯的传统文化带有一种深深的歧视。傲慢的欧洲人，认为俄罗斯文明与欧洲文明有明显的差异。由于“在20世纪之前，欧洲对俄国的影响比俄国欧洲的影响大得多”，因而欧洲人在俄罗斯人面前有了一种天生的优越感，就连俄罗斯的“西化”改革在欧洲人眼中也是一个丑陋的“怪胎”。在西方人看来，彼得一世的改革一方面在俄国开创了现代化和西方化，但是另一方面又巩固了专制体制，其后的继任者叶卡捷琳娜二世、亚历山大二世的改革，乃至苏联领导人都是遵循彼得的模式，用各种方法使俄国在现代化的同时加强了独裁权力。与欧洲的“文明”社会相比俄罗斯固然是落后的。欧洲希望俄罗斯以“小兄弟”的身份进入欧洲大家庭，这意味着俄罗斯要抛弃“大国的荣耀”，按照西方的样板改造自己的国家。戈尔巴乔夫以及其后的叶利钦为了融入欧洲大家庭曾如此做过，但换来的不是西方的信任，而是国家的混乱和衰败、民族尊严的损害。一个让曾经是世界一极的苏联分崩离析，一个让刚刚独立的俄联邦险些经历再分裂之痛。花费如此代价，换来的依然是欧洲人的歧视和嘲笑，“遏俄”的战略依然在实施，俄罗斯面临的安全环境更加恶化。欧洲人的“恐俄”心理是他们面对一个衰败的俄罗斯依然不敢包容的又一原因。在欧洲人眼里，对俄罗斯崛起的担心与恐惧首先表现在对俄罗斯扩张野心的夸大，似乎俄罗斯是欧洲安全和世界和平的最大威胁。这种恐惧导致了欧洲人对俄罗斯历史和文化的误读，对俄罗斯对外政策的先入之见。在欧洲人看来，这个处在欧洲边缘的国家始终是落后于欧洲中心国家的，对欧洲事务就不该有话语权。但正是这样一个边缘国家，在彼得大帝的带领下从困顿中崛起了，自从俄罗斯从北欧强国瑞典的手中夺得了波罗的海出海口，给欧洲巨大的震惊，俄罗斯就成为欧洲列强的心病。担心传统地位受威胁的欧洲列强将这种心理归咎于俄罗斯的民族性，夸大了俄罗斯的专制独裁统治，夸大了俄罗斯发动的战争，将“扩张”“野蛮”深深地植入欧洲人对俄罗斯的印象中。欧洲人对俄罗斯的歧视与恐惧决定了他们遏制俄罗斯的必然政策。1815 年维也纳会议之后，英国联合其他欧洲强国，竭力限制俄罗斯势力的膨胀。1871 年法国革命后，亚历山大二世取得了 1877—1878 年对土耳其的胜利，但是《圣斯特法诺条约》所取得的战果再次遭到西方列强的巧取豪夺。新生的苏维埃政权更应意识形态的不同而遭到欧洲国家的军事干涉。二战前，纳粹德国在欧洲势力的膨胀不仅没有引起英法等国的警惕，反而使英法将“祸水东引”，欲坐收渔翁之利。二战后，欧洲对这个近邻的恐惧更是达到无以复加的程度。“铁幕演说”不仅使对“共产主义的恐惧”深深扎根于人们的意识形态，而且使苏俄的“魔鬼”形象更是在欧洲人心中留下了不可消弥的印记。冷战结束以来，西方并没有放弃遏制俄罗斯的政策。无论如何粉饰，北约和欧盟的东扩重要目标就是防范俄罗斯的崛起。与支持俄罗斯的经济复兴相比，西方更关心的是拔除俄罗斯的“利齿”，俄罗斯所拥有的核武库和强大的常规力量一直是他们的心头之患。由傲慢和恐惧心理所带来的欧洲对俄罗斯的不信任，使得俄欧关系始终不能进入一种牢固、稳定的关系状态。虽然俄欧经济的联系由于欧洲能源对俄罗斯的依赖以及俄罗斯对于欧洲投资的需求而变得紧密，但一旦遇上经济摩擦，这种关系的稳定性是值得怀疑的，也是脆弱的。

（3）欧洲对新俄罗斯自由、民主制度的怀疑

尽管俄罗斯摈弃了社会主义的制度和理念，但它还未建立起成熟的资本主义民主政治，俄国内政治、经济的发展前景仍存在许多不确定因素。从普京在任八年俄罗斯的政治发展来看，民主思想已经深入俄罗斯民众的心中，最基本的民主形式已经确立。然而，所有这些进步并未获得西方的认同，相反使它们更加怀疑俄罗斯“民主政治”的含金量。正因如此，西欧对于俄国内政治，尤其在普京上台执政以来，出现的权威主义现象和趋势十分关注，并对俄国内政治出现的集权主义倾向提出了批评。认为一些事情的进展日益让人担忧，对缺乏自制力的“强总统”制、影响微弱的国家杜马、正在失去独立性的司法制度、国家对媒体的日益控制和俄在车臣的行动等表示不满。认为转型是否民主，并不是这一政治变革进程是否使用了“民主化”的标签，而是在于这一进程是否在实质上体现并运用了民主化的原则。因此西方学界认为，在形式上已经得到建立的俄国民主制度，“在机制上并没有得到巩固，更没有真正在人们心目中生根”，因而，“俄国民主制度的质量是令人大可怀疑的”。俄罗斯的民意也被西方冠以“崇尚专制”的帽子。在俄罗斯进行的民意调查显示，在被问及“俄罗斯需要什么?”这个问题时，71%的人选择的是“一个强有力的领导人”，59%的人选择的是“一个

强大的国家”，而只有 13% 的人选择了“民主体制”。欧洲人将此解读为俄罗斯民族的奴性和崇尚专制的传统。而 2003 年 12 月的议会选举，由于政权党“统一俄罗斯”的大获全胜，更激起了西方对俄罗斯“民主政治”的质疑。欧洲安全与合作组织称选举结果是“完全被扭曲的”；欧安组织议会会议主席则认为这次选举反映了“俄罗斯民主的衰退”；欧洲理事会选举监督代表团团长则以“自由，但当然不公平”来形容此次选举。为西欧认同的亚博卢集团和右翼力量联盟在选举中的惨遭败绩，以及参加选举投票选民的比例下降问题，都被视为俄罗斯“民主政治”倒退的迹象。[①] 有学者认为，在俄罗斯出现的是一种“选举民主制”（electoral democracy），而不是“自由民主制”（liberal democracy）。尽管前者已具有了“有竞争的公民选举”这一民主政治制度的重要特征，但却没有具备同“自由民主制”相关的一系列基本机制，其中包括：可用于调节社会不同利益的强有力的多元机制，拥有广泛群众基础及群众参与的利益集团，能够对过渡的行政权力予以制约的议会，有效的政党体系，以及独立的司法系统，等等。要使得俄罗斯的选举民主制过渡到完善的自由民主制，则还有一段很长的路要走。

（七）俄欧文化具有包容的共性

古罗斯从一开始就与众多民族比邻而居。利哈乔夫认为，罗斯国家从一开始就是多民族国家，罗斯的周围也是多民族的。俄罗斯文化就是在众多的民族的相互影响、互相融合的条件下生长起来的。不仅居住在俄罗斯领土上众多的民族对俄罗斯文化的形成意义非凡，俄罗斯周边众多民族对其文化的形成也影响深远。历史学家、哲学家 M. Я. 格夫捷尔把俄罗斯称为“世界之中的世界”，这意味着多样性中的统一，包括文化多样性的统一。从本源上讲，有着上千年发展历程的俄罗斯文化，严格地说不是纯粹单一民族的文化，因为从俄罗斯民族刚刚形成的时候

---

① Russiaand Eurasia Program, Russia and Eurasian Report, January 2004, Issue1, www. csis. org.

起，就受到来自南方和东南方的突厥文化与来自北方和东北方的芬兰－乌拉尔文化的强大影响，这是古罗斯文化民族起源的原始层。莫斯科公国的首都形成的地方是东斯拉夫和芬兰－乌戈尔文化的结合处，莫斯科这个词本身就是芬兰－乌戈尔语。民族文化的综合首先是东斯拉夫和蒙古鞑靼文化成分的综合，其次是基督教多神教文化成分的综合。这种民族文化大综合完成了整个文化的原始成分外在的、很多方面是表层的一体化。而这个民族文化大综合的深层次中是一种共生，是斯拉夫文化时而与芬兰－乌戈尔的文化混合，时而与突厥人的文化相混合，到后来，已经作为共生的民族文化再与蒙古鞑靼人文化的混合。[①] 地缘位置造成了俄罗斯国家的多民族性，也使得俄罗斯文化成为一种混合的文化。从俄罗斯文化的发展来看，它并不排斥外来的文化，甚至是追求优于自身、更加先进的文化显示出外来文化的包容性。欧洲文化同样具有包容性。德国前总理赫尔穆特·施密特在他的《全球化与道德重建》中指出，在全球化所带来的文化挑战中，有一种危险涉及世界和平，它表现为西方主要是美国企图强迫其他民族和文化接受西方文明。这样做的合法性令人怀疑。……由于欧洲人和北美人接受了一种极其排他性的、欧洲中心主义的教育……却傲慢狂妄地以为可以强迫几十亿人（他们数千年来信奉自己的宗教，其历史渊源比西方更悠久）接受西方关于宪法、民主和个人基本权利的观念。有些人甚至有目的地根据自己的政治和经济利益取舍，利用全球化来协助自己的敌对行动，以经济制裁相要挟，或把有的国家宣布为“无赖国家”，这种行为其实是残暴的基督教原教旨主义的表现。在全球化时代，迫切需要树立对其他文明和宗教的有关学说持尊重和宽容态度的普遍意愿；应当传播人类拥有许多共同的基本伦理信念的认识，以及个人能从他人那里学到些什么的认识。[②] 法国前总理德维尔潘曾专门提出了全球化外交的三项原则，认为今后无论处理哪个地区的问题和危机，都应当坚持原则，一视同仁，当然也要承认问

---

① 朱达秋，周力著：《俄罗斯文化论》，重庆：重庆出版社2004年版，第9—11页。

② ［德］赫尔穆特·施密特：《全球化与道德重建》，北京：社会科学文献出版社2001年版，第65—70页。

题的特殊性。第一条原则是合法性。新的世界共同体需要的不是强权的合法，而是集体行动的合法，有明确的原则、有效可行的决策程序及适当的司法工具。第二条原则是共享。每个民族、每种文化都要为建设世界的未来做出独一无二的贡献，这点比以往任何时候都更重要。在保持总体一致性的同时，应该捍卫文化的多元性；尊重别人，超越各民族、各种文化之间存在的障碍，增加亲和力和交流的机会；抛弃偏见，消除隔膜，不要根据狂热分子的表象评判某一种宗教，而应向各种文化敞开对话之门。这关系到所有人的未来，因为人人都需要良知、尊严和自由。最后一条原则是团结和公正。要彻底消除贫穷、疾病、破坏环境和地区危机等天灾人祸，保持和平与安全；要持之以恒地建立秩序，设计长远的规划，坚忍不拔地进行努力。① 可见，俄罗斯与欧洲在文化上并不是不可包容，从文化角度看，俄欧合作是可能的。

（八）抛弃偏见、建立互信

就俄罗斯改革进程所面临的条件而言，用一种现实的眼光来看它，其实已经做到了条件所允许的一切，对于俄罗斯在政治民主化方面所取得的进步不应轻易否定。一党独裁已经为民主选举所取代；各政党都为争取议会席位而努力；俄罗斯的媒体也远比80年代中期矫饰呆板的宣传机器显得专业和独立；国家的领导者由民选产生；公民可以不虞恐惧地表达自己的观点。议会民主、三权分立、多党政治、自由选举和思想多元化已经在俄罗斯扎根。俄罗斯的政治体系也展现出自由民主的一些基本方面：大多数宗教的、种族的和文化的团体能够公开表达它们的观点并增进其利益；相应地，多数公民在法律面前是平等的，大多数个人能够自由表达其信仰，并具有集会、游行和请愿的自由。俄罗斯的政治生活发生了巨大的变化。普京执政后，致力于打造俄国特色的民主，改善俄罗斯的形象。在2000年的国情咨文中，普京说道："不尊重人的权

---

① ［法］多米尼克·德维尔潘：《全球化的挑战》，载《法国标签》月刊，2003年5月15日。

利与自由，就不可能成为一个强大的国家。只有民主的国家才能确保个人与社会之间利益的平衡，使个人主动精神与全民族的任务并行不悖。”“历经磨难而建立起来的自由、人权、公正和民主的观念曾经受欧洲文明洗礼，并在长达数个世纪的时间里曾经是我们这个社会明确的价值追求。”“俄罗斯人民才是联邦权利唯一源泉和载体。人民通过民主国家和公民社会的各种制度，有权利也有能力保障国家发展的道德和政治基础在今后多年不动摇。”① 与此同时，普京对俄罗斯的社会体制发展的评价中强调“我们正处于起点”。“在俄罗斯建立一个由自由公民组成的自由社会是我们最主要的任务，但也是最艰难的。‘主要’是因为不自由、不自立的人无力关心自己、家人乃至祖国；‘艰难’是因为自由经常被人轻视，许多人不会利用自由。创造力、进取精神、分寸感和求胜心不能用行政命令得来，无法引进，也无法借用。”“如何在不失去已取得的成就的情况下维护自身的价值观，并保持俄罗斯民主的强大生命力。我们应该自行决定建设民主、自由、公正的社会和国家的道路。”② 俄罗斯即便是在虚弱的状态下，也仍不失为一个大国。它所继承的核力量和国际地位，以及它所拥有的发展潜力，忽视它的能力无疑是轻率的。西方学者中也开始认识到俄罗斯在国际社会的作用。安德鲁·库卿斯就此论道：“近些年来，人们普遍不屑地把俄罗斯当作一个功能不全的过时大国、一个不再是举足轻重的国家。仔细回顾一下俄罗斯的千年历史，我只能得出这样的结论，上述观点目光短浅、过于轻率。”欧洲积极地介入俄罗斯政治经济的转轨过程，但这个转型所产生的结果却与最初的期望相去甚远，这种惨淡的结果也使得欧洲在俄罗斯的形象大受损害。而“弱俄”的政策又进一步恶化了俄罗斯人对欧洲的印象——居心叵测地趁机削弱俄罗斯，从而使俄罗斯永远地处于这种衰微的境地。西欧试图用自我认定的“民主”和“自由”价值观来改造俄罗斯，得来的却是俄罗斯与欧洲的互信环境恶化。欧盟的扩大，从传统

① 普京：《俄罗斯总统普京对议会发表的国情咨文》，2005 年 5 月 20 日。

② 普京：《俄罗斯总统普京对议会发表的国情咨文》，2004 年 6 月 1 日，http：//www.russia. org. cn.

的自由主义主张来解释，它反映出市场竞争的自然要求，一体化的过程只有顺应了经济基础和社会交往的本能需求才能不断前进。因此，联盟对外扩张的边界应该是延续的。而这种边缘的不断推进、扩大，使其对外关系又进一步面临着与周边主要战略力量和国际组织、机制之间的调和与互动。因此，以西欧为主导的欧盟东扩必须以尊重他人的文化为前提。在其前进的道路上，以俄罗斯为中心的独联体是欧盟面需首要解决的问题。欧盟忽视俄罗斯的利益，无视俄罗斯的一再退让，一再突破俄罗斯的承受能力，使俄罗斯人深感民族尊严受辱。当西欧强势的价值观与处于弱势的俄罗斯的价值观冲突时，俄罗斯产生了本能的反抗，从误读、曲解到冲突，俄欧的融合缺少了互信基础。半个世纪的冷战对抗在俄罗斯人心灵中造成的对西方世界满怀狐疑甚至敌意的心理鸿沟不可能很快就被填平，而随着西方化所产生的弊端越来越明显，这种狐疑和敌意也就越来越普遍。理解是信任的前提。在国际关系中理解是行为主体间价值观的一种交流。各行为主体的价值体系并不相同，它们可能比较接近，也可能存在巨大的鸿沟。但是，寻求理解，可以使主体对他者的价值体系做出小心、仔细和抱有善意的判断，可以找到主体之间建立信任关系的文化价值观方面的切入点。哈贝马斯在把他的交往行为理论引申到国际交往领域时指出："我仍坚持应当用理解、宽容、和解的立场处理不同的价值观和道德观，乃至不同文化传统之间的差异与冲突。我认为，我提出的交往行为理论和话语伦理学同样适用于处理国际关系和不同文化类型之间的矛盾，即是说，不同信仰、价值观、生活方式和文化传统之间，必须实现符合交往理性的话语平等和民主"。"不同的文化类型应当超越各自传统和生活形式的基本价值观的局限，作为平等的对话伙伴相互尊重，并在一种和谐友好的气氛中摒弃成见，以便共同探讨对于人类和世界的未来有关的重大问题，寻求解决问题的途径。这应当作为国际交往的伦理原则得到普遍遵守。"不能以某一种文化价值判断来处理与其他不同文化之间的关系。同时，任何文化都应该在自身发展中不断反思，学习和吸收其他文化的优秀内容，才能获得其他文化的认同与和睦相处。文化的差异本质上是一种认识和观念上的差异，"每一种文化构成了解释世界和处理世界关系的独特方式，世界是如此的复杂，以至于只有以尽可能多的角度来观察它，才能了解它和它相处的愿望……只能通过对所有文化间的差异积极主动地尊重才能达到。”摒弃原有的偏见，建立相互信任的机制是欧俄关系未来发展中亟待解决的重要问题。

五、日本的文化外交

（一）战后日本文化外交概况

从文化上讲，日本原本是一个后进国，也就是所谓的“周边文明国”。但后来，以“东洋道德、西洋艺术技艺、技术”和以“和魂洋才”为指针，日本通过“为我所用”摄取西方文化而实现了近现代化和国际化，从而得以进入世界范围的文化关系领域——虽然在时间上要远远晚于欧美国家。日本现已成为一个快速发展中的文化强国。可以说，世界上还没有一个国家或民族像日本这样如此成功地、有计划地、独创性地借助外来文化来强大自己。自明治维新以来的一个半世纪以来，日本国家发展战略大致经历了三个阶段：第一阶段从明治维新到第二次世界大战结束，日本国家发展战略是“军事立国”；第二阶段是从第二次世界大战到20世纪70、80年代，日本的国家发展战略是“经济立国”，科技与贸易立国；第三阶段是从20世纪70、80年代开始国家发展战略逐渐向“文化立国”方向转化，最终在世纪末提出了“文化立国”的战略构想。21世纪将是日本依靠本国的文化资源与文化优势开始新一轮发展的世纪。

1、战后日本文化外交理念的演变

日本通过摸索和思考成功地实现与外部文化——西方文化——的接轨与融合，为国家的整体发展打下了良好而扎实的基础。20世纪70年代，日本在实现了赶超发达国家的目标，经济也转入平稳发展之后，便开始注重加强内部文化的建设和发展，至20世纪末正式提出了“文化立国”的战略口号。

（1）二战后初期至20世纪70年代——以重回国际大家庭和化解经济纷争为主要目的

战后初期，日本外交战略的中心围绕着结束占领体制和“回归民主社会的大家庭”展开，重点是加强和美国的关系。为达到以上目标，当时的日本政府按照美国占领当局的指导思想在国内各个领域进行了民主主义改革，建设所谓的“和平的和文化的国家”。日本首相片山哲在第一次国会演说的结语中提到“为了突破危机，接受联合国的好意援助，重新成为国际社会的一员，推进民主的和平国家、文化国家的建设，相信能够实现生活的安定和民族文化的振兴。”到20世纪70年代末，日本政府对外战略呈现出一边倒局面，逐渐向对抗社会主义阵营的方向发展，因此格外重视加深与亚洲“自由国家”的相互理解。与此同时，恢复与其他国家的关系也成为日本外交的重点，而国际文化关系就成为日本政府促进与“自由主义阵营”相互团结的“勃合剂”和增进外国对日理解的“催化剂”。随着日本经济在20世纪70年代实现腾飞，特别是日本成为西方第二大经济强国之后，日本经济和企业开始大规模向海外进军。日本对外贸易不断增长，然而由于特有的文化背景及其行为方式，随之而来的是不断发生的经济摩擦。日本被许多国家批判为只重利益的“经济动物”，这无疑影响了日本对外贸易的发展和国家形象。这一局面的出现，使日本政府进一步认识到文化外交的作用，也将文化外交的目标逐渐向重视“促进经济关系方面相互理解”的方向转变。同时经济的成功所带来的全民族文化上的骄傲感也使日本政府更倾向于通过对本国文化独特性的宣传，来达到化解日本与外国的经济摩擦与矛盾、增进相互沟通的目的。但是，在当时美苏对垒的两极格局之下，直到20世纪80年代末，日本政府的注意力还是主要集中在经济的发展以及应付冷战格局的影响上，也很难说有主动、宏观、明确的文化外交战略。

（2）20世纪80年代至90年代——从“文化大国”到“文化立国”

20世纪80年代初，国际形势发生重要变化。政治上，美苏关系开始缓和，东西方交流增加。经济上，石油危机爆发，世界经济特别是西方经济进入“滞胀”阶段。国际社会在相互依存性加强的同时各种形式的摩擦也不断发生。日本政府开始认识到文化外交的作用不能再仅仅局限于解决经济摩擦方面，而应发挥其更重要的功能。与此同时，美国总统尼克松的“越顶外交”也让日本政府不得不反思过去在外交上“唯美是瞻”的做法，重新重视外交战略的多元化。在总结历史经验和教训后，日本政府意识到，要确立国家在世界上的大国地位，要成为世界级大国，最迫切的是要提高本国的国际政治地位，对世界施加强有力的政治影响力。而要发挥这样的政治作用，光靠本国的经济力量，而在文化上没有吸引世界的魅力，是办不到的。“即使它于其他领域在世界各国中举足轻重或名列前茅，其大国的内涵也是显然因文化的贫乏而打了大折扣的，仅仅是一个具有躯壳的大国而已。”为此，日本政府首次提出“文化大国”的国家发展理念，主张对外要树立日本也是一个文化国家的形象，力图把由吸收并改造世界文化所创造出来的新型的、具有世界魅力的日本文化推介到全世界。也惟有此，才能确保日本成为世界三大经济强国之一的同时，也成为文化强国俱乐部的成员。日本外相大平正芳也在国会发表演说时把“文化外交”列为日本外交政策的四大重点之一，这也是日本政府对文化外交战略重要性的重新审视，文化外交成为日本政府应对国际政治格局多元化的一种战略。到了 20 世纪 80 年代末，大平内阁深刻意识到“文化时代的到来”。大平首相在国会演说时表示“在以欧美为榜样的百年近代化历史上，在追求经济富裕的战后年的过程中产生了各种各样的‘脱轨’，在物质文明被认为达到极限的今天，时代从经济中心在向文化中心转移。”20 世纪 90 年代，伴随着日本“一亿中流化”和“国际化”时代的到来，日本政府审时度势的提出“日本的时代已经开始”，即日本“从模仿和追随西方的文明开始开化时代”迈向“首创和领先的文明开拓时代”，并提出建设“文化大国’，建立亚洲和世界文化基地的战略目标，以此作为“第三次远航”的强大动力。当时大平内阁就宣布把日本的“文化战略”提升到保障国家安全的战略高度。中曾根首相提出“文化大国”的概念，他把“璀璨的文化之国”和“国际国家”结合起来作为日本的国家战略目标，表示日本应该在经济发展的基础上，进而在“文化上、政治上对世界积极地做贡献”。在《建设具有文化力的国际国家日本》一文中中曾根提出了“建立文化发达国家”的战略构想，他说如果我们“只停留在经济国际化，而不在文化、政治方面为世界做出贡献，就不可能成为政治的国际国家”，“过去，我们对吸引和消化外来文化，即对文化的‘接受’过于热心，而对文化的对外传播所做出的努力很不充分”，“日本越是要成为国际国家，就越要思考……如何在世界上传播日本文化”。竹下内阁成立后，则把国际文化交流定位为日本外交三大支柱之一，日本在欲圆文化大国之梦的道路上扬帆启航。伴随着冷战的结束和世界格局的多极化发展，世界文化日益交融与碰撞，以亨廷顿的“文明冲突论”为代表的注重文化研究的著作不断问世。世界各国政府更加重视文化这种“软实力”在对外关系中的作用。在日本国内，泡沫经济的破灭无情地粉碎了日本的“经济神话”，并在日本民族心理内部产生了深刻的危机感和失落感，也迫使日本政治家摸索治国安邦的新疗法。年，日本外务省制定出针对美、中、加、英、德、法等国的文化外交战略，同时还计划把东盟各国，特别是与日本有历史宿怨的国家列为日本文化外交的重点国家。年，日本召开“关于国际文化交流的恳谈会”，提出了一系列关于日本国际文化战略的重大思路，并向当时的羽田政府提交了一份《新时代的国际文化交流》报告，该报告提出了一系列关于日本文化外交战略的重大思想，报告称“由于国际环境和国内形势的重大变化，日本在文化、学术方面做出贡献已经比以往任何时候都重要了，日本应通过对外文化交流来做出国际性的贡献。”为此，日本政府公布实施21世纪文化立国方案，表示要继续扩大国际文化交往，在文化上做出国际贡献并传播文化。这是日本继在20世纪70年代提出“贸易立国”和80年代提出“技术立国”战略口号之后又一重大战略举措。而“文化立国”国家战略的出台，是日本政府为适应形势变化而进行的新的战略调整，也反映出了文化在当今国际关系中的重要价值。日本首相桥本龙太郎访问东南亚五国时，在新加坡发表了被称为“桥本主义”的政策演说，特别强调要“建立丰富多彩的文化合作和交流关系，通过文化交流进一步培养亚太地区共同体意识”。日本首相小渊惠三在夏威夷演说时提出“要为亚洲构筑立足于人的尊严的和平与繁荣的世纪而努力，强调重视亚洲再生和人类安全的同时进行知识对话”。

3、21世纪以来——树立国家品牌形象，提高国家软实力

荷兰政策学家彼得·凡·汉姆年月在《外交事务》中撰文认为，品牌是消费者对某种商品的认知或看法，而“品牌国家”则是外部世界对某一特定国家的看法，国家的品牌化就是如何在国外销售国家的形象。在当今的全球化信息社会，强势的品牌国家在吸引外资、吸引人才和产生政治影响力方面是非常有利的。品牌国家的经营过程，既可以强化外交，也可以帮助国内发展，并使其成功地融入国际社会。日本政府也把文化外交作为其树立国家品牌形象，提高国家软实力的有效工具和途径。日本政府以前所未有的姿态不断加强日本在文化外交上的力度和举措。在日本文化厅发表的国际文化交流恳谈会报告书《今后的国际文化交流》和国际交流基金会发表的国际交流研究会报告书《新时代的外交及国际交流基金的新角色》中，都把国际文化交流作为日本在新世纪开展外交的一种重要手段。日本外务省设立“文化交流部”，进一步强化文化外交。日本首相小泉纯一郎设立首相个人咨询机构“推进文化外交恳谈会”，这一机构的目的是通过文化领域的国际合作，培育国际上的亲日感情。恳谈会向小泉纯一郎提交了《创造文化交流的和平国家日本》报告书》，报告书指出日本文化外交应当遵循三个理念：

第一，日本外交应该以普及日语、流行文化和现代艺术等为开端，在世界上积极培养“爱好日本动漫的一代”，使他们自觉形成对日本文化的兴趣；

第二，日本要积极接纳承担跨文化交流的人才，通过“创造性地吸收”来自世界各国的人才，从而使日本成为充满活力的“文化创造的据点”；

第三，要向世界传达日本“尊重和平和共生的精神”这一普遍的价值观，努力成为“架构多元文化和多元价值观之间的桥梁”。

恳谈会还提议把存在历史认识问题的东亚和需要加强文明间对话的中东伊斯兰地区，作为日本文化外交的重点，通过文化交流和对话以及文化上的国际合作，促进这些地区对日本的理解，加深相互间的信任感，并以在未来形成“东亚共同体”为目标培养共同的利益观和价值观。日本外相麻生太郎在东京秋叶原数码好莱坞大学发表题为《文化外交新设想》的讲演，提出了以动漫等日本流行文化为主开展外交活动的战略。麻生认为，外交已经成为品牌形象的竞争。仅仅依靠外交官的努力是不行的。如果不广泛地借助从事日本文化事业的人们的力量，是不会成功的。日本动漫在中国及其他国家的年轻人中极具影响力，可以“打造日本品牌，推销日本梦想”，挑起把现代日本文化推向世界的重任，这是外务省的官员无论怎么努力都做不到的，因此应该把动漫用到日本外交上来。演讲中，麻生还提出了推广现代日本文化的一些具体做法，主要有以下几方面：

第一，由政府支持，制作出一天八小时，一周七天用英语传播日本信息的电视频道，让全世界了解真实的日本和日本人，从而达到支持日本文化外交的目的；

第二，官民合作，特别是要发挥外务省和国际交流基金会的作用，在世界范围内推广和强化日本语教育；

第三，设立一个面向世界各国年轻漫画家的权威的漫画诺贝尔奖——“国际漫画奖”，挖掘和培养有前途的漫画人才；

第四，任命日本年轻的优秀动漫画家为“动漫文化大使”；

第五，推行“文化交流实习生”计划，让当地的学生在日本大使馆或总领事馆从事一段时间的文化交流工作，培养“知日派”。外务省特设咨询机构“海外交流审议会”向外务省提交了一份报告书，建议通过动漫、电子游戏、流行音乐、影视剧、时装和饮食文化等易被接受同时具有强大渗透力和一定的思想性并可以传播日本形象的流行文化向全世界宣传日本。报告书中还提出了任命“动漫文化大使”以及设立“国际漫画奖”的具体措施。日本外务省将相关奖项和活动的费用列入了当年财政预算草案，并拨巨款从动漫制作商手中购买动画片的播放版权，免费提供给发展中国家的电视台播放。例如，将动画片《足球小将》提供给伊拉克的电视台播放，希望通过此作品让伊拉克人民了解日本民族的优秀品质和坚强求进步的国际化精神。2007 年 6 月“海外交流审议会”再次就“对外传播日本文化”向麻生太郎外相提交了建议书，提议为与全球性的“汉语热”相竞争，对抗中国不断新建的孔子学院，未来两三年内应在政府主导下在全球范围内增设日语教育点。这些日语学校不仅要教授日语，还应该介绍动漫、电影、茶道、插花等日本文化，“让他国国民对日本文化感到亲切”。建议书还提议向海外派遣志愿者宣传动漫引进麻生太郎的作品等日本流行文化，并要求开设播报日本新闻的国际广播电视频道。2008 年 2 月 14 日，“海外交流审议会”向高村正彦外相提交了《关于提高日本对外传播力度的措施与体制》的咨询报告，主要内容包括强化电视对外播放扩大日语教育有效开展包括流行文化在内的日本现代文化的传播，加强对文化交流有功人士的表彰着重加强日本与中国和韩国的青少年之间的交流，等等。报告还列举了具体的宣传措施争取从 2008 年度开始将 NHK 的国际对外广播扩充为英国广播公司的规模增加日语教育基地在对外交往中积极有效推广动漫等现代日本文化支持智囊机构、大学的日本研究，等等。2008 年 3 月 19 日，“哆啦梦”中文译名“机器猫”、“小叮当”被任命为日本“动漫文化大使”，承担向全世界宣传日本动漫文化和提升日本对外形象的重任。

（二）日本文化外交的组织运营机构、资金预算演变

在战后日本文化外交理念不断更新和发展的过程中，为了适应国际国内环境变化的需要，日本的文化外交机构、资金和法律保障等各方面也在不断被调整和加强。

1、日本主要的文化外交机构

日本从事文化外交的行政机构是文部科学省、文化厅隶属于文部省、具体负责日本文化行政的副部级行政机构和外务省下属的文化交流部。就文化外交事务的具体实施中，早在 1934 年日本就成立了文化关

系协会，负责向国外传播日本文化。20 世纪 60 年代，设置了专门的文化和教育联播网的官方广播电视——日本广播协会，另外还有私人资助的发达的广播电视网络等。日本推动国际文化交流的主要机构除了文化厅、文部省、外务省等行政机关外，还有国际交流基金会、国际写作事业团等特殊法人组织以及全国有关的文化团体等，他们相互协作，共同配合，展开内容丰富形式多样的国际文化交流。一般来说，外务省根据与世界各国的文化合作协议或协定，通过所在国的使馆与领事馆开展各项文化活动，并制作、发送海外宣传广告宣传资料，邀请和派遣各行各业的专家学者互访，开展无偿的文化援助活动等。国际交流基金会承担着对外交流的重要任务，向海外派遣人员并安排国外的专家学者访日，从事调查研究、对海外的日语教学和日本问题研究给予积极的支持，通过举办展览会、舞台艺术、音乐会等多种文化活动介绍日本文化，也将外国优秀的文化及时的介绍到国内等。作为日本政府开展对外文化交流的主要实施者，文化厅对外文化交流的重点是在文化艺术上，文化厅的对外文化交流已经形成了自己完整的思路构想和策略实施体系。除政府部门和相关组织外，日本全国各相关基层组织、民间团体、企业等也都从不同的侧面与层面积极地协助政府和权威部门做好对外文化交流活动。

2、资金预算——外务省国际交流基金会、文部省文化厅为例

文化厅是日本推行文化外交的重要部门，据日本文化厅的调查，日本每年的文化预算在发达国家中并不算高，均低于法、英、德，但从 1968 年文化厅成立以后，文化预算开始每年递增，1968 年文化预算只有 50 亿日元，到 1980 年达到了 400 亿日元，此后的 10 年因进入财政紧缩时代而处于原地徘徊状态。之后，随着对文化重要性认识的不断加强，又出现了快速增长，1994 年文化厅预算在文部省的总预算中达到了 1%，接着以每年 10% 的速度增长。到 2008 年文化厅预算为 1017 亿多日元。

3、国际交流基金会

外务省把推进文化外交作为明确的手段和目标之一。进入 21 世纪

以来，外务省用于推动文化外交的资金预算不断加大。以2007年为例，明确列出用于开展文化外交的资金预算为209．4亿日元，其中人员交流49．4亿日元，交流年预算1．6亿日元，国际交流基金130．5亿日元，无偿推动对外文化事业20亿日元。国际交流基金会是日本进行国际文化交流中具有枢纽作用的专门机构。其首要宗旨是“生产、收集、交换和分送资料，以向海外介绍日本文化，促进国际交流，其中包括书籍和其他印刷品、电影、幻灯、照片、录音机和磁带等其他视听资料。”例如，1973年，国际交流基金会资助了部电影向外发行和派遣海外的21名日语专家，1991年资助的电影达到了129部，而获得资助的日语专家也达到了204名。2008年，基金会资助日本艺术家和艺术团体在海外进行了共计58次公演。根据《国际交流基金法》，基金会的活动经费主要依靠政府出资（首笔基金约为50亿日元）、政府出资收益、政府开发援助、预算、以及民间捐赠。自1972年成立以来，日本政府对国际交流基金会的支持力度不断加大。

（三）日本开展文化外交的主要途径

随着冷战的结束，1991年，日本外务省指定出针对美、中、加、英、德、法等国的文化外交战略，同时还计划把东盟各国，特别是与日本有历史宿怨的国家，列为日本文化外交的重点国家。1994年，在《新时代的国际文化交流》报告中，提出了一系列关于日本文化外交战略的重大思想，报告称“由于国际环境和国内形势的重大变化，日本应在文化、学术交流方面做出贡献比以往任何时候都重要了，日本应通过对外文化交流来做出国际性的贡献。”为此，日本政府制订了旨在适应21世纪的新文化立国战略的《特殊21计划》，把“推动国际艺术交流事业作为所要开展的四项事业之一”，并决意采取文化、艺术等多元化发展方式向“文化大国”挥鞭进军。2001年，日本国会专门通过了“振兴文化大国”的《文化艺术振兴基本法》，从司法上保障了向“文化大国”的推进。日本政府的文化外交主要通过以下四个方面来展开。

1、对外文化交流

对于一个国家来说，振兴其存在最重要基础之一的文化、艺术和体育是非常重要的。日本政府对对外文化交流十分重视，把向世界传播日本文化作为“文化立国”的重要内容之一。从20世纪80年代中期前后，日本政府越来越重视向世界介绍本国的文化，积极促进日本文化与世界各国的交流和理解，并力图在这一过程中将日本文化推广到全世界。与此同时，日本政府还通过积极参与国际机构和世界各国开展的文化活动来达到以本国文化影响和推动世界文化发展的目的。重视在与各国开展艺术、体育等文化交流活动中介绍日本文化，除了介绍和宣传对方国家与民族的文化以外，日本还着力介绍和传播本国文化。日本政府认为，日本可以向美国和世界其他国家提供的不仅仅是技术和资金等属于硬件的东西，也可以提供软件方面的东西，例如日本的企业家精神就完全适用于其他国家。在“要向外国输出日本精神”的对外文化战略指导下，日本在舞台艺术的国际交流方面提出了“舞台艺术高级化—走向世界”这样的口号，利用国际艺术节或国外的节日等机会出国公演，传播日本的舞台艺术文化。同时，日本政府以及社会团体还在世界各地举办多种多样的文化节、文化月活动，向世界推广介绍日本文化。文部省等有关部门对于这类活动给予多方面支持的同时还从经济上给予补贴，以便使这类活动能够持续开展。对于地方政府和社会团体举办的国际体育活动运动会、专项比赛、美术展等，日本政府也积极给予支持赞助。在日本政府明确的指导方针和政策的支持下，政府部门和社会团体等在世界各地频繁地举行各种形式的介绍日本文化的活动。

2、加强人员往来

加强与国际文化方面的人员交往，是日本对外文化交流的重要方面。根据文部科学省的统计，2005年，仅文部省系统向海外派遣的教师和研究者人数即达137251人，接受外籍教师和研究人员达34939人，均为历史最高水平。日本政府特别重视青少年的友好交往，日本各级各类政府涉外机构和社会团体都参与到人员、特别是青少年的往来活动中来。比方说，外务省主办“青年日本研修”、总务厅主办“世界青年之船”、国际合作事业团工主办“为了世纪的友情计划”等。这些活动吸引了大量的日本本国青少年和国外的青年参加，参加活动的人员数目每年都在几百至几千人左右，规模不等。日本政府还特别重视让本国的中小学生到国外去进行修学旅行，从而扩大他们的视野，在促进与他国交流的同时向外国传播日本的文化，修行的主要目的地是美国、韩国、中国台湾等地。

3、促进“放射型”的国际学术交流

日本政府把学术交流也看作是分担国际责任、作为一个大国对世界作贡献的形式，甚至认为它体现着国际贡献的程度。文部省在其一年一度的《教育白皮书》中指出“随着我国国际责任的增强和研究水平的提高，需要我国在学术研究领域也做出国际性的贡献。因此，学术的国际交流、合作的重要性大为提高。”，正是在这一认知的基础上，日本政府指导国际学术交流的政策有了新的发展。1994 年 7 月，日本政府关于学术问题的智囊机构—学术审议会议，提出了促进日本国际学术交流的三点建议加强具有国际先进水平的国内学术研究基础加强和充实接纳外籍研究人员的体制促进“放射型”的国际学术交流。如果说日本在以往的国际学术交流中更多地扮演着谦虚好学的吸收型学习者的角色，那么到了 20 世纪 90 年代，随着日本实力的大增和追求大国战略步伐的加快，其国际学术交流的指导方针也从“吸取”转向“放射”，传播出一个大国在高级学问领域不再是学生、而是老师的信息，这也有利的配合了日本谋求大国地位、树立大国形象这一对外战略目标。为此，日本政府大力赞助设立跨国联合研究和共同开发的学术、科研项目，尤其是广泛援助在海外的日本研究项目，为海外的日本学学者提供一切赴日学习、研究的机会，向海外的日本学研究机构派遣师资。另外，日本政府还通过“日本学术振兴会”建立了网络海外学术信息、传播日本学术信息的“海外研究联络中心”。

4、外向型的教育——以留学生和日本语教育为例

从 1953 年与法国签订第一个文化交流协定开始，日本早期的对外文化教育交流主要是向发展中国家进行文化援助。从 1954 年开始，日

本文部省用国费招收外国留学生，接受的多是来自东南亚各国的学子。在这一时期，日本政府还推行了“科隆坡计划”，面向对象国招收研究生和派遣专家以促进对象国教育的发展，并借此改变日本的国家形象。总体而言，直到20世纪80年代以前，日本在文化教育领域的国际化程度还处于比较低的水平。进入20世纪90年代，日本提出了争做世界大国，实现国际化的目标，日本政府也随之对教育政策的国际交流方面和相关的对外教育政策方面进行了调整。在国内教育上，日本在建立文化国家的过程中，一直在努力摆脱文化上的欧化，积极挖掘并重新评估民族自身传统文化，培养国民“珍视文化与传统的心态”，并以此树立国民强烈的民族自尊心、自信心和自豪感。与此同时，积极开展国际化的文化教育，在增进国际理解中培养未来的日本国民的国际协调精神和国际生存素质，“培养在国际社会中受信赖的日本人国际公民”。为此，1992年，日本文部科学省编写出版了《我国的文教政策》，明确了面向世界的国际型文化教育新方针。在该方针指引下，文部省主持修改了中小学《学习指导纲要》，对中小学各门功课的教学目标和内容做了详尽的说明。从此，这种教育体制改革把日本的国内教育导向有利于国际接触、交流和增进相互理解轨道的同时，也进一步明确了日本国内教育以向世界介绍、传播和推广日本文化的基本目标。而在对外教育政策方面，日本采取的最为直接有效的两种手段是大量吸收留学生和在世界范围大力推广日本语。

第一，留学生教育。留学生工作一直是日本政府对外文化政策中重要的一环。日本政府不仅把留学生看作是向世界传播日本文化的使者，实现日本文化走向世界较为便捷的中介，而且深知留学生归国后，作为各国的精英，其态度不仅会影响到其国家的广大民众，也会直接或间接地影响到其政府的对日政策。因此，可以说，留学生政策是日本综合安全保障的重要组成部分。1996年日本《教育白皮书》就明确提到“留学生交流……对促进国际理解、国际合作精神，特别是对发展中国家，合作为其培养人才是具有及其重要意义的。”接受外国留学生赴日学习日本文化，加深对日本的理解、同情，并把日本文化包括大和民族精神、价值观念、思维方式等传播到全世界，这为培养国际公众对日友好态度、并赢得良好的国际舆论提供了坚实的群众基础。

二战结束后初期，由于国际环境的影响和国内发展的需要，日本留学生交流的重点是向欧美国家派遣留学生并学习先进的欧美文化。随着经济地位的增强，日本政府虽然也开始接受外国留学生，但是接纳程度与其他西方国家姓比，程度相当低。1979 年日本共向国外派遣了 13000 名留学人员，而该年接受的外国留学生人数却仅为 5933 人，并且其中 8 成以上来自亚洲的发展中国家。到 1982 年，在日外国留学生总数为 8116 人，而同期美国为 326299 人，法国为 110763 人，英国为 50684 人。日本在留学生数量和比例上与西方国家的巨大悬殊，也使得当时的日本政府痛感在留学生接受方面的落后，下定决心要追赶西方先进国家。1983 年 4 月，日本首相中曾根康弘在访问东南亚国家时，提出要大幅扩招外国留学生。同年 6 月日本政府设立了日本文部大臣私人咨询机构——“面向 21 世纪的留学生政策恳谈会”，8 月该机构向文部大臣和总理大臣提交了书面报告，在报告中恳谈会提议日本以欧美发达国家接受的留学生程度为目标，综合性和结构性地扩大招收外国留学生的规模，使留日学生的人数到 21 世纪初达到 10 万人。这就是著名的“十万留学生计划”。该计划得到了日本政府的高度重视，文部科学省以该计划为蓝本，一直致力于计划目标的实现。根据日本文部科学省的资料显示，在日本政府提出并实施“10 万留学生计划之后”，日本接受留学生的数量有了明显的提高。日本政府之所以如此重视留学生教育，一方面留学生教育不仅仅是对外文化交流的一个方面，更重要的是留学生教育对于加强日本综合安全保障也有着积极的意义。日本政府把文化交流看作是加强日本综合安全保障的重要一环。因为留学生长期生活在日本，对日本的方方面面都有切实的感受，学成归国以后往往又在各个领域发挥着重要的作用。他们对日本的态度不仅会影响到其本国的民众，也会直接或间接地影响到本国政府对日本的态度。因此，如果留学生政策处理得当，并能恰到好处地利用好这笔无形的财富，形成对日本国家和民族的一个友好的氛围。这无疑有益于日本的综合安全保障。同时，大量接受外国留学生，其本身就是文化大国的一个重要标志，而且，留学生在日本主要以学习知识、掌握技能等为目的，加上长期生活在日本，耳濡目染，最容易接受日本文化。他们学成归国以后，会自觉或不自觉地把日本文化包括民族精神、思维、行为方式、生活习惯等广义的文化带回本国，因此能起到传播日本文化的作用。因此，日本政府把留学生看作是向世界传播日本文化的使者，是实现日本文化走向世界较为有效和便捷的桥梁与中介，是日本圆文化大国之梦不可或缺的重要途径。

第二，在世界范围大力推广日本语

在文化教育上，推广日语是日本实现对外文化战略目标的核心环节之一。语言是文化的载体，语言伸展到哪里，就会将它所承载的文化价值观带到哪里。因此日本政府把加强日语教育看作是向全世界传播日本文化、让世界了解日本的一个重要手段。日语的国际推广事业由外务省下属的国际交流基金会、文部省和邮政省三方共同承担。为了向全世界推广日本语教育，日本政府采取了多方面的措施：第一，加强日语教育师资队伍建设。在各大学设立日语教育专业，并开始实行日语教育能力水平测试，以确保师资水平；

第二，支持国外日语教育。为推动国外日语教学事业的发展，日本政府从1990年开始派遣日本国内公立初、高级中学的教师到国外的中等教育机构支援日语教学，该计划被称为是“REX计划”。除此之外，日本政府每年还派遣资深日语教育专家到国外或邀请外国的日语教师到日本，进行与日语教学相关的一些培训；

第三，在日本国内外实施“日语能力测试”。为检测外国人的日语学习水平，日本国际教育协会和日本国际交流基金会共同主办在日本国内、外实施的“日语能力测试”。该测试于年开始面向母语为非日语的人群，考试优胜者，可以获得相关的资格证书并能得到日本政府的适当奖励，以此激发外国人对日语和日本文化的兴趣。可以看出，在日本政府的大力支持下，自20世纪90年代以来，无论是教学机构、教师还是学生数量都有了很大提高。这种增长势头仍在持续。这对实现日本政府促进日本与世界的交流、理解，传播本国文化的目标无疑是一个好的征兆。

5、对外文化贸易

在日本，对外文化关系常常被用来当作扩大对外贸易的润滑剂，反过来，对外贸易又往往为输出文化搭建舞台，架桥铺路，也就是我们常讲的“经贸搭台，文化唱戏”。日本政府不仅把文化当成观念之物，也视为一种可以器物化的“朝阳产业”、“优等产业”，同时也深刻意识到文化产业的政治战略意义。为此，日本政府制定了外向型的文化投资战略和相应的文化产业政策，它总是把文化输出同商品输出捆绑在一起，并不失时机的调整文化产业结构，制造出“适销对路”的文化产品。由此，日本文化随着日本产品，特别是文化产品，飞速向世界各地尤其是东南亚国家和地区蔓延、渗透，如日式宗教旧式禅宗、卡通、电影、茶道、柔道、空手道。特别值得一提的是，日本政府在文化产业方面很会动脑筋，在如今这个多媒体时代，以电脑动画、卡通片为主的新媒体艺术，已经成为激活日本世纪艺术文化的原动力。日本的动画片、漫画、电子游戏软件在亚洲地区很受欢迎，铁臂阿童木、聪明的一休、花仙子、阿拉蕾、樱桃小丸子、蜡笔小新、名侦探柯南、皮卡丘等卡通形象家喻户晓。日本政府善于利用本土文化特色来输出文化，而且别具匠心，如早在20世纪60年代就向美国首都华盛顿赠送了3800株樱花树，随后不间断地派出日本园艺师赴美作技艺指导。樱花繁育万千，每逢春天，樱花烂漫，就在美国首都构成一道浓烈无比的日本景观。在日本国际交流基金会的主持下，日本还在华盛顿举行一年一度的樱花节，趁机在美国掀起销售日本产品如影视、漫画、音乐和的高潮。日本政府还善于利用其雄厚的经济实力变相的输出文化。如外务省通过向发展中国家提供“无偿援助基金”供对方购买日本的电视节目，日本的每年向外国电视台无偿提供盒录影带。这种通过外贸渠道展开的文化外交形式一方面给日本带来了可观的经济利益，使日本获得了“文化产品出口贸易大国”的美誉。据日本贸易振兴机构的统计，日本漫画、动画片和游戏软件在国际产业市场的规模达到了34万亿日元，占据世界文化产业30%的市场。目前，有多个国家和地区通过电视收看日本动漫，世界各国播放的动漫作品中有以上来自日本，在欧洲所占的比例更是高达。年销往美国的日本动画片以及相关产品的总收入为43159亿美元，这一数据是日本出口到美国的钢铁总收入的4倍。遍布日本和全球的日本动漫迷们每年在电影和视盘上的消费超过了50亿美元，此外，与日本动漫相关的商品消费是180亿美元。另一方面，通过文化贸易，日本在文化输出的同时也把一个“文化日本”的国际形象传递给了全世界。

6、对世界文化事业的援助

自从第二次世界大战结束后，日本政府一直积极参与国际组织的文化交流与援助活动，以增强其国际影响和提高国家的国际形象。以前援助的重点在环境、移民等问题上，从世纪年代开始，教育、学术和文化等领域逐渐成为日本政府援助的重点。在日本政府开发援助项目上增加了对外教育援助的预算份额。在文部科学省的预算中，相关事业的预算额度也不断增加，日本还特别注重发挥其作为经济大国的优势，以经济实力为后盾积极参加诸如文物保护、对发展中国家文化发展进行援助等双边与多边的国际文化活动。1989年日本在联合国教科文组织出资设立了用于保护世界文化遗产的“日本信托基金”。这笔基金尤其在保护亚太地区世界遗产等文物方面发挥了积极的作用，如对柬埔寨吴哥古迹的保护，对中国西安唐朝大明宫含元殿的修缮，对吐鲁番交河古城的保护，以及对南亚国家佛教遗址的保护等。同时，日本还对文物保护提供人员和技术援助，如日本的和纸保存技术被试用于中国敦煌的文物修复工作等。日本政府还鼓励民间志愿者参与中国的治沙事业，在各大沙漠义务植树种草。1993年，日本设立了联合国教科文组织“无形文化资源保存日本信托基金”，该信托基金主要是以亚洲地区为中心，以舞蹈、音乐等传统艺术，陶艺、漆艺、染织等传统工场的优秀的无形文化资源的保存和复兴为目的。日本还对发展中国家的文化发展事业给予援助，内容从赠送文教器材，到提供资金和人才。除此以外，日本还积极参与国际组织的文化交流与援助活动。据统计，随着日本基金捐赠的增多，日本国际交流基金会所资助的项目也越来越多，除了对发展中国家进行无偿援助以外，对发达国家的一些文化艺术团体，也进行了捐助。总体来说，日本的无偿文化合作稳中有升，呈逐年递增的态势。日本政府对国际文化事业的积极合作的政策及其，对日本发展同各国的相互理解和信任，树立其和平大国、文化大国的形象，无疑意义深远。

第六章　全球化时代的国际文化新秩序

一、国际文化秩序的理论分析和历史考察

任何一个领域的学术研究都必须建立自己的概念体系和分析框架。国际文化秩序作为国际关系领域的一个重要范畴，有其自身的内涵和外延，也有其自身的历史演变过程。只有首先对这一概念做出明晰的界定，并对其演变过程加以分析，才能够为现实问题的研究提供有益的启示和指南。因此，本节首先对国际文化秩序的含义、制约因素、性质等相关问题进行理论上的探讨，并对国际文化秩序的历史形态及当代特征加以梳理。

（一）国际文化秩序的界定

目前学术界关于国际文化秩序的相关问题存在相当大的争议。虽然近年来随着全球化发展趋势的不断加强，文化问题在国际政治领域中日益凸显，人们越来越关注文化因素在国际关系中的作用和影响、全球化时代的文化扩张、文化交流与融合以及文化全球化等相关问题。国内外学者从不同角度和侧面对文化问题加以分析和论述。但是，到目前为止，极少有学者从整体角度来研究国际文化新秩序的问题，对于国际文化秩序的概念本身更是存在诸多的疑问。还没有人明确提出这一概念，甚至有的学者根本就否认国际文化秩序概念的存在。那么，是否存在国

际文化秩序这一概念？怎样从理论上对其加以界定？这些问题的提出就成为本文的理论起点和逻辑起点，也是研究全球化时代国际文化新秩序建构必须要解决的理论问题。而对于这一概念的理解和界定，首先必须从秩序、国际秩序的概念入手。

秩序是指有条理、不混乱的情形，与无序、混乱相对。秩序的建立和维持一般以规则的制约为基础，以相应的机制为保障。秩序普遍存在于自然界和人类社会的各个方面，国际社会亦不例外。国际社会中的秩序，亦即国际秩序，是指国际社会主要行为体基于某种共同利益和目标，依据一定的原则、规范、规则和保障机制而形成的相对稳定、有序的国际关系状态，① 是管理所有行为体的对外行为及其互动关系的制度化安排。因此，国际秩序包括两层含义：一是指得到国际社会遵循的一套规则体系和保障机制；二是指一种相对稳定有序的国际关系状态或模式。二者相互连接、相辅相成，前者是后者的内在要求和必要前提，后者是前者的外在形式和必然结果。如定义所示，国际秩序是以管理国际关系的一系列原则、规范、规则及保障机制等制度化安排为依据的，这些制度化安排以国际法原则、国际关系准则、国际机制、国际制度、国际组织等形式表现出来，构成国际秩序的核心要素。

目前学术界已经达成共识的是，认为国际秩序是涵盖国际社会各个领域的一个笼统的概念，就其基本内容而言，包括国际政治秩序和国际经济秩序两大方面。前者涉及国际政治、安全、外交、军事、文化等领域，后者涉及国际生产、贸易、金融、科技等领域。可见，持这种观点的人并没有明确反对国际文化秩序的存在，只是没有把国际文化秩序单独拿出来加以讨论，而是把其归于国际政治秩序的一个组成部分。本文认为，既然秩序是普遍存在于自然界和人类社会各个方面的，那么作为人类社会重要领域之一的文化方面当然也就存在着秩序。而国际秩序是存在于国际社会中的秩序，在政治领域体现为国际政治秩序，在经济领

① 潘忠岐：《世界秩序：结构、机制与模式》，上海：上海人民出版社 2004 年版，第 431 页。

域体现为国际经济秩序，那么，在文化领域也必然体现为国际文化秩序，只是以前这一问题很少引起人们的关注而已。因为以民族、国家、国际组织以及个人为载体的民族文化是国际社会的一个重要方面，尤其在全球化趋势不断加强的时代里，文化问题越来越成为国际社会中的热点问题，不同文化之间的交流与融合、强势文化与弱势文化的关系、民族文化的生存发展等问题日益成为学者们关注的焦点。葛兰西的文化霸权理论、汤林森的文化帝国主义、亨廷顿的“文明冲突论”、福山的“历史终结论”等等理论，虽然没有明确提出国际文化秩序的概念，但实际上他们论述的都是国际文化秩序的问题，即以他们本国的国家利益为出发点构建现存世界的文化秩序。可见，国际文化秩序是客观存在的，只是目前学术界还没有从概念上对这一问题加以明确的界定而已。

综合以上分析，本文认为，国际文化秩序是指国际社会主要文化行为体基于某种共同利益和目标，依据一定的原则、规范、规则和保障机制而形成的相对稳定、有序的国际文化关系状态。可见，在国际文化秩序的建构中，国家利益仍然是其最根本的出发点和归宿点。对于这一概念的界定也是本文对全球化时代国际文化新秩序建构问题进行分析的理论起点。

（二）国际文化秩序的制约因素

国际文化秩序受到多种因素的制约，最主要的有以下三个方面：

首先，国家利益。国家利益是国家对外行为的根本依据和最高原则，是决定国家间关系的核心因素。“只要世界在政治上还是由国家所构成，那么国际政治中实际上最后的语言就只能是国家利益。”[1] 国际文化秩序作为国家意志和政策的产物，它的建立、维护和变革必然要受到国家利益的驱动。

国家利益对国际文化秩序的影响作用是通过国家利益的根本属性来实现的。国家是国际关系中最基本、最重要的行为体，由于阶级的、民

---

① Hans J. Morgenthau, Dilemmas of Politics . Chicago: University of Chicago Press, p. 68.

族的、社会的、经济的、政治的和文化的等诸多因素的差异，各国具有各不相同的国家利益。国家利益的这种特殊性，决定了国家对于建立什么样的国际文化秩序以及如何建立国际文化秩序抱有不同的期望和要求，由此产生的矛盾与斗争成为影响国际文化秩序的建立、维护和变革的根本动因。例如，伊斯兰复兴运动对于美国文化霸权主义的文化抗争即是其表现之一。另一方面，各国的国家利益也不是完全冲突的，在国际社会里，国家既需要自助，也需要互助，每一个国家均应享有获取正当的国家利益的权利，同时也应尊重他国同样地享有获取正当的国家利益的权利。否则，国际政治将会陷入永无休止的冲突与混乱状态，谁的国家利益都难以实现。因此，它们也需要对彼此的行为加以规范和约束。另外，全球化的不断发展和国家间相互依赖的日益加强也对国家间加强协调和合作提出了越来越高的要求。国家利益的这种普遍性，使得国际文化秩序的建立和维护成为可能。

总之，国家利益的特殊性决定了国家间在国际文化秩序问题上的矛盾与斗争，国家利益的普遍性则决定了它们在国际文化秩序问题上的协调与合作。国际文化秩序就是在各国围绕国家利益进行斗争与协调的基础上建立起来的，也是在此基础上发展演变的。

其次，国际格局。国际秩序与国际格局既有区别又有联系。国际秩序是国际体系的规范化、制度化状态，国际格局则是国际体系的权力结构状态。权力是实现国家利益的根本手段，是一国向他国和国际体系施加影响的力量源泉。国际文化秩序作为国际政治斗争的产物，必然要受到反映国家间权力对比关系的国际格局的制约。原因有三：

其一，国际格局是国际秩序的物质基础，有什么样的国际格局，就会有什么样的国际秩序。只要国际格局发生重大变化，国际秩序迟早也会改变，因为规则的制定者和秩序的主导者已经易位，旧的行为准则及其保障机制将逐步被新的所取代。可见，在秩序与格局的互动关系中，格局是第一位的，具有先导性和决定性作用。正如日本国际政治学者星野昭吉所说：“国际秩序的塑造、维持、转型是与权力结构密切相联的。国际秩序反映了国际体系中权力分配结构的某种形式。正是一种制度化的权力分配，才能确保社会价值分配决策的规则化。国际秩序高度有序存在，意味着稳定的、制度化的权力分配结构状态。"① 作为国际秩序一部分的国际文化秩序，当然也会如此。

其二，国际格局决定国际文化秩序的受益主体。国际秩序是国家或国家集团之间权力斗争的产物。在此过程中，拥有较强实力、在国际格局中占据支配地位的大国和强国往往扮演着主导性甚至决定性的角色，因此它们必然会依仗自己的权势、按照自己的利益需求来安排国际文化秩序，从而使之深深地打上本国意志的烙印。"'由于对国内社会造成的不同结果，国际秩序并非中立，某些国家比其他国家从目前的国际秩序中得到更多的利益'……在关系对等的国家之间与关系不对等的国家之间，秩序的意义及视角具有根本的不和谐的品质。"② 迄今为止的国际文化秩序主要体现的是少数西方大国的利益，就是因为它们作为一个与亚非拉广大落后国家相对立的利益集团，一直在国际格局中居于支配性的地位。当前和今后的国际文化秩序能否较多地体现发展中国家的利益要求，最终取决于这类国家作为一个整体能否增强其在国际格局中的地位和在国际事务中的发言权。

其三，国际政治格局决定国际文化秩序的性质。通常用公正、合理与否来区分一个国际秩序的性质，实际上反映的是国际秩序的根本性问题，即"谁的秩序"的问题。而这一问题归根结底是由国际力量较量的结局所决定的。如果世界的权力结构是多元的，处于不同发展阶段的政治力量都能够共同参与国际规则的制定与完善，那么国际文化秩序就会建立在各方利益妥协和协调的基础之上，从而使得社会价值分配实现至少是大致的公平与均衡。反之，如果世界仅由一个或少数几个大国主导，公平与均衡的价值分配就无从谈起，人类孜孜以求的国际正义只能永远停留在幻想层面。因此，变革旧的国际文化秩序，使之趋于公正、合理，关键在于打破国际文化关系领域由少数强权垄断的局面，推动国

① ［日］星野昭吉：《变动中的世界政治——当代国际关系理论沉思录》，北京：新华出版社1999年版，第422页。

② 同上，第415页。

际文化关系朝着力量结构多元化方向转变。

最后，时代主题及特征。时代是人们用来概括人类社会不同发展阶段的一个概念，时代主题就是指人类社会在不同发展阶段所面临的主要任务和解决的主要问题以及为此而从事的主体活动。时代特征是指人类社会各个发展阶段所呈现出来的与以往不同的具有内在规定性的独特现象和趋势。时代主题对于国际文化秩序具有宏观性和全局性的制约作用，因为时代是国际政治所处的大环境。时代主题对于国际文化秩序的制约作用主要表现在两个方面：一是决定着国际文化秩序的涵义和发展方向；二是决定着国际文化秩序的实现方式和途径。

总之，正是因为受到国家利益、国际格局以及时代主题和特征的多重影响和制约，国际文化秩序才会在不同背景下、不同时代里表现出完全不同的特征，使国际文化秩序的变迁得以成为可能。

（三）国际文化秩序的性质辨析

国际文化秩序的焦点问题是“谁的秩序”的问题。国际社会围绕这一焦点所产生的矛盾与斗争的实质是：由谁制定规则、制定何种规则以及规则应为谁服务、由谁受益。这个根本性问题触及的是国际正义这一核心原则，并由此决定着国际文化秩序的性质是公正、合理的，还是不公正、不合理的。

正义是人类社会最高的价值准则之一。正义包括平等正义和均衡正义两方面的内容。平等正义是指无差别地对待在能力、需要或其他方面有差别的人或集团，赋予他们平等的权利和义务。其理由在于，他们尽管在某些方面不平等，但在另一些方面是被认为相等的，应有与之相关的同等的权利和义务。例如在国际政治中，国家不分大小强弱，一概应享有国家主权以及由此派生的种种权利，国家不论贫富，一概应承担偿还本国所欠国际债务的义务，这些都是平等正义的例子。均衡正义是指有差别地对待在能力、需要或其他方面有差别的人或集团，赋予他们为实现社会价值公正分配所需有的不平等的权利和义务。在此，最重要的是社会价值公正分配这一目的，而社会价值的公正分配从根本上说，是为了充分尊重和实现所有人的内在目的性价值。马克思提出的共产主义社会的基本原则——“各尽所能，按需分配”——就体现了均衡正义，体现了所有人的自由发展是全人类自由发展的先决条件这一具有深刻道德含义的思想。①

国家间的平等正义，意味着各国以主权国家身份享有独立、领土完整和内外政策自主权利，也都平等地承担不破坏别国主权和领土完整、不干涉别国内政的义务。国家间的均衡正义，即为了国际社会中安全、自由、财富、尊严、发展机会等基本价值的公正分配而赋予强国与弱国、富国与穷国、发达国家与欠发达国家在某些方面不相等的权力与义务。这在政治上意味着要侧重维护弱国主权，增长其参与决定世界事务的权利，并且为此相应地限制强国特别是一流强国的权力；在经济上意味着要在贸易条件、资源开发、投资分配、劳力流动、技术转让等方面给予穷国充分的优惠权利，并且规定富国须承担援助穷国的义务；在文化上意味着要保护和弘扬欠发达国家的传统文化精华，支持其文化和教育发展，限制发达国家在此方面的支配性影响和传媒优势。②

由此可见，判断国际文化秩序的性质应以国际正义原则为准绳，以是否有利于世界各国民族文化的共同生存与发展和世界整体的和平与繁荣为依据。判断某种国际文化秩序是否符合国际正义，就是要看国际规则是由谁制定和支配以及由谁受益。如果国际规则是由某个超级大国或少数强国主导并为它们牟利，由此建立起来的国际文化秩序只能是不公正、不合理的“强权治下的秩序”。这种秩序把占国际社会绝大多数的弱国、穷国排斥在规则制定者和受惠者行列之外，破坏了强国、富国与弱国、穷国之间在权利和义务上的平等原则以及在社会价值分配上的均衡原则，导致强弱差别和贫富差距扩大化和永恒化，因而是不公正、不合理的。反之，如果国际规则是由各类国家共同参与制定和维护并为它们共同受益的，那么，由此建立起来的国际文化秩序必将是一种体现正

---

① 时殷弘：《国际政治：理论探究·历史概观·战略思考》，北京：当代世界出版社2002年版，第88页。

② 同上，第100页。

义原则的公正、合理的秩序。在此秩序下，不仅它们之间能够在权利和义务方面实现大致平等，在社会价值分配方面达到大致均衡，而且它们之间因历史造成的贫富差距也有望得到缩小，而不是扩大，进而为人类共同体走向公正和平和共同繁荣开辟广阔的前景。

（四）国际文化秩序的历史演变

到目前为止，虽然学术界并没有明确提出国际文化秩序的问题，但国际文化之间的交流与融合却是一个历史事实。从远古到近代，从近代到现代，再从现代到如今的全球化时代，可以说，这一历史进程始终没有间断过。所以，国际文化之间的关系作为一个历史事实早已客观地存在于国际社会中，实际上也就是国际文化秩序的具体体现。从时间上看，国际文化秩序经历了各个历史阶段的不同发展；从地域上看，国际文化秩序经历了由地区性向全球性不断扩展的过程。抛开远古时代零星的、地区性的文化交往不谈，本文拟从殖民主义时代的文化霸权秩序、帝国主义时代两极对峙格局以及和平与发展时代的一强多元文化共存格局三方面来概括国际文化秩序的历史演变过程。

1、殖民主义时代的文化霸权秩序

在殖民主义时代，西方列强凭借资本优势和坚船利炮，向亚非拉地区侵略扩张，向全球推广资本主义的政治经济制度和价值观念。延续至今的旧的国际文化秩序就是在这一过程中孕育而生的。

在殖民主义时代，伴随着西方强国的侵略扩张行为，西方强国每征服一处地方，也把他们的文化价值观念带到被征服的地方。由于在这一时期，所有的交往都与交通模式密切联系在一起，没有任何人、书、符号或信息的流动可以独立于运送它们的人、马、船和马车等交通运输工具。所以，单独形式的文化交流还不普遍，在这一时期，占主导地位的就是通过西方的军事、经济强国的侵略扩张行为来传播其文化及其产品。在许多领土和殖民地范围内，大英帝国在实行统治以及维系中央与周边地区、都市和各省之间的复杂联系时，有着强大的文化或意识形态维度。这种文化或意识形态维度有许多种形式，但最重要的两种形式就是帝国教育政策的执行以及帝国通信基础设施的建立，这两种形式提供了文化和交往全球化的最明显例证。例如英国对印度的侵略，也带去了英国的文化价值观念、政治理念、以及文化产品，对当地产生了极大的影响，以致于如今还能在印度处处可见当年的痕迹。而其他实力弱小的被侵略国家由于其本身的经济、政治地位决定了其文化不可能发挥其影响作用。这种客观的历史现实决定了这一时期的文化秩序完全表现为西方强国的文化霸权秩序。

2、帝国主义时代的两极对峙格局

随着西方列强把世界瓜分完毕，国际政治进入了帝国主义时代和无产阶级革命时代，一方面整个世界被分为少数拥有巨额财富和雄厚军事实力的强大国家和人数众多、处于附属地位、没有平等权利的被压迫民族；另一方面，无产阶级和被压迫民族争取独立和解放的斗争风起云涌，冲击着帝国主义的一统天下，并且预示着变革旧的国际文化秩序的历史必然性。经过两次世界大战尤其是第二次世界大战的冲击以及战后初期民族民主化运动的洗礼，世界政治版图形成了两种社会制度并存、三类民族国家共处的格局，时代主题由战争与革命转变为和平与发展。在此背景下，第三世界要求变革旧的国际文化秩序的呼声应运而生，并开始进入实质性的行动阶段。

在这一阶段，国际文化秩序体现为以苏联为首的社会主义阵营为代表的社会主义的意识形态与以美国首的西方阵营为代表的资本主义意识形态的对立。为此，两大阵营互不相让，凭借其强大的经济和军事实力来扩张其文化影响力，以美国为代表的西方国家通过一系列外交政策向苏联等社会主义国家实行“文化渗透”的“和平演变”政策，而苏联则通过社会主义的意识形态来团结其盟友国家。有些学者甚至认为，冷战的结束就是以美国为首的西方国家对苏联以及东欧国家长期推行的“和平演变”政策的结果，是西方意识形态所取得的最终胜利。

3、和平与发展时代的一强多元共存格局

冷战结束后，世界形势发生了巨大变化。国际政治格局多极化的趋势加速发展，和平与发展成为时代的最强音。但由于东欧剧变、苏联解体，社会主义运动转入低潮，第三世界的凝聚力有所减弱。致使西方大国长期以来所主导的旧秩序的一些本质特征依然顽固地保留了下来，体现在国际文化秩序上，即是西方的文化霸权主义仍然客观地存在于国际政治现实之中。使当前国际文化格局表现为一强多元共存的局面，具体表现在三个方面：即西方文化的强势主导、强弱势文化的不平衡对峙、多元文化的边缘性共存。

首先，西方文化的强势主导。以美国为首的西方国家凭借其强大的经济、政治、军事等方面的先发优势，凭借其手中掌握的高新技术手段，向全世界扩张代表西方的价值观念、管理方式、生活模式，意图以此来改变整个世界，向世界其他国家推行文化霸权主义的政策，使以美国文化为代表的西方文化处于强势主导的地位。

美国的"文化霸权"在其对外战略中的地位一直以来都占有重要的地位，"美国的文化帝国主义有两个主要的目标：一个是经济的，另一个是政治的。经济上是要为其文化商品攫取市场，政治上则是要通过改造大众意识来建立霸权。"① 文化渗透已经成为美国征服他国的主要手段。如：由于美国经济、科技上的优势，目前形成了以美国为主导的全球信息传播体系，"国际新闻90%靠美联社、路透社、法新社提供，美联社、路透社提供的新闻又占其中的80%，关于美国的新闻占60%-70%。"② 美国控制了世界75%的电视节目的生产与制作，电影的生产总量只占世界电影产量的6%-7%，却占据了世界放映时间的一半以上。③ 因特网更是向全世界全方位、全时空、全天候地推行美国的价值标准、意识形态、商业理念、社会文化的有效工具。在国际互联网上，英语是主导性语言，不仅电脑操作和网络操作的命令是英语，而且绝大部分信息也是用英语发布的。正如有关人士所言："只要你一进入国际互联网，你的电脑屏幕上显示的是英语，你进入的讨论组大多数是

① ［美］詹姆斯·彼得拉斯：《20世纪后半叶的文化帝国主义》，美国《侨报》1993年2月20日。

② 黎信：《浅说文化帝国主义》，《新闻爱好者》，2000年第2期。

③ 李希光、刘康：《妖魔化与媒体轰炸》，江苏：江苏人民出版社1999年版，第156页。

美国人发起的，讨论的题目是他们想出来的，你看的广告几乎全是美国产品的广告。一句话，进入互联网，就是进入了美国文化的万花筒。”①美国的文化扩张主要由政府所为，旨在影响他国政府的政策选择。

冷战后，美国强调以美国的政治民主为模式，促进国外的民主化发展，试图把一个意识形态多元化的世界用美国的价值标准统一起来，实现“美国治下的和平”。不管是老布什还是克林顿，上台后都把在国外促进民主、“保护”人权融入到美国的外交实践中。通过提供经济援助，帮助他国具有“民主意识”的领导人巩固政权，同时促进其向自由市场经济过渡；或者直接插手别国内政事务，扶植亲美政权，从而把该国的“民主化”进程引导到美国安排好的方向；或者通过高新技术、难以阻挡的电波，大肆宣传美国的民主、人权和价值观，占领别国的文化阵地，摧垮他们“顽固不化”的心理，让“自由的种子”在其本土开花结果。克林顿明确指出：“促进人权和民主价值也要求政府与政府之间加强联系，所以我将毫不后悔地在亚洲和全世界推行这些权利和价值。”② 美国自由亚洲电台副主席曾经自豪地宣称：“今天只有美国的民主文化才有基础，只有美国人才拥有使命意识，我们在历史上是最强有力的文化帝国主义。”③ 美国文化的扩张会对他国统治阶层在政策选择中产生影响，而受巨额利润驱动所进行的美国大众文化扩张则使几乎全球每个人都能感受到美国文化的存在。用古巴总统卡斯特罗的话来说：“这些东西对每个人的灵魂、人们的思想的渗透是难以想象的。”④

总之，美国“文化霸权”的存在正是在长期的历史发展过程中，积累了经济、技术、科学、资本、规范等方面的先发优势之后，文化才能够借助于这些因素的力量，在世界范围内传播而得以实现的。广大发展中国家由于在政治、经济和科学技术等方面处于劣势，并由此产生了

---

① 易舟：《我在美国信息高速公路上》，上海：兵器工业出版社1997年版，第294页。

② 转引自王晓德：《关于冷战后美国对外文化战略的思考》，《社会科学战线》，2000年第1期。

③ 转引自王晓德：《美国文化与外交》，北京：世界知识出版社2000年版，第215页。

④ 转引自王晓德：《关于冷战后美国对外文化战略的思考》，《社会科学战线》，2000年第1期。

对美国的依赖性，才成为美国“文化霸权”的对象，使自己的文化价值面临挑战的境地。冷战后以来，美国的实力迅速提高并逐步确立起自己在经济、政治、技术等方面的霸权地位，然后凭借这些优势并通过军事的干预、政治的打压、经济的控制与技术的垄断等方式，肆无忌惮地把自己价值观念和文化理念强加或传播给其他国家和民族。他们认为，在建立“世界新秩序”的过程中，“美国的领导地位是必不可少的，因为，在世界各国，只有美国同时具有道义上的声望和维持这一声望的力量。”① 总之，美国所推行的文化外交政策使广大发展中国家的民族文化面临着强烈的冲击和挑战。

其次，强弱势文化的不平衡的对峙。资本主义对发展中国家的文化冲击首先是从在发展中国家创造一个消费社会和消费文化来实现的。西方国家通过广告、影视以及其他大众媒体不断刺激人们的感官需求，以宽敞明亮的房子、豪华的车子、高档的化妆品、不断升级换代的各类供享受用的家用电器为诱饵，媒体在不断引导、刺激和创造人们的需求，使人们在不知不觉中接受了这种消费文化，依赖了这种消费文化，从而使人的社会生活从主体（自身）转向客体（商品），从而形成了以消费为核心的文化。美国传播学者格商指出，在塑造当代主流文化方面，媒体尤其是电视已成为当今世界上最有影响力的因素之一，它触及到人类体验的所有方面，包括音乐、服装、视频、运动、政治和宗教。通过这些方式，在世界范围内形成了一种“文化帝国主义”，它是“一种帝国主义特有的带有等级的东西，是一些核心文化所表现出的愈益膨胀的霸权主义，是美国的价值观、消费品和生活方式。”② 因此，西方的媒体已经成为其经济的有机组成部分，成为世界娱乐与信息的主要输出地。据统计，全球五十家大型媒体娱乐公司占据了当今世界上95%的传媒产业市场。目前传播于世界各地的新闻有90%以上为美国和西方国家所垄断，其中又有70%是由跨国公司垄断；美国控制了世界75%的电

① New York Times, January 30, 1991, p. 12.

② ［英］约翰·汤林森：《文化全球化与文化帝国主义》，转引自陆扬、王毅编《大众文化研究》，上海：上海三联书店2001年版，第198页。

视节目生产和制作。在第三世界国家的电视节目中有60% -80%来自美国，而在美国的电视中，外国节目仅占1% -2%；美国影片产量占全球影片产量的6% -7%，但在全世界的总放映时间却超过50%。在全世界跨国流通的100本书中，有85本是由发达国家流向发展中国家，而跨国流通的每100小时音像制品中，有74小时是从发达国家流向发展中国家。[①] 通过这些方式，西方文化在观念、产品、资源和资本四个方面对发展中国家的文化形成全方位的强烈冲击，强弱势文化之间表现出强烈的不平衡。

最后，多元文化的边缘性共存。其他弱势国家的民族文化意识在新的时代背景下不断“觉醒”，采取不同方式保护本国的民族文化，振兴民族文化，以此抵制西方强国的文化扩张政策。其中以伊斯兰的复兴运动对美国文化扩张政策的抗争为代表。当然，伊斯兰复兴运动过于激进，存在许多消极因素。但从文化的角度看，伊斯兰复兴思潮与运动从一般意义上说是一种文化上的排外主义，它奋起保护自己的本土文化，强调弘扬民族文化，以避免被外来文化尤其是西方文化淹没的命运，这是积极的一面。除此之外，中国传统的儒家文化、印度文化、法国文化、日本文化、拉美文化、非洲文化、斯拉夫文化等各个民族文化的代表国家也都采取积极的措施，应对美国强势文化的大肆扩张。在文化秩序上表现出一种在美国霸权文化主导下的多元文化共存发展的局面。

二、国际文化新秩序的战略构想

冷战终结后，国际社会面临着第三次创建全球性国际秩序的新机遇。[②] 虽然目前各个国家还没有明确提出国际文化新秩序的战略构想，

① 周伟：《媒体前沿报告：一个行业的变革全景和未来走向》，北京：光明日报出版社2002年版，第34页。

② 新加坡著名学者兼外交家许通美认为，人类已经经历过两次建立世界秩序的尝试。第一次是一战后创建国际联盟的实践，结果却未能阻止第二次世界大战的爆发。第二次是二战后联合国的实践，但由于冷战的缘故，联合国未能有效地发挥作用。冷战的结束为第三次创建国际秩序提供了新的机遇。［新加坡］许通美：《探究世界秩序》，北京：中央编译出版社1999年版，第20页。

但实际上各国都在实践中从本国的国家利益出发，推行体现本国国家利益的文化政策，以期使21世纪的国际文化秩序按照自己设定的轨迹发展。美国的文化扩张政策始终是其国家外交战略的重要组成部分之一，目的是以美国为代表的西方文化价值观念来构建全球化时代的国际文化秩序。在中国，关于建立国际文化新秩序的问题早在1995年就被中共中央党校科研部李忠杰先生提出来了，他在《文汇报》发表的文章中说，在当代世界，仅仅提出建立国际政治、经济新秩序是不够的，还必须建立国际文化新秩序。[①] 中国领导人也十分重视国际文化新秩序的构建问题，以江泽民为代表的第三代领导集体和以胡锦涛为代表的第四代领导集体都对这一问题表示了极大的关注。党的十六大上提出的中国先进文化建设思想以及胡锦涛在多次讲话中反复强调的构建和谐世界的思想，其中都内含着新世纪国际文化新秩序的有关问题。那么，全球化时代的国际文化新秩序应该是什么样的？应体现出哪些特征？本文在此提出以下三点构想。

（一）文化主体的多元互动

从参与主体上看，全球化时代国际文化新秩序中的文化主体应该是多元化的，多元化的文化主体之间互动交流。通过前文的论述我们得知，文化是以一定的载体进行传承的，具体表现为国家的、民族的、组织的、或个人的。随着全球化发展趋势的不断加强，文化主体也将不断向多元化的方向发展。

首先，世界文化由多元构成，这是历史形成而又延续至今的客观现实。“人类文化的起源是多元的，世界文化不仅发轫于欧亚大陆以及北非地区，而且也产生于中、南非洲和美洲，世界各民族都为世界文化的发展做出了自己独特的贡献。”[②]

人类文明六千多年的历史，是不同种类、丰富多彩的文化不断生息

---

① 缪家福：《全球化与民族文化多样性》，北京：人民出版社2005年版，第374页。

② 裔昭印：《世界文化史》，北京：华东师范大学出版社2000年版，第6页。

和繁衍的历史。而多元文化就是“依靠历史、通过历史并且同历史一起保存下来和发展起来的。”① 任何文化都是历史的、具体的。当今世界上有近一百九十个民族国家，大体孕育着八种文化体系：欧洲文化、北美洲文化、拉丁美洲文化、阿拉伯文化、非洲文化、俄罗斯文化和东欧文化、印度和南亚文化、中国和东亚文化。我们目前正处于一个保持各民族文化多样性基础上的世界文化体系之中。

每一种文化都是在本民族、本国家、本地区生存和发展的历史中产生，并为本民族、本国家、本地区乃至世界文化的发展做出过各自的贡献，都有它存在的理由和价值。在世界文化发展史上，各文化既相互区分、冲突，又相互沟通、融合，同时保持自身的特点，由此推动世界文化的不断发展。英国学者汤因比在他的《历史研究》里，把人类文明史分为二十六种文明，历经发展演变，剩下的五种比较重要的文明是：西方的基督教文明、东欧和俄罗斯的东正教文明、北非和中东等地的伊斯兰文明、印度次大陆的印度教文明、中国和东亚的儒教文明。② 美国学者亨廷顿认为当代的主要文明有七、八种，即中华文明、日本文明、印度文明、伊斯兰文明、西方文明、东正教文明、拉丁美洲文明以及可能存在的非洲文明。③ 近年来学术界很多学者又提出文化区的概念，即认为在全球化背景下，将会出现以西方文化为中心的欧美文化区、以中国文化为中心的东亚文化区、以印度文化为中心的南亚文化区和以伊斯兰文化为中心的中东与北非文化区。可见，世界文化应该具有多样性，由于它们都经历了上千年的不断发展和完善，因而都具有独立的存在价值，那种企图以单一文化或文化的单一性取代文化的多元化的想法，既不现实也不可能。

多元文化的发展是历史的事实。三千余年来，以苏格拉底、柏拉图、亚里士多德为代表的希腊文化传统、孔子、老子为代表的中国文化

---

① 《马克思恩格斯全集》，第 2 卷，北京：人民出版社 1979 年版，第 140 页。

② [英] 汤因比：《历史研究》，上海：上海人民出版社 1986 年版，第 29 页。

③ [美] 塞缪尔·亨廷顿：《文明的冲突与世界秩序的重建》，北京：新华出版社 1998 年版，第 370 页。

传统、以犹太教先知为代表的希伯来文化传统以及阿拉伯伊斯兰文化传统和非洲文化传统等始终深深地影响着当今的人类社会。二战以来，世界文化的多元化趋势不断加强。马来西亚为强调其民族统一性坚持以马来语为国语；以色列决定将长期以来仅仅用于宗教仪式的希伯来文重新恢复为日常通用语言；一些东方领导人和学者为了强调自身文化的特殊性提出了“亚洲价值观”等。这些都说明当今文化并未因世界经济和科技的一体化而趋同，反而是向着多元化的方向发展。即使历史进入全球化时代，也绝不意味着全球文化的单一化，决非某种文化一支独秀，百花凋零。事实上，世界上有二百来个国家，有几千个民族，有不同的文明和文化，不能只有一种模式、一种要求。因此，国际社会应该是多极的，世界文化也应该是多元的。任何一个有影响的民族，如果抛弃自己的文化传统，不在发扬自己民族优秀文化传统的基础上去学习、吸收和借鉴其他民族文化的优点和长处，而是盲目地“一切照搬”外来文化，其结果只能是本民族文化的衰落、灭亡，以致整个民族的衰亡。人类进步基金会研究报告《共同创造地球的未来》中提出了七项未来行为原则，其中之一就是多样性原则，它指出：“多样性的文化是人类共同的财产，也是人类能够应付各种复杂情况，迎接各种挑战的力量和智慧的源泉，因此必须全力保存这种多样性。”① 因此，不管哪种文化主体，是强者还是弱者，都应该在全球化的背景下努力发展自身的文化，使之成为多元文化格局中有影响的一元，为建构新世纪全新的国际文化秩序而做出贡献。

此外，国际文化新秩序主体多元化的另一个表现即是各种非民族、非国家的文化形式日益发展，以组织甚至个人形态表现出来的文化形式也将积极主动地参与全球化时代的国际文化交流与融合，成为新世纪国际文化新秩序中文化多元化表现的另一个方面。随着经济和科学技术的日新月异，人类的相互交往从来没有像今天这样频繁，随着旅游事业的开发遍及世界各个角落。一些偏僻地区、不为人知的少数民族文化正在

---

① 《共同创造地球的未来》，《国外理论动态》1994年，第19期，第148页。

广为人知并得到发展。为文化多元化的发展不断增添着新的活力。

总之，不断发展变化的世界是丰富多彩的，各国、各民族文化也将继续朝着多元化的方向发展。国际社会理应普遍倡导文化多元化，对文化多样性的保留、传承和发展达成共识。正像费孝通先生在预测21世纪的局面时所说："未来的21世纪将是一个个分裂的文化集团联合起来，形成一个文化共同体，一个多元一体的国际社会，而我们现在的文化正在这种形成的过程中。"总之，全球化时代文化多元化的趋势将不断发展，各种文化主体多元并茂，相互尊重，共同发展，走向幸福繁荣。

（二）多元文化的平等互补

各民族文化及其宗教、人文精神虽千差万别，但却是彼此平等的，应在平等的基础上，开展对话和交流，求同存异，妥善解决它们之间的分歧。中西文化及其他各种文化各有所长，应加强彼此之间的对话、交流与合作，相互吸取优长而共同发展，提倡相容互补而不应该彼此排斥。同时，应把现代文化与优秀传统文化结合起来，而不是相互脱离。这是全球化时代国际文化新秩序的第二个表征。

每种文化都有其自身的特性，都为人类文化的发展做出过贡献。正如罗素所说："不同文化之间的交流过去已被多次证明是人类文明发展的里程碑。希腊学习埃及，罗马借鉴希腊，阿拉伯参照罗马帝国，中世纪的欧洲又摹仿阿拉伯，文艺复兴时期的欧洲则仿效拜占庭帝国。"①正因为如此，各种不同文化应以一种平等的心态彼此尊重，相互交流和对话。法国总统希拉克在2001年联合国教科文组织大会上发表《全球化世界的文化挑战》的讲话，呼吁不同文化之间坚持地位平等和文化多元的必要性。应强调不同文化间的相互尊重、理解和对话。而这种相互尊重、理解和对话，首先就应建立在彼此平等的原则基础之上。整个人

① ［英］罗素：《中西文化之比较》，转引自《一个自由人的崇拜》，吉林：时代文艺出版社1988年版，第8页。

类历史，包括文学史、艺术史、建筑史都证明，所有文化的地位都是平等的，各种文化都是相互渗透、相互促进的，世界各种文化都为人类社会的进步做出了自己的贡献。当然，并不是所有文明都以相同的节奏去发展，但是它们都继续存活在人类的记忆之中，并以平等的身份成为人类光明、进步和伦理需求的组成部分。在全球化进程中应该强调文化的多样平等性，坚信每个民族都能以自己的文化使整个人类社会变得更加丰富多彩。

由于历史的原因，各个不同的文化之间存在着差异，这是一个客观事实。可以毫不夸大地说，欧洲文化发展到今天之所以还有强大的生命力正是因为它能不断吸收不同文化的因素，使自己不断得到丰富和更新。同样，中国文化也是不断吸收外来文化而得到发展的。众所周知，印度佛教传入中国大大促进了中国哲学、宗教、文学、艺术的发展。可以说中国文化受惠于印度佛教，同时，印度佛教又在中国得到发扬光大，其在中国的成就远远甚于印度本土。在印度佛教中国化过程中形成了新的佛教宗派，如天台、华严、禅宗。这些新的佛教宗派不仅影响了宋明新儒学的发展，而且又传入朝鲜和日本，给那里的文化带来了巨大的影响。显然，不同文化的差异构成了一个文化的宝库，经常诱发人们的灵感而导致某种文化的革新。没有差异，没有文化的多元发展，就不可能出现今天多姿多彩的人类文化。

虽然不同文化之间存在着差异，但它们之间并无优劣之别，各个不同文化之间是平等的。判断一个文化是否优秀的标准，主要是看它能否与自然界长期共存。由于某些国家只看到文化的差异性一面，而没有看到其平等性的一面。各个不同文化之间的冲突时有发生，为避免不同文化之间的冲突升级为流血冲突，各种文化之间应该像各个人之间一样，有一种划分各自空间，调节相互冲突的普遍规则，实际上就是要求建立一种文化之间的“法治”秩序，如果说在一种文化内部可以建立一种普遍的“法治”秩序的话，那么在不同文化之间建立这种秩序也应该是可行的。而这一秩序建立的基础就应该是一种平等的文化原则。正如伊朗总统哈塔米所言：“在真正的对话中，一方不能将其想法强加于他方。在真正的对话中，一方必须尊重他方的独立存在，尊重他方的知识和文化的特性。只有持这样的态度，对话才能成为和平、安全和公正的序幕。”① 如果看不到“每一滴水都能折射出七色的阳光，每一个生命都有自身的尊严，每个民族的文化都有存在的依据”，② 那么，即使坐在了对话桌旁，对话也难以成为平等交流、双向沟通的过程。只有坚持各个不同文化之间的平等，并在交流、对话的过程中不断的融合互补，各吸所长，各补所短，才能够促进整个人类文化的不断进步与发展。

在进入21世纪后，文化交流不论在理论上、模式上，还是手段上，都将会有不断的创新和突破，虽然国际上仍然有人坚持文化霸权主义、极右的民族主义、种族主义，但多元文化发展必将继续存在并会更进一步发展，多元文化交流的模式也必将从以强势文化为主演变为发达国家和欠发达国家以平等的方式展开对话；在手段上，随着信息时代的到来，科技手段的更新为文化之间的平等交流提供了某种程度的物质保障。随着互动式网络的普及，世界各文化群体之间的交流将表现得更方便快捷，辐射面更广，影响面更大。

总之，在构建未来的国际文化秩序上，没有特定的上帝选民，没有赋予特定民族或国家的“天定命运”。人生而平等，这是镌刻在西方资产阶级大革命时代旗帜上光彩夺目的神圣宣言，这是由西方首创的人类“共同财产”。作为首创者的衣钵传人，西方和美国理应更加珍视它，而不是亵渎它。构建未来的世界文化秩序，世界各个国家、民族以及其他各种形式的文化主体一律平等。将本国、本民族的优秀文化贡献出来，融入未来的世界文化之中，乃是世界各个国家和民族的神圣职责和权利，任何人无权剥夺，任何人不能抹煞。

（三）多元文化的共存共荣

随着全球化的不断发展，寻求人类共同的生存之道是当今世界共同

---

① President Khatami's Speech at Florence University, March 10. 1999. www. dialoguecentre. org.

② 张西平：《回到平等对话的原点上——对四百年来中西文化交流的检讨》，《光明日报》，2001年9月18日。

关心的话题。在全球化的国际文化新秩序中，多元化的文化主体之间必将是相互依赖而又和而不同、互相竞争而又共存共荣的。这是全球化时代国际文化新秩序的第三个主要特征。

关于文化共存，西方学者发表了众多的论述。世界文化报告科学委员会主席阿里斯佩指出："文化多元共存意味着各文化群体在公共领域中表示多样的权利，这包括承认所有群体某种程度的政治自治。"[①] 美洲开发银行行长前特别顾问路易斯·埃默顿认为："文化多元共存意味着给予文化群体在公共领域中的多元化权利，反过来意味着他们要有一定程度的政治自治。"[②] 可见，西方学者对多元文化共存主要是从权利主体或文化独立意义上理解的。在他们的界定中，多元文化共存主要意味着不同文化的平等存在。本文认为，文化的共存共荣除了承认不同文化的独立意义外，还意味着不同文化的相互依赖与和而不同。多元文化共存是二者的统一，同时，多元文化共存的关键是和平共处。

首先，要坚持文化的独立性原则与相互依存。多元文化共存与繁荣的现实基础，就在于文化的存在与独立的地位。不同文化必须保持自身的独立性和尊严。如果一个民族对自身的文化采取悲观的认识，对本国或本民族文化采取虚无主义的态度，必然导向对他者文化的认同和依附，而依附于别人文化观念的国家和民族在文化上也是难以和他者文化共存的。反之，只有在对自身文化有着坚定的信仰和认同，并努力维护自身文化尊严的国家和民族，当受到来自他者文化侵犯时，敢于对他者文化进行抵制和斗争时，才能获得他者文化的尊重。

要坚持不同文化各自的独立性和特色，重要的是在文化场域中争取有自己的声音和保留自己的声音。在全球化的影响下，文化之间的舞台已经越出了一个国家的国界。在国际文化的大舞台上，各种政治的、意识形态的力量都在这个舞台上较量。文化并不单纯地就是一个文雅而平静的领地，它实际上是一个没有硝烟的战场。在这种环境中，如果一个

---

① 联合国教科文组织编：《世界文化报告：文化的多样性、冲突与多元共存》，关世杰等译，北京：北京大学出版社2002年版，第365页。

② 同上，第298页。

文化不能有效地表白自己、推销自己，自己的文化声音也就得不到他人的重视。长久下去，自己的文化在国际舞台上就会被边缘化，甚至失去和他者文化进行对话和交流的权利。反之，如果在文化的舞台上不断地以自己特有的方式表达自己的思想，用自己的语言和声音影响着他人，自身的文化也就会受到他者的重视和尊重。

坚持文化独立性的关键是熟悉和了解本国的国情、民情。只有了解本国或本民族的情况，才懂得应该以一种什么样的价值原则去处理本国的问题，才能通过恰当的语言和思想动员来组织民众，实现本国或本民族的发展。同时也只有坚持从本国实际出发，才能对外来文化有一个基本的出发点和借鉴标准。前苏联在 80 年代实行的“修克疗法”，就是盲目照搬西方模式，引进西方的文化价值观念的一个典型案例，最终结果导致苏联政权的灭亡，这一教训我们要谨记。

在当代世界中，一个民族坚持自身文化上的独立性和尊严，除了要坚持他的民族信仰和观念外，还必须要扩大自己文化在世界上的影响，即要努力塑造本国、本民族文化的影响力，才能够得到同盟者和他者文化的认同。从文化生存和发展的轨迹看，单独一个国家的文化如果缺少一个文化圈的支持，其独立性将受到极大的影响。反之使自身置于一定的文化圈中，就会增强其自身的独立性。如基督教文化中的美国，伊斯兰教文化中的伊拉克或中东地区，儒家文化中的东南亚等，当一种文化圈中的某种文化受到威胁时，所威胁的不仅仅是一个国家或一个民族的文化，而是一个地区或一个文明区域内的文化。这决定了一个国家在对他者文化进行威胁时，将会受到整个文化圈中数个国家或民族的抵制和反抗。如美国对伊斯兰文化的政策，导致整个伊斯兰世界的反抗。

坚持文化独立性原则并不等于将自己孤立起来。一些激进的左翼或右翼人物把不同文化看成“陌生者”，提出与陌生者相处的方式就是

“互不往来”。[1] 这种观点是不对的。实际上，文化的独立性是一个相比较的概念，独立性与依附性相对，但并不否定不同文化之间的相互联系和相互依存，相反，只有在与其他文化的联系和依存中，才能真正实现独立性。

其次，多元文化共存的关键是和平共处、共存共荣。在面对不同文化时，要从和平共处的原则出发，而不是倚仗武力实现与他者文化的共存和发展。在人类历史上，都存在过以武力打击别的民族国家以推行一种文化的思想。11－13 世纪的罗马教皇为推行基督教教义对伊斯兰进行的十字军东征、20 世纪日本以建立“大东亚共荣圈”为由对东亚诸多国家的侵略，乃至 20 世纪末以来老布什和小布什以“自由民主”名义而进行的战争，都是通过武力来推进本国文化的行为，都想通过摧毁被征服国家的“异端”文化为手段而来建立自己的“优秀文化”。然而，这种政策只能带来被征服国家或民族的强烈的反抗，加强了这些国家和民族对自身文化上的认同和对这些国家文化霸权主义的抵制。美国目前的文化外交政策已经激起中东国家的普遍反对，在阿拉伯国家，慑于美国武力，民众表面上处处忍让，但民众根深蒂固的反美情绪却越积越深，美国的“大中东民主计划”正处于日益积累起来的反美情绪中。

不同文化交流和共存的首要前提是和平而不是战争，和平共处是国际政治中的一个基本原则。和平共处是爱好和平的人们对国家间关系的一种希望状态，认为尽管存在分歧和差异，但外交而非战争才是对外政策的主要工具。人类对和平的希望不仅适用于国家间关系的调整，而且也适合于不同文化关系的处理，这也是全球化时代国际文化新秩序最基本的表现之一。

不同文化各有特点，人类生活的这个世界，由于环境的不同，人类群体的多样性，决定了文化上的多样性。从大的文化圈说，到目前为

① ［英］英格蒙·鲍曼：《后现代性及其缺陷》，上海：学林出版社 2002 年版，第 33 页。

止，在世界文化的舞台上有中华文化、印度文化、伊斯兰文化、西方文化、拉丁美洲文化、非洲文化。就国家层次来讲，国与国之间在文化上存在着巨大的差别，即使属于一个文化圈，也在文化方面各有特色。如德国文化不同于英国文化、法国文化。中国文化不同于日本文化、新加坡文化。从民族或族群的意义上考察，同处于一个国家中的不同民族或族群文化也千差万别。如加拿大的法裔加拿大人和英裔加拿大人在语言、文化、宗教信仰上各有特点。在当今由不同文化构成的世界中，不同的文化应该以友相待、和平相处、以“和”为贵。即使发生分歧和矛盾，彼此之间也不应该靠暴力而应该靠沟通来解决。通过战争的方式解决文化冲突，历史已经证明是不可能的，只会加剧文化之间的矛盾和对立，解决文化冲突只能通过和平的方式，即通过加强自身文化建设、促进不同文化之间的交流、改善不同文化共同体之间的关系等方式，来实现不同文化之间的和平相处、共存共荣。

保持不同民族之间的和睦相处不仅需要国与国之间彼此以和平的方式处理两国之间的文化关系，而且也需要一个国家的政府用和平的方式处理好自身内部主流民族和少数民族之间的关系。如果处理不当，必然引发大的冲突和战争。如前南斯拉夫联盟各个地区的内战；俄罗斯与车臣的战争；中东各国的库尔德人问题；斯里兰卡的泰米尔“猛虎”组织的独立运动等，这些内战、冲突和运动不仅导致了国家内部战事连连，而且也使这些国家与这些少数民族群体有联系的国家之间的关系变得紧张。

总之，多元文化的和平共处、共存共荣是新时代所提出的新要求，任何一种文化只有在与异文化的交流对话中才能不断发展、不断进步，只有以和平的方式相互交流沟通，才能实现世界文化的大发展。这也是21 世纪国际文化新秩序的本质要求。

综上所述，全球化时代的国际文化秩序应该是文化主体多元互动、平等互补、共存共荣的全新秩序，虽然这一全新的国际文化秩序表现出一种理想的状态，但也具有现实可行性，通过一定的方式和途径是可以实现的。只要全世界各国、各民族不懈努力，共同奋斗，相信这一美好的愿望就会变为现实。

三、国际文化新秩序的建构途径

建立国际文化新秩序不仅要有美好的愿望和构想，更要有切实可行的途径和手段。那么，在全球化的时代背景下，如何才能够建构起国际文化的新秩序？本文认为，要合理地解决这个问题，将涉及国际经济及国际政治关系的合理重建，包括一系列复杂的世界范围内的经济关系调整和制度安排上的准备以及文化本身的一些相关应对。在前文已经对国际文化秩序的本质、制约因素及历史与现状的分析论述基础上，本文认为，要想真正建构起全球化时代全新的国际文化新秩序，就必须采取以下四种途径和手段。

（一）促进多极格局，创造优良环境

如前文所述，国际政治格局对国际文化秩序具有决定性的影响。它是国际文化秩序的物质基础，决定着国际文化秩序的性质、主导力量和受益主体。因此，改革国际文化秩序，必须从转变国际政治格局入手。就当前和未来相当长时期的国际政治现实而言，就是要积极推动国际政治格局朝着多极化的方向发展，以使国际力量对比尽可能地趋于平衡，使那些长期遭受大国强权政治压制的行为主体有机会参与国际事务决定，提高它们在国际事务中的发言权和影响力，从而为 21 世纪新的国际文化秩序的建构创造良好的外部环境。

把国际政治的多极格局作为国际文化新秩序的物质基础，从根本上讲是由于权力因素在国际政治中的基础性作用所决定的。若不对权力加以制约，就会出现权力的无限膨胀，导致掌握较多权力的国家最终凌驾于其他国家之上，其结果只能是以独霸为特征的单极世界格局的出现。多极格局的实质是权力多元、相互制衡，它的最大优点在于有助于保持

国际战略力量的平衡和相互制约，阻止任何大国攫取世界霸权。多极格局的这一作用对于建立公正合理的国际文化新秩序具有决定性的意义。

多极化是当代世界格局发展演变的基本趋势。这一趋势早在冷战后期就已经露出端倪，只不过在两极对抗的大背景下这一趋势被掩盖了起来。冷战结束后，多极化的步伐明显加快，并已成为后冷战时期世界政治走向的最显著特征之一。当前多极化趋势主要表现在以下几个方面：

首先，在全球层面上，“一超”和“多强”并存。美国虽然是世界唯一的超级大国，处于世界权力的巅峰，但无力成为世界的主宰；欧盟、中国、俄罗斯、日本等几大力量的实力与地位不断上升，在国际事务中发挥着举足轻重的影响。

其次，在地区层面上，多极化趋势更为明显。亚太地区以美、中、日、俄、东盟为中心的多极制衡格局已经基本成型；欧洲则已经形成美、欧、俄三足鼎立之势，尤其是欧盟地位的凸显已经使美国在欧洲事务中的支配能力大打折扣。

再次，广大发展中国家的实力虽然较之西方世界处于明显的劣势，但总体上看，它们在全球经济中的比重逐步上升，整体实力不断增长。中国、巴西、印度等发展中国家的 GDP 总量在世界排名 2004 年已经升至第七、第八和第十四位。美国学者约瑟夫·奈在分析发达国家与发展中国家的经济增长趋势时指出：全球化刺激了贫困国家的经济增长，它们可以利用新技术和世界市场，所以它们在世界产品中所占的比例会增加，与过去几十年东亚国家的情况极其相似。如果美国和其他富国以约 2.5% 的速度增长，三十年后超过一半的世界总产品将属于今天仍然贫困的国家。美国仍将拥有世界上规模最大的经济，但其领先程度将低于现有水平。[①] 世界经济力量向非西方国家转移以及个别非西方大国崛起为世界性强国的趋向已经成为推动世界格局多极化的又一大动力。

最后，随着全球化的发展，国际政治力量日益从国家实体向国家集

① ［美］约瑟夫·奈：《处于十字路口的美国巨人》，载胡鞍钢、门洪华主编：《解读美国大战略》，浙江：浙江人民出版社 2003 年版，第 53 页。

团或非国家实体扩散。非国家实体主要是指政府间国际组织和非政府间国际组织。这些跨国实体正日益积聚越来越大的力量，成为多极化发展中的有力制衡因素。未来的多极世界格局，将由大国支撑其主体结构，而一些发展中大国和非国家实体将占有重要地位。这样的多极格局会比历史上曾经出现过的仅由少数列强控制的多极格局合理得多，也稳定得多。①

当前的多极化还只是一个正在演进中的趋势，离最终形成尚有相当长的一段距离，加之种种不确定因素的存在，不排除在一定时期和一定程度上出现停滞甚至倒退的可能。这就为国际文化新秩序的建构增加了一定的难度，只有在多极化的外部环境里，才能彻底改变旧的国际文化秩序，建构新的国际文化秩序。因为国际政治在很大程度上仍然是权力政治，如果不对掌握权力资源优势的大国强国进行制约，这些大国势必会运用手中掌握的资源扩张其文化影响，维持其原有的文化霸权政策。因此，必须推动世界政治格局的多极化发展，这就需要世界各国共同努力，全力提高综合国力，以求尽早实现世界政治格局的多极化。

总之，要积极推动面向21世纪的世界格局多极化进程，以便建立符合文化多样性要求的国际文化新秩序。整个世界的多极化发展，既是文化多样性赖以存在的必要前提，同时又是文化多样性的实际表征。随着冷战的结束，人类进入了一个和平与发展的时代，然而，世界并不太平，文化霸权主义国家凭借其经济、军事优势，肆无忌惮地推行其强权政治，把自己的价值观念和文化理念强加给其他国家和民族，企图在这种经济、政治、文化的全面控制中确立起自己的霸权地位，从而塑造一个可以为所欲为的单极世界。在这一背景下，文化多样性不仅无法得到进一步的发展，而且多元共存的国际文化新秩序也面临着最严重的威胁。应该看到，和平与发展的大趋势虽然缓慢，但却是不可逆转的。只要所有爱好和平与正义的国家和人民团结一致，共同抵制霸权主义政

① 丁诗传主编：《新世纪初期中国的国际战略环境》，四川：四川人民出版社2001年版，第57页。

治，多极化的世界在不远的将来就一定会成为现实。我们知道，对于整个世界来说，只有多极化的结构才是最稳定的，而只有在稳定的国际秩序下，文化的多样性才有存在的空间并逐步发展起来，为建构21世纪新的国际文化秩序奠定基础。因此，为了有效维护文化的多样性，从而建构起全新的国际文化秩序，在国际关系上建立一个多极化的世界政治格局，就成为新世纪人类所面临的一项刻不容缓的历史使命。

（二）坚持求同存异，倡导文化对话

冷战结束以来，国际格局处于深刻的变革和调整之中。在这个过程中，文化因素的作用日益提升甚至以一种放大的方式表现出来。在全球化的大背景下，各种不同的文化高度相关与互动，造成国际关系较之以前既绚丽多姿又日趋复杂。在这种形势下建立国际文化新秩序，文化对话是根本途径之一。

在不同文化之间建立起平等对话的建设性关系，乃是全球化时代国际文化新秩序建构的可靠保障。在全球化时代，全球意识的一个重要内涵就在于使人们自觉意识到在当代世界上丰富多彩的文化是其中任何一种文化能够生存下去的绝对前提。文化对话最初是针对亨廷顿的“文明冲突论”提出来的，“9·11”事件后，国际社会关于“文化对话”的呼声更加强烈。1998年9月，伊朗总统哈塔米在第53届联大正式倡议将2001年定为“联合国不同文明之间对话年”，获得普遍赞同。第53、54、55三届联大连续通过了类似决议。2000年9月，在纽约举行了有许多国家元首、外长、著名学者和思想家参加的不同文明对话圆桌会议。并通过《联合国千年首脑会议宣言》，其中指出：“应该积极地提倡各种文明之间的和平与对话文化”，2002年召开的第九届法语国家首脑会议讨论的主题就是“不同文明间的对话”。国际政治的现实表明，要对话不要对抗，已成为国际文化交往发展的必然趋势。主张文化对话者，无论是出自伊斯兰世界、东西欧国家，还是出自东亚或其他地区，一般都对文化间的关系有一个比较清醒的认识。他们主张对异质文化采取开放包容的态度，希望通过对话交流，达到相互沟通、相互学习、相

互理解的目的。文化对话的发展不仅可以对“文明冲突论”产生影响，而且可以对整个国际文化关系发挥激浊扬清的作用。就当前来说，文化对话的新发展是伴随着全球化的新发展而兴起的。可以说，全球化的发展及其影响构成了文化对话的基本背景和基本主题，全球化的机遇和挑战凸显了国际合作的必要性。但是，国际合作的基本要求是相互理解，而没有“对话”就不能获得相互理解。

文化对话是理解的基础，也是合作的前提。国际关系是一个多种理念、多种力量、多种实践、多种精神相互作用的领域，把“要对话不要对抗”的精神从国际政治和国际经济领域扩展到国际文化领域，这是一个重要的进展。毫无疑问，离开了文化对话，建立国际文化新秩序是不可能的，由此可见文化对话的重要性。哈塔米认为，20 世纪“最有价值的成就”包括“接受对话的重要性和必要性，并拒绝武力”，人类文明的提升，不论在国家层次还是在国际层面，都是以不同社会间和不同文明间对话为条件的，如果人类社会在新世纪、新千年开始之际，“全力以赴使对话制度化，以对话和理解代替敌视和对抗，将为后代留下一笔无价的遗产”。① 前联合国秘书长加利说，只有通过国家间持续的对话，交流观点，才有可能促进国际关系民主化，而国际关系的民主化，则是世界和平的基础。“战争与冲突是从人们的内心开始的。如果我们想促进和平，以和平方式解决国际争端，我们就必须与人们的灵魂对话，通过文化的交流与对话，我们有望实现国与国之间新型的关系”。② 倡导不同文明对话的目的就在于增进不同文化间的宽容和理解，扩大共识，化解冲突，推动全球经济和文化进步的稳定、健康发展，从而实现人类社会的和平与共同繁荣。

总之，全球化时代的世界正在形成一种以多元主义为基础的秩序，世界各国应共同努力，创造一种基于对话、容忍和协同的参与性的国际文化秩序。

---

① President Khatami's Speech at the United Nations General Assembly, 21 Sept. 1998 www. dialoguecentre. org.

② 加利接受记者专访时的讲话，《人民日报》，2001 年 9 月 14 日。

（三）坚持互学互补，反对文化霸权

在当代不同文化存在的星球上，不同文化之间的冲突之所以发生，在很大程度上也和不同文化之间的互相轻视联系在一起。各个不同文化由于习惯于以自己的价值观念和标准来看待别人的文化，这种态度一旦遇到别的文化时，往往自认为自己的文化最优越。中国古代统治者就认为自己居于中央，对于与自己文化不同的人一般视为异端，或称为未开化的野蛮人，或称为同禽兽的蛮夷，必须征服之、同化之、灭绝之而后快。哥伦布发现新大陆后，白种人对土著人也是拒有这种态度。20 世纪的德国也把自己的文化看成是最优良的，而将其它文化的民族看成是“劣等的”。军国主义时期的日本也是如此，他们认为别人的文化不如自己的优越，今天充当霸权主义急先锋的美国，同样也把非西方的文化看成是“异端”、“邪恶”、“垃圾”，主张把他们的自由民主文化输入到世界各地。这种坐井观天的心态不是导致文化上的霸权主义，就是导致文化的封闭自守。在多元文化共存共处的全球化时代的今天，依然以这样一种态度来对待不同文化是不利于处理不同文化群体之间关系的，是难以与异文化共存共荣的。世界是由不同文化组成的，人类要生存和发展，不同文化之间就要互补互学，就要坚决反对文化霸权主义。

首先，不同文化之间要坚持互识。不同文化之间互学首先就要“互识”。也就是要对不同文化有一个认识、理解和欣赏。以不同文化的共同主题而言，都涉及到对人与自然、人与人以及人对自我关系的理解和处理。在这一共同主题下，不同文化主体之间在处理这一问题上各有差异。例如，中国自古以来就注重用一种整体的观点看待人与自然、人与人之间的关系。主张人与自然的和谐，“万物并育不相害”，提出人与人之间互尽义务，“君仁臣忠、父慈子孝”，倡导人的内心世界的全面发展，“仁、义、礼、智、信，喜、怒、哀、乐”，兼而有之，实现人的心理和人格上的全面发展。而西方文化比较注重二元分立，由此他们发展出了权利、法治、民主、契约等价值观念。不同文化之间的这种差异，一般存在于人们的日常生活中，通过各种形式表现出来。不同文化

在相互学习中，就要把体现在不同文化背后的这种机制解读出来。因此，互学的前提首先就是互读。在读中不仅读出他的价值所在，意义道理，而且也要读出它的矛盾和欠缺，通过这种解读达到认识、理解和欣赏。比如说，中西文化各有千秋，讲究人与自然和谐、人与人和谐这是对的，在今天它被西方社会学发展成为文化资本理论和社会资本理论。在全球环境保护告急的条件下，中国先圣们主张的人与自然和谐的思想成为了环境保护思想的重要内容。但强调和谐过头往往带来社会成员国的自我表现意识受到压抑，甚至被扼杀。总之，不仅中西文化各有特点，而且其他文化诸如印度文化、阿拉伯文化、非洲文化都各有自己的独到见解。要读出其中的文化蕴涵，在封闭的文化中是难以实现的，只能在各种文化体系的对比和交流中才能实现。

互学的另一个重要方面即是“互补”，所谓的“互补”是指相互吸收，取长补短。互补原理产生于量子力学对微观粒子运动的辩证认识，玻尔把它作为一条哲学原理从物理学领域外推到自然和社会的各个领域。“互补”的真正含义是指在不同条件下观察事物得到的绘景具有组织还原性和广义的空间对称性，它们的结合具有更高的观控性。[①] 采用互补原理有助于促进不同文化背景下的民族之间的相互了解。

不同文化生长于一定的环境中，这种环境构成了一定文化生长发育的源泉，也构成了不同文化自身的局限性。因此，任何一种文化本身都不是十全十美、完美无缺的。而任何一种文化在自身发展和走向世界中，所面临的挑战和问题往往是前所未闻的，仅靠自己文化提供的智慧是远远不够的。这就需要一个国家的文化不仅要关注自身文化发展，而且也要关注从世界文化中吸取智慧。从世界不同文化的发展中吸收自己前所未有的东西而丰富和发展自己，这样才能迎接来自不同文化的挑战，同时也才能从不同文化中学习在解决人类生存、人与人关系问题上表现出来的智慧，丰富人们的认识，提高人们解决各种困难的能力。在

① 欧阳志远：《“上帝”的陶杯——文化多样性与生物多样性》，北京：人民出版社2003年版，第259页。

与不同文化的互补中，不断突破自身的限制，增加自身的信息量，改变自己的结构，以适应新的情况，“它山之石，可以攻玉”，西方国家向中国学去了科举制，促进了行政制度的改革；中国向俄国革命学习，找到了实现民族解放的力量；日本向西方学习，使自己从被动挨打的状况中摆脱出来成为东方强国。

总之，不同文化的互学不是把自己变成对方，也不是把对方变成自己。学习不是“追星族”式的学习，不是把自己对象化的学习，而是自主的学习。是在具有主体意识下的学习，即以我为主、为我所学。这样才能从别人的文化和智慧中吸取有益的成分，提高自己，才能学有所成。回顾中国现代历史，先进的中国人曾经为摆脱积贫积弱、落后挨打的被动局面，为求得民族的独立和解放、追赶世界而进行了长期的艰苦奋斗和探索。在民族解放斗争中，曾向西方人学技术、学制度、学文化。俄国十月革命后又向他们学习救国救民真理。但实践证明这些并没有使民族解放斗争取得胜利。经过历史的挫折后，以毛泽东为代表的中国共产党提出了马列主义与中国实践相结合，实事求是的原则，即从中国实际出发，以我为主的学习，独立自主地开拓中国的民族解放道路，最终实现了中国革命的胜利。这就是典型的自主式学习的案例。

不同文化彼此对对方的了解和认识，促进了不同文化之间的理解，也使双方有了更多的交流话题，为进一步的沟通奠定了基础。欧洲杰出理论家恩贝托·埃柯 1993 年访问中国时，在北京大学发表演讲时提出：“了解别人并非意味着去证明他们和我们相似，而是要去理解并尊重他们与我们的差异。”总之，不同文化之间对对方学习和了解的越多，也就越能证明对别人文化的尊重，并使自己置身于别人的文化中，这样才能实现同他者文化的合作和沟通。反之，不同文化之间缺乏相互学习，对对方的特色不知、不问、不闻，在不同文化相遇时，也就使自己处在他人文化之外，这就容易导致对方把异已文化当成“陌生者”来加以对待。陌生人相处不免相互提防、猜疑。在全球化不断发展的今天，不同文化之间的交往不断扩大，但不同文化由于彼此之间的了解和学习少而形成的矛盾也越来越多，不同文化在对话交流中也要避免文化“误读”现象的发生，要对异文化进行正确的理解。因此，避免不同文化之间矛盾冲突的方略就是对对方文化的学习和了解，通过学习使自己成为多元文化中的一员，双方才能实现和谐共存，这也是全球化时代建构国际文化新秩序的现实要求。

（四）坚持和而不同，促进多元共存

在全球化时代到来的今天，关于文化冲突与文化共处的讨论正在世界范围内展开。是增强不同文化间的相互理解和宽容而走向和平，还是因文化隔离和霸权而导致文化冲突，将影响21世纪人类的命运。自从第二次世界大战结束之后，由于殖民体系瓦解，文化上的“西方中心论”也逐渐随之消退，世界文化呈现多元化发展的趋势。近半个世纪以来，世界经济贸易、信息传递的发展，使民族与民族、国家与国家、地域与地域之间文化上的交往越来越频繁，世界日益成为一个不可分割的整体。目前，在世界文化发展中，出现了两股不同方向的文化潮流：某些西方国家学者从维护自身传统利益或传统习惯出发，仍然坚持“西方中心论”；另一些取得独立或复兴的民族国家，抱着珍视自身文化的情怀，形成了一种返本寻根、固守本土文化的民族主义和回归传统的保守主义。如何使这两股相悖的潮流不致发展成大规模的对抗？如何使不同文化传统的民族、国家和地域能够在差别中得到共同发展，并相互吸收？如何建构起21世纪全新的国际文化秩序？本文认为，和而不同原则会为我们提供一条切实可行的路径。

不同文化能够和平共处，从而达到多元文化共存共荣，关键还在于“和而不同”。“和而不同”一语出自《左传·昭公二十年》，齐侯与晏婴有一段对话，齐侯问晏婴：“唯据与我和夫”，[①] 晏婴对日：“据亦同也，焉得为和?”，[②] 意思即是梁丘据不过是求“同”的，哪里谈得上“和”呢？齐侯便问：“‘和’与‘同’难道还有什么不一样吗?”这引

① “据”指的是齐侯的侍臣，姓梁，名丘据。

② 汤一介：《和而不同》，辽宁：辽宁人民出版社2001年版，第67页。

出晏婴的一篇议论。他认为“不同”是事物组成和发展的最根本条件。像晏婴那样的人，你说对，他也说对，你说不对，他也说不对，有什么用呢？以后，“和而不同”成了中国传统文化的核心观念之一。孔子说：“君子‘和而不同’，小人‘同而不和’”。① 周代史官史伯提出：“和实生物，同则不继。以他平他喂之和，故能丰长而物归之。若以同裨同，尽乃弃矣。故先王以土与金、木、水、火杂，以成百物。”② 总之，中国古代思想家提出的“和而不同”思想今天已经成为中国“和平崛起”的重要原则。温家宝总理在2003年12月的访美之旅中，反复强调了“和而不同”的意义。他指出：“因为我们有自己的文化，源远流长的文化，这种文化的核心就是以和为贵，就是和的文化，当然我们还要和而不同，这种不同就相互补充，是相互借鉴，而不是冲突的来源。”③ 不仅如此，它也是处理不同文化之间共存、促进多元文化发展的重要原则。在这一原则中，“不同”是其中的重要内容。即“和”并不是取消了“不同”，而是要承认不同。也就是今天西方多元文化主义代表人物泰勒提出的“承认的政治”。这种承认的政治并不是以自由主义的权利承认为依据，而是以文化背景为依据，即泰勒提出的“本真性”。这种“本真性”就是人们在长期的历史发展进程中建立起来的文化和心理。它不仅构成了个人内心的呼唤，而且也构成了一个民族的天性。不过泰勒提出的“承认的政治”是在自由主义和多元文化主义之间寻求一种调和，主张各民族传统文化都具有价值，都应该得到同等的尊重和承认，以其作为自由主义原则的一个补充。与我们所讲的“和而不同”思想并不完全一致。

“和而不同“原则认为事物虽各有不同，但决不可能脱离相互的关系而孤立存在，“和”的本义就是要探讨诸多不同因素在不同的关系网络中如何共处。“和”的精神就是协调“不同”，达到新的和谐统一，使各个不同事物都能得到新的发展，形成不同的新事物。

---

① 出自《论语·子路》。

② 出自《国语·郑语》。

③ 转引自宋玉江等：《新兴大国》，北京：人民出版社2004年版，第260页。

坚持和而不同，促进各民族文化的多元发展，其中最重要的一点就是增强民族文化的自觉意识，促进本土化发展。应当充分利用现代传媒，如网络、电视、广播、报刊等手段，有目的地增加本土文化的介绍，营造一个有利于民族文化得以继承和传播的适宜氛围。另外，还应注重从儿童开始抓起，进行民族文化传统的教育，以便于在民族成员中牢固地树立健全的文化意识和民族观念，以避免本土文化的断裂。坚持和而不同原则，无疑是全球化背景下维护文化多元发展的可能的途径之一。

总之，全球化时代的国际文化新秩序并不是水中月、镜中花，只要我们顺应国际文化发展趋势的客观要求，采取合适的途径和方式，积极推动国际政治格局多极化的进一步发展，同时，始终不渝地坚持求同存异的原则，正确处理各个不同文化之间的矛盾和冲突，倡导不同国家、民族文化之间的文化对话和交流；坚持平等互补的原则，坚决反对某些文化强势国家的文化霸权主义政策；坚持和而不同的原则，既在坚持平等对话的基础上，努力发展各个民族文化，保持世界文化多元化的发展趋势，促进多元文化共存共荣局面的发展，全球化时代的全新的国际文化秩序就一定能从梦想变为现实。

第七章　全球化时代中国的文化外交战略

当前，全球化正以迅猛的态势在世界范围内兴起，其影响涉及到社会生活的各个领域。由于科技发展和文化交流的日益紧密，人类在某些价值领域，譬如尊重人权、保护生态环境、恪守全球伦理等方面，达成共识是完全可能也非常必要的。中国应如何应对文化领域出现的新问题，制定什么样的外交战略才是合理的，都是值得研究的重要课题。

一、中国文化领域出现的新问题

中国作为坚持社会主义制度的国家，在政治制度、意识形态上和西方国家都有重大差别，长期以来中国一直是以美国为首的西方发达国家文化殖民的重点。改革开放以来，中国经济得到了快速的发展，中国的文化也空前的繁荣起来，但是，在文化繁荣的背后，中国优秀的传统文化却不断地受到冲击。中国的传统文化在全球化背景下没有充分的发扬光大，文化全球化使我国在文化领域既面临着空前的机遇也面临着空前的挑战。

（一）文化帝国主义威胁我国的文化安全

文化帝国主义是帝国主义在文化领域的扩展与延伸，是文化形式上的帝国主义。它是西方中心主义主张的强势文化支配、吞噬其他弱势文化，建立文化霸权以推行文化殖民，目的在于获得经济、政治权益，按照自己的价值观塑造世界。文化霸权主义是“文化主体间不平等的文化交往，是当代国际军事、政治、经济、技术不平等格局的反映，也是当前以美国为代表的霸权主义所散布的“全球化意识形态”的一种表现”。① 文化帝国主义对我国文化安全的威胁主要表现在：

1、多手段的“文化植入”

所谓的“文化植入”即将本国的文化输出至其他国家，根植于他国的思想意识形态中并产生影响。传统的“文化植入”的方式则是通过军事占领、宗教战争的方式，通过暴力手段取得或占领他国领土，以此为基础输出本国的文化。但是在文明社会的今天，“文化植入”的手段绝大多数采取的是一种和平、渐进的、“润物细无声”的方式。随着世界各国间的逐步开放，文化植入的范围将进一步扩大。频繁的产品和服务贸易、大众文化工业、全球标准的制定、日益兴旺的全球旅游业以及网络信息服务等都成为“文化植入”的有效手段。

2、愈演愈烈的文化渗透

中国自2001年加入WTO之后，基于贸易成员国的身份，根据规则的规定，中国要以更加开放的姿态加入到国际竞争中去。西方发达国家在此基础上基本缓解军事政治对抗，取而代之的是致力于经济科技合作，对我国展开全方位、多角度的文化渗透。当前，以美国为首的西方国家打着“民主”、“自由”、“人权”等旗号，利用各种手段，极力推行以“西方中心主义”为基础的各种人文、哲学社会科学理论，极力宣传西方的社会制度价值观念、社会心理和行为方式，否定社会主义价值观，动摇民族自尊心、自豪感，试图削弱中华民族的凝聚力。表现为有计划地进行渗透、分化，公开性与隐蔽性相结合，全方位、多层次、多角度、多手法地进行渗透。可以说，随着经济全球化的深入发展，我国将与国外展开“全天候”的接触，将面临更激烈、更复杂多变的强

① 苏国勋 张旅平 夏光：《全球化：文化冲突与共生》，北京：科学社会文献出版社2006年版，第17页。

势文化渗透。

3、全面的人才争夺

这种人才争夺的实质是利用本国的经济、文化及教育优势，吸引高素质人才，从而为本国服务。他们或是利用各种优惠政策、奖学金制度，吸引优秀学生出国留学并留在国外或成为跨国公司在中国的代理人；或是以法律形式，鼓励拥有高端技术专长的人进行“技术移民”；或是通过跨国公司，在中国本土网罗高端技术人才；或是通过某些“基金”和“组织”，以合作研究、资助研究或交流研究的名义，输入西方政治理念；或是以“政治避难”等方式，拉拢国内政治、宗教领域内的“持不同政见者”，培植西方政治思想武装起来的西方利益代理人。

（二）中国传统思想、生活方式的西化倾向严重

文化对于人们的思想观念、形成群体的统一意志，构成一个国家的“信仰体系”起到了不可忽视的作用，并指导人们的社会活动。全球化对文化的冲击首先表现在对传统文化、价值观念的质疑和挑战，使传统意义上的“民族国家”主权的神圣不可侵犯性受到了冲击。

1、文化“繁荣”背景下人文精神的缺失

我们传统文化中的优秀的人文精神、道德价值理念是与我国五千年的文明历史息息相关的。一方面不可否认的是全球化强化文化的整体精神，为民族国家的文化传播和交流提供了技术条件和心理条件，为文化的多样性显现提供的广阔的空间。另一方面，我们不能回避的是，如此便捷的文化传播渠道、短暂的文化更新周期必将冲击着传统文化，造成传统文化的危机与失落。当前，在西方（美国）消费文化的侵蚀和影响下，流行于中国大众文化中普遍的文化理想的失落、对崇高和神圣的遗忘从某种意义上正是文化全球化的负面反映。

改革开放以来，中国的社会政治经济结构发生了巨大的变革，市场化为文化的创新、交流和传播提供了动力，文化作为一种产业其规模得到了极大的拓展。然而切合时代精神的价值观的缺失和主流文化引导的乏力使人们对各种文化的包容到了无所止境、无所鉴别的地步。只要能

满足人们的需要不管它是低俗的还是高尚的都有生存的土壤。媚俗泛滥、低俗文化大行其道，市场化使精神追求的意义和价值不断地被贬低。文化没有了自身的标准，人文精神被经济标准所遮蔽。

2、民族认同感、荣誉感、凝聚力的下降。从国际关系看，“民族认同”是指在民族国家意义上的“国家”认同。在现代社会，这意味着民族成员对国家（政权）的忠诚、献身以及他们之间的团结。在全球化和信息化时代，西方利用强大的传媒和网络优势，向中国输出西方的价值观，鼓吹“人权”主义，造成国民思想的混乱。“人权”的普遍主义对于“主权”的限制主义提出了挑战，而在利益层面就表现为公民的个人利益同国家利益之间存在着矛盾。而受西方价值观念中的“个人主义”的冲击，中国民众对于民族奉献、民族牺牲意识产生了提出情绪，提出了个人利益的第一位性。自明末清初以来形成的一种崇洋媚外的思想使得民众对于本国科技的极度不信任，同时对外开放和国际各种文化思潮的涌进使得新一代民众对国家的忠诚度有所下降。

3、社会生活方式的“麦当劳化”。当前，经济全球化已成为世界性趋势的生产方式，势必对新时期的生活方式产生影响。社会主义制度与资本主义制度作为两种不同的政治制度其必然存在不同的价值意识形态，而全球化却导致了这两种价值形态不断地相互碰撞。西方社会的社会生活方式正以惊人的速度向我国国内输出。我们可以看到，无论是大都市还是小城市，随处可见西式的穿着，各大影院充斥着好莱坞大片，各地的儿童没有不知道麦当劳、肯德基的，这是一种社会生活方式的“麦当劳化”。

（三）民族文化产业受到强烈冲击

“文化产业，包括文化创造和文化产品、文化工具的生产与运作也必将占有社会劳动中日益增多的份额，最终将有可能占据产业的绝大部分”。[①] 信息技术的高速发展为文化产业带来了前所未有的机遇与挑战。

① 金吾伦：《信息高速公路与文化发展》，《中国社会科学》1997 年第 1 期，第 9 页

美国是世界上公认的文化产品出口大国，文化产业早已成为美国经济引擎和新的经济增长点。相较而言，中国是文化产品弱国但却是文化资源大国。如同加入 WTO 为中国经济发展带来机遇与挑战一样，文化的全球化在为我国文化“走出去”提供机遇的同时，更重要的事冲击和阻碍了民族文化产业的发展。

1、我国文化资源优势被削弱。随着经济全球化进程的加剧，越来越多的文化产品也进入了全球化的市场，这必然要求文化资源配置的国际化。以往一个城市、一个地区和一个国家内部的分割和协作，已经发展成为了多个国家和地区之间的分工和协作，以便更有效地利用各地的文化资源。根据 WTO 的规则，其成员国之间在国际交往中要更加的开放。中国丰厚的文化资源要以开放的姿态与世界共享，它是世界人民共同的精神财富，满足着世界人民的文化消费。文化资源的对外开放加剧了文化资源争夺，强化了文化资源的有限性，削弱了中国在文化资源占有上的固然优势，客观上限制了中国文化产业对中国文化资源的利用程度。

2、文化产业的市场优势将逐步失去。拥有世界四分之一人口数量的中国想当然造就了其巨大的潜在市场，这其中文化市场的消费群体必然庞大。改革开放后，中国经济高速发展，对文化产品的需求旺盛。中国加入世贸组织后，中国文化市场对世界开放，中国文化产业对中国文化市场的垄断优势失去，大量的外国资本、跨国文化公司纷纷在中国登陆，加入中国的电影、电视、网络等文化产业中，使中国文化企业的竞争空前激烈，在中国的文化市场中，中国文化产业虽然有着地缘优势，但是却有着经济、技术等诸多方面的劣势，而好莱坞、时代华纳、迪斯尼等国际大公司正是凭借其技术和资金优势，相继在中国设立“中国部”，大量招聘了解中国文化市场的华人供职，对中国提供大量价廉的文化产品。虽然广大消费者作为直接消费者会从中受益，但对作为新兴产业的中国文化产业的负面影响却是深远的。国外文化资本和文化产业的进入，使中国丰富的文化资源和文化市场的独占性消失，文化产业利润大量流失，如果我们的应对措施不得力，有可能导致中国文化产业的萎缩。

3、文化产业的发展方向面临威胁。中国有自己独特丰厚的文化资源，有不同于其他国家的价值观念，中国文化产业的发展要立足于中国的文化资源，中国的文化产品要凝结中国人的价值观。然而，由于发达国家凭借技术资金优势控制了国际文化市场，支配着文化产品的国际性标准和规则，世界文化产品的生产和消费都呈单一性机制，以发达国家为主体的标准为世界标准，中国的文化产业既要坚持自己的发展方向，又要按照国际市场的要求、按照输入国的市场需求和消费者的欣赏习惯进行生产和创造就显得困难重重。以美国为首的西方发达国家以自己的标准来衡量他国的文化资源，进而对他国的市场需求和消费者的欣赏习惯发生负面的诱导，严重威胁了其他国家民族文化产业的发展方向。①

二、我国现行文化外交战略分析

外交是以国家利益为核心，是国家对外政策的集中体现。而文化外交则是外交的一个重要组成部分，它是通过文化在国家对外交往中的工具作用与本体作用来实现国家利益与对外政策。

文化外交，就其本质来说是思想观念外交，是利用外交这一手段传输一国价值观的外交形式。本国文化的对外输出，其目的就在于利用本国的思想、价值观念来改变和影响人的行为模式，从而使一国的价值观得到广泛的接受与认同。

胡锦涛同志在十七大报告中提出“文化软实力”。这里的文化软实力是相对于经济性、资源性的传统硬实力而言的。他强调“当今时代，文化越来越成为民族凝聚力和创造力的重要源泉、越来越成为综合国力竞争的重要因素”。较之传统的硬实力的竞争，文化在人们思想意识领

① 黄旭东：《论文化全球化背景下的当代中国文化发展战略》，《河南社会科学》，2009年第5期，第141页。

域内的指导与驾驭作用已经被人们所察觉，因此，文化软实力的提升是一国发展壮大的必由之路。

中国五千年的悠久历史孕育了丰富、灿烂的传统文化，中国的传统文化已经成为了人们的一种信仰与理想，它影响着并渗透于人们的活动的各个方面。五千年的文化积淀使中国在对外交往上从来就不乏建设性、科学性的文化资源，也正是基于对厚重的文化资源的挖掘与利用，我国才能始终活跃在成世界外交的舞台上。

（一）中国“和而不同”的文化外交思想

“和而不同”是在中国千年文化交流、文化融合的历史中凝聚出的理论精华，是不用于“以同化异”、“以异抗同”的两种极端主义的文化外交思想，“和而不同”是建立在具有中国特色的历史实践基础上的、具有文化说服力的交流理论。

“和而不同”思想源于中国传统的“和”、“合”文化。“和”指的是和谐、和睦、和平、和善，“合”指的是汇合、结合、联合、融合。公元前8世纪周史官史伯的“和同”观：“夫和实生物，同则不继。以他平他谓之和，故能丰长而物归之，若以同裨同，尽乃弃也”（《国语·郑语》)，就已经明确提出了“和”与“同”的差异和区别。在中国漫长的文化发展史中，各民族之间彼此抗争、冲突，最终形成了彼此尊重却又相互融合的多民族共存的界面。历史的经验与教训告诫我们：文化的相互吸收与融合才会带来文明的发展与繁荣，盲目的固步自封、因循守旧必将导致文化的萧条与文化的衰落。“和而不同”的思想因其所提供的整体性、系统性的辩证思维视角，逐步成为中华民族的千年沉淀并源远流长的哲学思索和深刻的文化交流理念。

中国的“和而不同”的文化外交理念在秉承传统“和合”思想的同时，在新中国建立后得到了渐进式的发展。党的历代领导集体通过建设与创新对外政策，使“和而不同”的文化外交理念日渐成熟，成功地指导了中国对外交往的实践。

以毛泽东为代表的党的第一代领导集体在新中国建立之初就确立了

平等、友好、相互尊重的文化外交理念。毛泽东运用马克思主义的辩证统一思想的基础上指出，中国的文化要在重视对外宣传的同时，要辩证的对待外来文化，“对于外国文化，排外主义的方针是错误的，应当尽量吸收进步的外国文化，以为发展中国新文化的借鉴；盲目搬用的方针是错误的，应当以中国人民的实际需要为基础，批判地吸收外国文化。”[①] 中国改革开放政策的提出，开创了中国现代化建设的崭新局面。改革开放的总设计师邓小平科学地阐述了“什么是社会主义，怎样建设社会主义”的问题，在此基础上针对文化的对外交流提出了建设性的指导思想。1982 年党的十二大开幕词，他对新时期的对外文化交流指导思想做出了精确的概括：“我们坚定不移地实行对外开放政策，在平等互利的基础上积极扩大对外交流。同时，我们保持清醒的头脑，坚决抵制外来腐朽思想的侵蚀，决不允许资产阶级生活方式在我国泛滥。”[②] 在经济体制改革的浪潮席卷中国的大背景下，党的第三代领导集体提出了建设社会主义市场经济的宏伟目标。经济体制的变革必然冲击文化意识领域的，第三代领导集体对于“和而不同”文化外交思想更是做了更深层次的阐述。1997 年 10 月，江泽民应克林顿总统的邀请访美并在世界著名的哈佛大学作了精彩的演讲，江泽民在肯定文化多样性的前提下，从中国五千年文明史的高度，把开放、发展、追求同世界各国进行广泛的交流与合作作为中国文化的本质特点介绍给了美国人民，用丰富深刻的语言展示了中华民族的传统文化的内涵和对世界文化做出的贡献。这篇演讲稿虽然没有直接的引用中国“和而不同”的文化外交思想，但是却可以认为是对新时期中国“和而不同“文化外交思想的首次阐述。2002 年 10 月 24 日，正在美国访问的国家主席江泽民在乔治·布什总统图书馆礼堂发表重要演讲。他指出：“两千多年前，中国先秦思想家孔子就提出了‘君子和而不同’的思想。和谐而又不千篇一律，不同而又不相互冲突。和谐以共生共长，不同以相辅相成。‘和而不

① 毛泽东：毛泽东选集（第三卷），北京：人民出版社 1991 年版，第 1083 页。
② 邓小平：邓小平文选（第二卷），北京：人民出版社 1994 年版，第 3 页。

同'，是社会事物和社会关系发展的一条重要规律，也是人们处世行事应该遵循的准则，是人类各种文明协调发展的真谛。"①

党的第四代领导人胡锦涛在十七大报告中深刻阐述了关于我国文化发展的未来方向。当今中国文化的发展面临着前所未有的机遇，"文化越来越成为民族凝聚力和创造力的重要源泉、越来越成为综合国力竞争的重要因素，丰富精神文化生活越来越成为我国人民的热切愿望"。②中国的文化发展"要坚持社会主义先进文化前进方向，兴起社会主义文化建设新高潮，激发全民族文化创造活力，提高国家文化软实力，使人民基本文化权益得到更好保障，使社会文化生活更加丰富多彩，使人民精神风貌更加昂扬向上"。③ 同时针对于我国日益活跃的文化外交活动，我们要在加强对外文化交流的基础上，"吸收各国优秀文明成果，增强中华文化国际影响力"。④ 这是对党的三代领导集体一致贯彻的"和而不同"的文化外交理论的继承与发展，体现了我国"和而不同"文化外交理论的一致性与持续性。

（二）我国现行文化外交战略概述

外交是国家对外政策的总体概括。就其形式而言，包括政治外交、经济外交、军事外交、文化外交等。文化外交是外交战略的重要组成部分。另一方面，文化外交的核心是文化的输出与交流，因而文化外交又是文化战略的重要组成部分。基于文化外交的双重战略性地位，完善国家文化外交战略、提升国家文化外交软实力是我国现阶段的重要任务。

1、我国现行文化外交战略的内涵

文化外交战略，可以说是"一个国家在国际社会谋求存续和发展本民族国家文化、捍卫国家文化主权与扩展国家（地区）至高的文化利

---

① 在乔治·布什总统图书馆江泽民主席发表重要演讲受到一与会美国政治家、学者和人学生的热烈欢迎，人民日报2002第1版。

② 胡锦涛：胡锦涛在党的十七大上的报告（4），2007年10月24日，新华网。

③ 同上。

④ 同上。

益的战略”。[①] 中国文化外交战略一直都与文化战略相结合，文化外交战略本身包含在21世纪的国家复兴和文化复兴战略之中，被融入中国的和平发展进程，落实在国家的文化建设中。事实上，中国文化的“走出去”战略就是中国文化外交战略的重要内容。2003年12月5日，中国国家主席胡锦涛在全国宣传思想工作会议上的讲话中指出：“大力发展涉外文化产业，积极参与国际文化竞争”，“走出去”战略首次反映在文化产业领域。2005年7月14日，中共中央办公厅、国务院办公厅印发了《关于进一步加强和改进文化产品和服务出口工作的意见》，标志着中国“走出去”战略在文化领域已经基本成型。[②] 以胡锦涛为领导的新一届政府“把文化外交的作用提升到非常重要和不可替代的地位，文化外交与政治外交、经济外交一起被视为中国外交的三大支柱，是国家总体外交战略的一个重要组成部分。”[③] 据此，中国的文化外交战略可以概括为以下几点：

从战略地位角度出发，中国的文化外交战略既是文化战略的重要内容，同时更是中国外交战略的重要组成部分，中国文化外交是中国整体外交的重要支柱。

从目标角度出发，中国的文化外交战略一方面旨在保护本民族文化的传承与发展，维护本民族利益和国家安全，增强民族凝聚力与认同感；另一方面则是通过文化外交，充分展示中国和平、开放的外交形象，主张文化的多样性促进各民族文化的共同发展，建立和谐的世界环境。

从手段角度出发，中国文化外交战略的实施依靠官方与民间的双重力量，通过“走出去”与“引进来”的多种方式，充分利用科学技术的现代化成果，以多样化的途径与方式实现文化外交战略。

① 李智：《文化外交——一种传播学的解读》，北京：北京大学出版社2005年版，第150页。

② 金元浦、章建刚：《面对“文化贸易逆差”中国该当何为?》，载《半月谈》（内部版）2005年第8期。

③ 孙家正语，见《服务大局空前活跃：文化部长孙家正谈今年我国对外文化交流》，载2004年12月20日《人民日报》，第7版。

2、我国现行文化外交战略的制定

中国，作为古代四大文明古国之一，我们的祖先依靠着勤劳与智慧创造出了灿烂辉煌的中华文明。四大发明、文学巨著、传统文化无不在彰显着中华儿女的智慧与才能。但是受封建思想的长期统治，中国在西方技术革命如火如荼进行的时候，却在一味的固守自封，因而受到了长达百年的殖民侵略。历史的经验告诉我们，只有对外交流、共同发展，国家才能真正地屹立于世界民族之林，才能真正的参与国际竞争、才能成为真正意义上的独立的民主国家。因而，中国共产党顺应时代发展、结合中国国情，制定了改革开放政策，它开创了中国社会发展的新局面。中国的改革开放政策打破了以往完全由国家主导的单一的社会运作模式，而是鼓励与外界的相互交流和借鉴。在此背景下，国家的外交战略必将更加的开放，而作为外交战略的重要组成部分的文化外交战略则必须顺应国家政策的变化与要求，制定出与更加适应经济发展、旨在提高综合国力的文化外交战略。

根据改革开放政策的要求，新时期的文化外交战略在目标上要求对外传播中国优秀的传统文化，让世界认识中国、了解中国，对内引进国外先进的思想、理念，更好的为国家、社会发展服务；在手段与方式上采用“走出去”与“引进来”相结合的原则，加强现代化传播媒介的应用，加强多形式、多层次的文化外交手段的综合应用，鼓励文化外交手段的创新；在内容上，我们的文化外交是在和平外交总方针的指导下，积极弘扬传统文化中“和为贵”、“仁爱”等思想，实践中国的“和平外交”战略。

文化现行外交战略在顺应我国对内政策的同时还要求其适应国际社会的新形势。以信息技术为标志的新技术革命加速了全球经济的发展同时也增强了各国间的相互依赖性，各国之间既存在着大规模的文化交流同时也存在着文化竞争。国际交流已由传统的政治、经济和军事等硬实力方面转移到了文化这一软实力层面上来。基于全球化影响下各国达成的共识、形成的共同利益，如国际安全、环境保护、能源开发等，活跃在世界舞台上的各国则要承担更多的国际责任。中国作为世界最大的发展中国家，作为拥有世界最多的人口、世界经济增长速度最快的国家，其大国身份不容忽视。作为大国，我们必然承担着更多的国际责任、扮演更为丰富的国际角色，“大国崛起”成为必然。但是如何使世界认同、理解中国“大国崛起”的实质内涵，是摆在我们面前的重要问题。这就要求我们制定合理的文化外交战略，开展丰富的文化外交活动，向世界传达中国“和而不同”、“和平共处”的文化外交思想，消除“中国威胁论”的误解，真正理解中国的“大国崛起”对于世界的积极意义。

需要指出的是基于各国政治体制、经济体制、意识形态、价值观念等方面的差异，各国的对外文化政策必然存在着差异。“发达国家的文化外交战略往往是进攻型的，重在对外文化扩张；而发展中国家，国家文化关系中总是处于一种被动适应的位置，其战略往往是防御型的，重在吸收外来文化精华、抵制外来文化的糟粕”。① 而我国在制定文化外交战略时，始终秉承着“和而不同”的文化思想，“超越‘进攻’和‘防御’的二元对立模式，在‘进攻’中‘防御’，在‘防御’中‘进攻’”。②

（三）我国现行文化外交战略的实现形式与途径

在明确了国家的文化外交战略之后，接下来的问题就在于采用怎样的形式、通过何种途径在外交实践中运用下去，配合和实现国家的整体战略。随着全球化进程的推进，各国之间的相互依存程度在不断的加深，系统而有效的文化外交途径必将更加有利于中国“走出去”战略，必将更加有利于中国对外政策的目标的实现。

“作为文化最显著的一种表达方式，文学、艺术是对外文化关系的核心内容。除此之外，人员交流、教育交流、科学与技术交流、语言教学、广播电视讲座、图书交换、作品展览、信息咨询服务都是对外文化关系的主要内容”。③ 而实施文化外交的途径与方式则取决于应用于外

① 李智：《文化外交——一种传播学的解读》，北京：北京大学出版社2005年版，第155页。
② 同上。
③ 同上，第37页。

交的文化内容，并且这些内容也不是一成不变的，是随着文化的发展而不断变化的。同时又因各国文化资源不同，文化外交的目的及其对象不尽相同，不同国家在实现文化外交战略时所采用的手段与方式也必然存在着差异。在西方民间组织作为核心力量开展多样性的文化交流时，中国受经济体制、政治体制的影响，文化外交活动还存在着浓厚的官办色彩，呈现以官方为主导、民间交流为辅助的特点。

1、政府层面的官办文化外交途径

政府在我国文化外交战略实施过程中起着主导作用，扮演着重要角色。政府既是文化外交战略的制定者同时又是具体措施的执行者。当前各国政府推行文化外交主要包括以下四个方面的内容：一是参加国际文化组织、召集和参与国际文化会议、签订双边或多边文化协定等外交活动；二是通过文化代表团互访，其中包括艺术表演、文化作品展览、文物展览、举办体育赛事等外交活动；三是教育交流活动，其中包括留学生培养、语言教学、艺术人才交流、学术交流等；四是信息交流活动，包括图书报刊、音像制品、电脑软件、广播电视、互联网等新闻媒体来传播文化的活动。其他部分如青年和体育交流通常也包括在文化项目中。①

（1）文化对话与合作

新时期以来，中外文化官方互访日益频繁，在保持与发展中国家的文化外交的前提下，注重加大与发达国家和国家组织文化外交的力度。截至2003年，中国在驻80个国家使领馆设有95个文化处、组，已与166个建交国中的145个国家签订了文化合作协定，签署了752个文化交流执行计划，与外国签订文化合作协定及备忘录等的总数达到191个。② 中国在国家外交舞台的日渐活跃，还体现在加强与国际文化组织、区域组织的合作方面。

作为联合国教科文组织的创始会员国之一的中国，自1971年恢复

---

① ［印］基尚·拉纳：《双边外交》，罗松涛、邱敬译，北京：北京大学出版社2005年版，第78页。

② 孙家正：《中国文化年鉴2002—2003》，北京：新华出版社2004年版，第128页。

在该组织的合法地位之后，就开始加强与其的交流与合作。这其中包括参加各类的国际文化重要会议；组织和参与各类大型的文化活动，如参与1987年教科文组织发起的“丝绸之路——对话之路综合研究”项目；加强与教科文组织在出版和宣传方面的合作，如《中国文化集》、《中国文化政策》等专集在成员国内的散发以及《红楼梦》等古典著作和现代文学精品被教科文组织收入世界文学名著译丛；积极保护世界性遗产，如1985年中国加入联合国教科文组织（UNESCO）《世界遗产公约》，2004年6月中国举办了第28届UNESCO世界遗产会议，推动会议通过《苏州决定》，发表了《世界遗产青少年教育苏州宣言》，2004年8月中国正式加入UNESCO首部有约束力的保护非物质文化遗产的多边文件《保护非物质文化遗产公约》。

在加强与国际文化组织的交流与合作的同时，中国还积极的拓展与各区域组织的文化交往。作为亚欧会议三大支柱之一的亚欧文化部长会议，势头强劲、影响巨大。中国倡议的上海合作组织成员国首次文化部长会议2002年4月在北京举行，中、俄、哈、乌、塔、吉六国文化部长签署了旨在促进各国间双边和多边文化交流与合作的《“上海合作组织”文化部长联合声明》，为加强中国与中亚各国的文化交流奠定了法律基础。2004年中国签署了中非《亚的斯亚贝巴行动计划》，2006年1月发表了《中国对非洲政策文件》，建立了中非文化合作机制。除此之外，中国还在其它多边机构中，强调文化合作，推动世界文化多样性。例如：文化政策国际网络部长会议、国际文化艺术联合会、文化产业组织国际会议等。

（2）文化交流

中国文化外交交流项目多数以服从国家大局出发，经过中国政府的精心策划、适时推出的大型交流活动。现阶段我国的对外文化交流主要体现在中国文化年、中国文化节、中国文化周、中国文化季、中国文化月等项目上。

以2005年为例，2005年是我国对外文化交流工作成果丰硕的一年。历时两年的中法文化年在中国圆满闭幕，在美国举办的“中国文化节”、在意大利举办的“中国天津周”和在荷兰举办的“中国文化艺术节”等大型对外文化活动，扩大了中华文化在国际上的影响，树立了中国的良好形象。

中法文化年是中法两国元首倡议，由中国文化部牵头、众多部门和省市参与，与法国政府合作举办的特大型文化活动，是建国以来我与外国开展的规模最大的一次文化交流活动，被誉为中欧文化交流史上的创举。中法文化年影响巨大，盛况空前，全面提升了两国的政经关系，把中法以至中国与欧盟的伙伴关系推向了新的高度，并对周边国家产生了示范作用；由中国文化部和美国肯尼迪表演艺术中心合作举办的“中国文化节”，2010 年 10 月 1 日在华盛顿揭幕。这次活动被《纽约时报》和《华盛顿邮报》称之为“艺术中心历史上最大胆，投入最多的国际文化合作项目，其广度和深度前所未有”；由文化部和天津市人民政府共同主办的意大利“中国天津周”，于 10 月在意大利的罗马、米兰和那不勒斯举行。活动以文化为主线，涉及经济、旅游、体育等领域，钱皮总统会见了中方代表团，并对活动的成功举办表示祝贺；同月在荷兰举办的“中国文化艺术节”，由荷兰民间发起，基本依靠赞助和商业运作，后得到文化部积极支持并资助在阿姆斯特丹、海牙等城市展开，共计一百多场活动，吸引观众达七万多人次。① 教育交流吸引国外学生来华留学一直是中国文化外交的重要形式，也是让世界了解中国，让中国了解世界的一条重要途径。中国社会的迅猛发展、中国文化的优秀传统吸引着越来越多的留学生来到中国进行深造。中国政府的日益完善的留学生制度也为在中国的留学生提供了更好的保障。据统计，从 1950 年中国接受了第一批来自东欧国家的 33 名留学生，发展到 2004 年共有来自 178 个国家的 110844 名各类来华留学人员在中国 31 个省、自治区、直辖市（不含台湾省和香港、澳门特别行政区）的 420 所高等学校和其他教学、科研机构学习。

① 孙家正：《2005 年中国文化外交—文化部长孙家正谈 2005 年对外文化交流》，《人民日报》。

教育交流作为政府文化外交战略的实现途径，发展对外汉语、建立国家语言战略成为新时期我国教育交流的重点。为了推动汉语在世界的传播和促进中外文化交流，中国政府相当重视对外汉语教学事业。2004年，中国政府制定了对外汉语教学的五年规划——《汉语桥工程》。该工程涵盖了8方面内容：1、加快建设孔子学院；2、大力发展多媒体音像教材——乘风汉语、长城汉语；3、积极支持AP（Advanced Placement）中文项目；4、切实加强对外汉语师资建设；5、加速推广汉语水平考试（HSK）；6、扎实搞好对外汉语教学基地建设；7、积极利用“汉语桥”基金、援助国外中文图书馆；8、扩大“汉语桥”世界大学生中文比赛影响。在海外建立“孔子学院”是国家“汉语桥工程”的最大工程。孔子作为中国传统文化的代表人物，其所倡导的儒家思想至今在国际社会仍存在深远的影响，选择孔子作为对外汉语教学的品牌是中国传统文化复兴的标志。设立“孔子学院”的主要目的，是为了推广汉语教学，向其他国家的汉语学习者提供优秀的学习资料。2004年11月21日，中国第一所海外“孔子学院“在韩国汉城举行挂牌仪式。此后，世界众多国家均表示出了建立“孔子学院”的意向。2005年9月29日，联合国教科文组织正式决定从2006年起，由孔子文化发祥地、中国山东省及山东省济宁市政府每年出资15万美元（首期为5年），以中国政府的名义在联合国教科文组织设立“孔子教育奖”。

（3）信息交流

信息交流的核心在于利用大众传媒展开的对外文化外交活动。传统的信息交流方式包括报刊、广播、电影、电视等传播手段。主要包括对外发行的报刊、书籍，如《人民日报》（海外版）、翻译出版的书籍主要是国家领袖的著作、现代文学著、许多儿童文学作品和中国民间故事等；在广播方面则体现在中国国际广播电台、中国中央电视台英语国际频道的建立；影视方面，中央电视台的国际频道和英语频道实现了对全球的电视信号覆盖、中国的电视剧受到国外观众的喜爱、中国的电影被搬上了世界的荧幕，震撼了世界人民的心灵。

新科技革命的为人类带来了新的大众媒介——互联网。互联网的迅猛发展对于全球文化的传播具有重大的影响。利用网络传播文化速度更快、范围更广、影响力更强。1999 年，江泽民同志强调："信息传播业正面临着一场深刻革命，以数字压缩技术和卫星通讯技术为主要标志的信息技术的发展，互联网的应用，使信息达到的范围、传播的速度与效果都有显著增大和提高。世界各国争相运用现代化信息技术加强和改进对外传播手段。我们必须适应这一趋势，加强信息传播手段的更新和改造，积极掌握和运用现代传播手段。"① 2005 年，国务院外文局建立了拥有九种语言、十个文版的中国网，成为国家重点对外宣传的国情网站。随后，"中国在线"、"新华网"、"人民网" 等各种网站的建立，使中国和平的中华文化价值观得以广泛传播，使社会主义中国的良好形象得以在全世界树立。

(1) 非政府组织的民间文化外交途径

相较于政府层面的文化外交活动的浓重政治色彩而言，各类非政府的社会组织开展的民间文化外交活动则显示出隐蔽性、高水平、深入性的特点。实际上，社会组织在政府组织间的文化外交受到阻力时常常发挥着不可替代的作用。许多政府层面的文化外交活动是由民间文化外交活动促成和推动的。

我国承担民间文化外交的非政府组织数目众多，但其中比较重要的有中国国际文化交流中心、中国对外文化交流协会、中国人民对外友好协会下设的对外文化交流部。

成立于 1984 年的中国国际文化交流中心，是从事国际文化交流的全国性社会团体，其宗旨是：通过民间的国际文化交流，加强中国人民与世界各国、各地区人民的相互了解和友好合作，为我国经济发展、科学进步、文化繁荣服务，为促进世界和平做出贡献。中国国际文化交流中心理事会由著名的科学家、艺术家、学者、社会活动家、企业家等百余名社会各界知名人士组成，其活动涉及的领域涵盖文化艺术、科学技术、政治经济、民族宗教、教育管理、新闻出版、学术研究等多个方

① 江泽民：《在全国对外宣传工作会议上的讲话》，载《人民日报》1999 年，第 1 版。

面。交流形式采取举办文艺演出和各类展览、召开国际会议和学术研讨、组织考察访问和专题讲座，以及合作拍片、书刊交流等。

中国对外文化交流协会是专门从事国际民间文化交流的非盈利性社会团体。其活动内容涉及文学、美术、音乐、舞蹈、戏剧、杂技、民族民间艺术和艺术教育等诸多门类，成为官方文化交流活动的重要补充。协会还与有关部门联合举办了一系列具有特色的多边文化交流活动，如北京国际爵士乐集萃、喜力节拍夏季音乐节、临沂书圣文化节、北京国际手风琴比赛等。

中国人民对外友好协会的对外文化交流部其宗旨是将世界各国的优秀文化艺术介绍给中国广大观众，同时将中国的优秀文化艺术介绍给世界各国观众，以增进中国人民与世界各国人民在文化艺术领域的相互了解和交流合作，促进中外文化艺术的繁荣发展。文化交流部是专门负责与世界各国进行各种民间文化交流的部门。其主要工作范围是接待并派出文化艺术界专家、学者、专业人士，组织互访和交流；接待并派出各类演出、展览团组，组织演出和展览。

三、中国的文化外交战略构想

21 世纪的世界是以文化、科技等软实力为主要竞争内容的崭新的时代，软实力竞争的重要手段与机制是在于如何制定行之有效的对外政策，而以文化交往为重要形式的文化外交战略则在这一时期必然发挥着举足轻重的作用。中国的文化外交有着丰富的历史实践、辉煌的历史成就。但是时代的向前推进，要求我们在总结、借鉴经验的基础上，用于创新、继续进取，开创中国文化外交的新局面，为实现中华民族的伟大复兴贡献力量。

（一）我国文化外交的意义

如同其它外交途径一样，文化外交也是服从和服务于以维护和发展国家利益为核心的整体外交战略的。然而，在现代国际关系中，文化外交发挥着政治、经济和军事等对外交往手段难以达到的作用。在全球化背景下，文化外交具有其独特的意义和价值。另一方面，一国的综合国力体现在物质性的硬实力与非物质性的软实力两方面，而文化在国家软实力中占据核心的地位，从而也折射出了国家文化外交的重要性。

1、文化外交有利于强化国家认同感、增强中华民族的凝聚力

现代社会的国家认同，其决定因素在于国家保障和实现公民权利的水平和程度。经济的发展、国家的强盛、以及国家在国际舞台上的活跃程度都会直接触及国民的对于国家的情感，从而增强民族向心力，最终在国家与公民之间建立一种相互依存、荣辱与共的相互关系。然而，国家认同是一个动态的过程，会受到外部方面的各种挑战。随着全球化进程的加剧，经济等诸要素的跨界流域便得更加的便捷，当前我国的国家认同感受到全球主义和地方主义的双重挑战。

文化是决定民族凝聚力强弱的重要因素，世界上没有哪个国家在人民四分五裂、却反共同政治理念的情况下，能够经久不衰、持续存在，能够在国际政治中实现自己的国家利益。文化赋予了国家对外行为的民族特色，而在全球化的环境下保持中华民族的特性，其核心在于保持一个民族的特色——民族精神。民族精神的基石是民族的传统文化，而民族精神的弘扬与培育则是需要依靠文化外交来实现。对外宣传中国辉煌灿烂的民族文化，会更多的激起民族的自豪感，荣誉感；组织文化代表团开展对外访问，能够触及更多海外华侨华人的内心，从而提升了国家归属感；承办各类的体育赛事，组织奥运健儿访港、访澳，这在传达体育精神的同时更多的是体现了一个民族的凝聚力与向心力；利用互联网的无界性，为国民开辟了一个广阔的参与国家政治讨论的平台，从而唤醒了公民参与政治的意识同时也高涨了公民的爱国热情。

2、有利于提升中国的文化竞争力与综合国力

21 世纪，文化作为国家文化软实力的重要组成部分，已经形成了区别于经济、军事等传统国家硬实力的“文化力”。在信息化浪潮席卷全球的今天，国家之间的竞争，早已经从传统的能源、军事、经济的物

质性领域转移到了具有巨大潜在影响力与独特价值的文化等非物质性领域。一国文化的竞争力大小已经成为各国越来越关注的课题，而其也直接影响着国家综合国力。

冷战结束后，世界政治的两极格局被打破，国际政治向多极化方向转变。这为文化的多元化发展提供了有利条件。在文化多样化发展的当今世界，能否构建具有自身特色的强势文化、能否占据文化领域的主角地位，这些都将决定国家在政治、经济舞台能否吸引更多的关注从而决定其能否处于相对优势的地位。如果这种强势文化能够运用得当，文化将较之军事、经济等因素更能征服人们的头脑，产生更为持久、有效、优秀的战略效果。

文化是一个国家坚不可摧的力量源泉，一个国家的文化传统及其对人民的影响力，成为一国综合国力的有机组成部分；而且，随着整个人类和各民族自我意识的不断觉醒，提供精神动力的文化在综合国力中的比重将会不断增加。在经济全球化的背景下，文化外交在提升一国文化竞争力乃至综合国力方面的作用和地位也将越来越突出。

3、有利于中国树立良好的国际形象

一国的国家形象就是一定时期内国际社会对其政治、经济、社会、文化等这方面相对稳定的整体评价和认定。自从国家诞生之日起，国家形象作为国家政治权威的重要组成部分历来为世界各国所重视。一国的国际形象的重要性是不言而喻的。一个国家在国际政治上的发挥作用的范围与程度，不仅取决于这个国家的实力，还取决于其形象。一个稳定、团结、和谐的国际形象往往会产生更大的征服他国的的力量。事实上，国际形象和国际经济利益是紧密相连的。一国的国际形象不仅影响着投资者和消费者对该国的国家品牌的判断，从而直接决定他们的投资信心与购买行为。另一方面，一国的国际形象还影响着该国的第三产业如旅游业的发展，一个文明的、有秩序的、爱好和平的国家往往会受到各国人民的青睐。

国际形象的对外展示方式多种多样，但是更多、更有效的则是通过各种外交手段，而文化途径往往是首要方式。通过文化外交，能够对外传达文化信息与价值观念，从而产生一种向外的辐射作用，产生文化影响力。相对于中国而言，作为一个崛起中的大国，一个负责任的大国，良好的国际形象对于国家的发展具有十分重要的意义。通过文化外交的平台，能够展现给世界一个更真实的、更客观的中国，能够让世界更好的了解中国和平友好的外交思想，能够提高中国在国际上的地位与威望。

4、有助于营造有利的国际舆论环境

近年来随着中国经济的发展、实力的增强，"中国威胁论"的声音从来就没有停止过。西方鼓吹的"中国威胁论"其大意就是中国的发展将对其他国家的利益和既有的国际秩序提出挑战，从而对亚太地区和世界的稳定构成威胁。"中国威胁论"一经产生就对中国产生了极大的负面影响。一方面，"中国威胁论"阻碍了中国与其他国家的友好发展。基于国家间政治制度、意识形态、生活方式的差异，"中国威胁论"会造成国家间的误解，产生一系列的矛盾。另一方面，"中国威胁论"的渲染会在一定程度上造成不同国民间的对立情绪。如中日关系的一度恶化、中日民众对立情绪的产生很大的一部分原因来源于西方对于"中国威胁论"的大肆宣扬。

当前，消除"中国威胁论"的有效途径在于改变西方这种冷战思维。通过文化交往，邀请国外有影响力的媒体记者、评论家来华访问，提供各方面的便利条件，借助国外媒体自身的宣传来真实的报道中国；通过留学生计划，以国外留学生的真实体会来向外国介绍中国；通过中国文化世界行等活动来向世界人民展示中国和平、友好的形象。通过这一些系列的文化交往，消除国外的敌对情绪，从而为中国的发展提供一个稳定、良好的国际舆论环境。

5、有利于促进世界文化的多样性发展

打击全球恐怖主义势力，维护世界和平已经成为人类社会的共同价值目标。恐怖主义的产生就其根源在于思想意识形态的差异与冲突，文化外交能够促进各种文明之间的和平对话，能够从根源上消除恐怖主义和文化冲突。文化的多样性发展已经成为了历史的必然选择，世界文明正以其博大的胸怀包容着千差万别的各国文化。作为世界上最大的发展中国家，作为一个文化历史悠久却从未中断的大国，中国始终坚持文化的相互融合与借鉴，反对文化霸权主义，始终在努力推动世界文化的多样性发展。中国的文化外交有着鲜明的立场，尊重和倡导世界文明的多样性发展，强调世界是丰富多彩的，多样文明要共同发展。

中国通过积极的文化外交，在 UNESCO、“亚欧会议——文化和文明会议”等许多重要国际文化机制和论坛上大力推动文化与文明对话、倡导文化多样性理念，谋求和扩大国际共识，倡导多样性文化交汇融合，取长补短，共同繁荣发展，为促进《文化多样性宣言》、《亚欧会议文化与文明对话宣言》和《保护和促进文化表现形式多样性国际公约》等文化领域的重要国际共识的形成做出了贡献。

（二）我国文化外交战略实施的指导原则

文化是沟通世界的语言，只要是先进的、符合人类社会发展规律的文化都将受到认可与尊重。但不容否认的是，基于各国政治制度、经济制度、价值观念、生活习惯等方面的差异，不同国家的文化外交战略必然存在着不同，国家的文化外交战略是其首要目标在于服务国家发展的大局，突出使命就是在推动国家关系发展的进程中，发挥锦上添花或雪中送炭的作用。因此，我国的文化外交战略的实施必然遵循一定的基本原则。

1、坚持“独立自主、和平外交”的基本原则

自 1840 年的鸦片战争至 1949 年新中国建立，中国经受了西方列强长达百年的殖民统治，主权的沦陷也使得国家的外交活动丧失了话语权，国家无法以独立、自主的面貌登上世界舞台。伟大的中国人民依靠自己的鲜血与汗水建立起了崭新的人民共和国，翻开了中华民族新的历史篇章。一国主权的排他性决定了国家对外交往的独立性、自主性。中华人民共和国自成立之日起就主张与各国开展和平、友好的外交活动。1954 年，中印两国代表团在北京举行的会谈，在该会谈上两国签署了《中印关于中国西藏地方和印度之间的通商和交通协定》，在该条约中

正式提出了“和平共处五项原则”，自此，该原则成为指导我国外交活动的基本原则，贯穿国家对外交往的方方面面。

中国“和而不同”的文化外交的思想正是我国的独立自主、和平外交原则在文化领域内的体现。我国尊重各国的主权独立性、反对霸权主义和强权政治，主张文化的多样性发展，坚持“文化，只要真正是民族的，就会是世界的，就会具有世界意义”。①

和平与发展又是当今世界的两大主题，中国和平的外交政策符合人类社会的发展规律，具有重要的积极意义。中国的文化外交战略的实施其目的在于弘扬中华民族的优秀的传统文化，让世界更加的了解中国。而这种文化战略的实施方式在于利用一种和平的方式对外传输中国的文化传统、文化观念、文化艺术，它不同于文化霸权主义的强制性输出，其重点在于赋予各国人民更多的选择性与自主性。

2、坚持中国文化“走出去”的原则

中国改革开放政策要求中国要以开放的姿态迎接世界，而中国也要利用这一契机融入世界。中国文化几千年的悠久历史形成了具有中国特色的文化传统，中国文化中的先进思想能够在一定程度上影响人类社会的发展，中国文化的精髓要想得到世界的认可与理解，就要求我们适时的将中国的文化带出国门，在世界范围内宣传，接受世界人民的检验。既然文化作为外交活动的重要内容，“走出去”原则就是必然选择。中国的文化只有走出去，才能发挥其强大的指导作用，才能展示中国的文化风采，才能向世界传达中国之音，才能使世界了解一个真正崛起中的大国。

社会主义市场经济体制的确立使中国的综合国力明显增强，这也为中国文化“走出去”创造了有利的条件。国际交往的日渐频繁，文化产品贸易的日渐增多，都刺激着中国的文化“走出去”，走向更加广阔的国际市场。国家对于文化产业的鼓励与支持促成了我国文化产业的发

① 李智：《文化外交——一种传播学的解读》，北京：北京大学出版社2005年版，第148页。

展，这为文化产品的对外输出提供了物质上的有力保障。文化产品的文化宣传作用是巨大的，同时又是潜在的，国家利用本国的文化产品来宣传自己的政治主张、国家政策，具有“润物细无声”的特点。在充分意识到这一点时，中国文化的“走出去”也就显得无可厚非。

3、坚持文化外交活动中央与地方、国内与国外相互配合的原则

中国文化外交的组织、活动机构具有各自不同的职责与分工，总体来说是以中央为指导，地方为生力军，驻外文化中心为前方阵地。不同于西方发达国家文化外交的民间主导性的特点，中国的文化外交机构必须坚持中央的领导。而作为国家层面上的文化外交机构主要是国务院新闻办公室，其职责在于组织对外新闻报道和新闻发布，系统而全面地向世界介绍中国，进而展示跨世纪的社会主义中国的新形象、新风貌；积极开展对国际问题的报道，不断拓宽对国际问题及港澳台新闻的报道，面向中国介绍世界，同时也要让中国人民及时了解世界经济、科技、文化的新情况、新信息。在文化外交实施方面，各地方政府在中央的总方针的指导下，结合本地区的文化特点开展有针对性的、具有地方特色的文化外交活动；同时还要积极配合国家整体的文化外交战略。

作为我国文化外交战略实施的前方阵地，国外使领事馆、外国文化中心无疑是宣传我国传统文化的最直接的窗口。我国文化外交活动不仅仅需要在国内做好功课，更重要的是利用国外的中国因素来直观的展现中国。驻外中国文化中心通过开设汉语、武术、太极拳、气功、书法、厨艺、中医等教学培训班，提供拥有中外书刊的图书馆服务，放映有关中国的影视节目和纪录片，举办介绍中国文化和中外文化交流成果的展览，介绍中国文化和关于中国的各种知识的“发现中国”系列讲座，为中外文艺人士提供文艺演出的舞台和场地等各种各样的文化活动，为中国文化的海外传播发挥了重要的作用。

（三）我国文化外交战略构想

从改革开放至今，中国政府抓住了国家发展的重要机遇，中国已一跃成为世界上发展势头最为强劲的国家之一。未来世界的全球化趋势将

更加的显著，涉及的领域将更为的广泛，而文化作为国家综合国力的重要组成部分必将面临更加严峻的挑战。中国的文化外交经历了曲折的过程，在历史发展的各个时期都取得了显著的成就、对促进国家的整体发展发挥了重要的作用。今天，面对世界在政治、经济方面的重大变革，面对全球力量新的对比状况以及新的国际均衡态势的形成，中国的文化外交战略必须要在吸取以往经验的基础上有所改进、有所创新、更富成效，从而更好的推动国家的向前发展。

1、建立长效的、持续的文化外交战略

相较于战争的时效性，文化外交并非实施即可见效，相反，这是一个潜移默化、逐渐放大的过程，文化外交只有上升到国家战略的高度，才能够发挥持久稳定的作用。文化外交所承载的文化特性不是一朝一夕就能够被他国接受、理解，而是需要一个不断认识、不断判断、不断深入的过程，从而形成具有本民族特性的文化价值。文化外交的战略地位的确立能够保证文化交流与合作的长期性、连续性，从而推动文化多样性的持续发展。

其次，文化外交作为国家外交的一个子集，必须纳入到国家整体外交战略框架内，必须始终以外交战略的总体目标为其活动的宗旨。文化外交虽然有其特殊性，但它不能脱离整体外交，只有在整体外交的指导下，文化外交才能更好地发挥作用。文化外交应服务、服从于国家现阶段的整体外交政策和利益诉求，尤其在国家经济实力还未达到雄厚、军事力量还远非强大的情况下，要集中精力在重点国家和地区开展文化外交，针对不同国家和地区对中国认识程度的现实状况，开展不同形式的文化外交活动。

最后，建立协调统一文化外交的管理体制。法国庞大的文化外交活动之所以能够高效率的运作，要归功于法国驻外使馆文化处充当外交的前线指挥部，统一协调行动，并进一步受中央外交部的管理。而中国目前具有文化外交管理职能的机构众多，职能交叉问题严重。这就要进一步明确国务院新闻办的领导地位，发挥其统领作用，要把国务院新闻办办成一个高度自主的政府部门。在战略制定方面，国务院新闻办要积极参与国家外交政策的制定，为决策机构提供国外舆论的态度以及相关的资料、信息；在战略实施方面，这个机构不仅可以直接同政府各部委联系，同时还可以与政府之外的其他各官方、半官方或非官方部门打交道。只有这样才能形成统一的文化外交管理体制，使各个部门做到及时沟通，相互配合，避免条块分割而导致的对外文化事务的重复操作。

2、加强文化外交的立法工作，为文化外交提供法律保障

文化外交活动作为国家行政活动的重要组成部分，其活动的宗旨与原则必须按照合法性、合理性原则进行。依法行政作为建立社会主义法治国家的重要组成内容，其所涵盖的领域必然包括对外文化活动在内的国家生活的各个方面。因此依法实行文化外交活动是社会主义法治建设的要求、是实践依法行政的重要体现。

文化外交具有长期性、复杂性的特点，国家往往需要投入大量的资金作为文化外交战略实施的物质保证。因此，对于资金的有效投入与运用成为重要的问题，保证文化外交资金已成为各国文化外交的一个瓶颈。在保证政府及时投入资金的基础上，文化外交资金究竟该由谁管理、怎么管理、如何监督、采用哪种运作模式，都是需要我们以法律法规的形式作出明确的规定，为文化资金的运用提供法律依据。中国当前的现状在于对于国家文化外交的具体运作模式还处在不断探索的阶段，在改进中发展，在发展中不断改进的渐进的过程。在这一过程中，稳定的、具有指导作用的法律制度规定是中国开展文化外交活动的重要制度基础，只有这样，文化外交才能按照既定的轨道发展下去。

众所周知，美国是一个十分注重文化外交的国家。美国文化交的成功之处一方面在于国家对于文化外交的重视程度以及强有力的物质支持与大量的资金投入，而另一方面却在于其完善的制度保障即法律保障。美国历史上通过的《史密斯－门特法案》、《富布赖特法案》和《国际文化交流及交易会参与法案》，三个法案奠定了美国文化外交的法律基础和基本架构，明确了其宗旨和任务，并将文化外交纳入法制化管理的轨道，从立法层面上保证了文化外交的政治地位和经费来源。实践证明，对文化外交的进行法制化管理有利于避免其发生的随意性，从而更

好的实现既定的目标。

3、淡化文化外交的政治色彩，提升文化外交技巧

作为外交的重要组成部分，文化外交的实施以国家对外政策为指导，必然被赋予一定的政治色彩，必然承载着一定国家外交战略的目标。因此，文化传播的纯粹性受到了制约，国家间的文化交流与合作往往不是为了“文化而文化”。国际政治自诞生之日起就是国家间最为敏感的话题，各国基于国家利益的考虑，必然会排斥、抵制他国的战略输出，这其中也一定会包括文化领域。世界文化的多样性发展就会受到更大的阻碍，文化冲突会更加的严重。因此，国家文化外交实施的出发点与落脚点更多的应放在文化的对外传播上，给世界一个机会了解中国文化，给中国文化一个机会走向世界。与其他国家共同分享传统文化给人类留下的有益成果，使中国的优秀文化能够为全人类的发展服务。

淡化文化外交的政治色彩，还原文化交往原本的纯粹性，就要求我们在实施文化外交时要注重技巧、方式，在潜移默化实现文化外交战略。2001 年，APEC 会议在中国上海成功举办。这届会议留给人们最大的印象就是所有与会各国领导人身着唐装的情景。这是中国文化外交一个高超的文化创意，中国不失时机的利用这种方式对外传达了中国的传统文化，在世界上掀起了一股不大不小的唐装热。这是中国文化外交技巧提升的重要体现，这样的文化外交形式会收到更好的效果、产生更为深远的影响。近年来，世界众多国家兴办孔子学院，又掀起了新一轮的中国热。孔子作为儒家思想的创始人，他对文化的影响是世界的，是超越国界的。因而儒家思想是整个人类的精神财富，它是属于世界的。中国通过支持与帮助别国建立孔子学院的方式向世界展示了中国在保护与传承传统文化方面的积极作用、让世界更好的了解中国的文化传统、文化精髓，从而推动儒家文化真正走向世界。

提升文化外交的技巧，创新文化外交的手段，努力淡化文化外交的政治性色彩，国家文化外交将会更有效、更有利的开展下去，文化外交将会受到更多意想不到的效果，这是文化外交隐蔽性特点所决定和要求的，也是我国今后在文化外交实施实践中需要不断改进的方面。

4、加强文化外交人才的培养

众所周知，文化外交对一国国际形象形成起到了重大影响和作用。文化外交的实施主体是具有主观能动性的人——外交人员。外交人员在出席国际活动时的一言一行代表着一国的国家形象、展示着一国的国家风采。文化外交人员往往对本国的文化有深刻的了解和解读，熟悉世界各国的文化传统，只有这样才能准确地传达本国的文化，树立良好的国际形象。对于外交人员的高要求就需要国家加大投入，加强对文化外交人才进行培养，建立国家文化外交人才培养计划。

这里所说的文化外交人才通常是包括两类人才：一类是官方的外交官；另一个就是具有本国文化代表性意义的外交人员。对于官方外交官能力的培养通常需要通过正规化的专业训练，培养其全方位的能力，培育个人魅力，形成具有个人特色的外交模式。中国自古就不乏优秀的外交官，他们身上无不彰显着中国文化的独特魅力。

另一方面，也是各国当前更为重视的就是注重对于具有国家文化品牌效应的非官方文化外交人员的培养。提到篮球，大多数人会想到美国的乔丹，他是世界篮球的代言人，他的身后承载的是美国的篮球文化与精神——开拓、进取、不放弃。近几年，中国已经开始注重对非官方文化外交人员的培养，通过他们开辟中国文化外交的新途径。于是中国篮球有了姚明，中国电影有了章子怡，中国音乐有了朗朗……中国需要更多的这样的文化品牌代言人来拉近中国与世界的距离，得到世界的认同，在各个领域都能有所建树。

文化外交人才的培养需要一个长期、持续的过程，继续强化对传统文化外交官的培养的基础上，我们应该更多的关注加大对非官方文化外交人员的开发与利用上。官方与非官方文化外交人员之间相互配合、相互补充，必定会拓宽中国文化外交的范围与领域，必将发挥“一加一大于二”的作用。

5、加快文化产业发展，推动中国文化“走出去”

文化产业被公认为“朝阳产业”“支柱产业”，文化贸易也已经成为国际贸易的重要组成部分。在经济全球化背景下，文化产品不仅可以带来可观的经济利益，同时以文化为依托承载一定的文化价值观，实际上又成为文化传播的载体。可视化的文化产品不仅形象生动、感观力强，还具有一般传统媒体所不具有的声、形、色的立体感觉效果，达到个人思想冲击和碰撞的效果。因此，在全球文化产业重新洗牌之际，中国如何变文化资源大国为文化产业强国，抢占全球的文化市场，这是一个亟待思考的问题。

首先，应该调整文化产业政策，扶持文化产业发展。由于我国的文化产业兴起较晚，文化产业仅仅是初具规模，但是整体实力不强因而缺乏竞争力。另一方面，在现有管理体制中，非文化企业不能经营文化产业，也不能以参股、融资方式等进入文化企业，导致文化服务企业难以发展。因此我国的文化产业发展需要国家的政策支持，鼓励各种社会资产投入文化产业，鼓励组建各级各类文化产业组织或文化投资公司，形成多元化投资主体的新格局。只有这样，我国的文化产业才能良好地运行。

其次，开发和利用特色文化资源，打造中国文化企业品牌。消费者对于企业产品的购买，表面上是对产品的认可，实际上是对其企业文化、企业品牌的推崇，从更深意义上说是对其价值理念的认同。同理，国家打造具有中国特色的文化产品、建立文化企业品牌，在促进文化产业与世界接轨的同时，更重要的是对外输出了国家的价值观念。因此，我们必须重视自身文化资源的发掘，立足于我们民族自己的文化创造能力，积极发展民族特色文化产品，打造中国文化品牌。

最后，正确处理文化产业发展过程中的经济政治等关系。文化产业首先是产业，因而具有一般产业的共性，作为物质产品，它应该具有良好的使用功能、优秀的产品质量、优美的外观设计和优质的售后服务；然而它同时又具有精神价值，属于上层建筑的一部分，对于精神产品，它应具备健康的内容和深邃的思想。所以中国文化产业发展既要从经济的角度着手，又要从政治的角度着眼。从经济角度看，发展具有中国特色的文化产业可以调整产业结构，增创经济效益；从政治角度看，发展具有中国特色的文化产业可以增强民族文化的认同，抵御“文化帝国主义”，以此来确保中国文化的安全。

6、加强非政府组织建设，拓展民间文化外交途径

政府间的官方正式的文化外交活动是文化外交的主体部分，但是如果没有民间外交的积极配合与相互补充，那将是一个不完整的文化外交体系。现阶段，中国文化外交的主体相对单一，主要由中国政府部门和政府直接领导的新闻媒体机构来行使，文化外交的政治色彩过浓，容易引起国外民众的不信任和抵触心理，即使是民间交流，往往也具有明显的官方宣传色彩。美国的理查德·克罗德说过：“好的宣传就是要做得不像宣传。”[①] 这就告诫我们，文化外交的政治性目的是毋庸置疑的，但是我们要利用非政府的组织来淡化它的政治色彩，通过民间途径发挥文化外交作用。

纵观西方的民间外交机构，他们常常是在政府的资金、人力支持下兴起和开办，打着民间的旗号，以私人名义开展活动，事实上是政府的代言人，对外进行文化交往，从而打消国外民众的反感心理，发挥比官方组织更为有效的文化外交作用。因此，在中国大力发展非政府组织，拓展民间外交途径是大有可为的。在物质保障方面，政府要积极支持和鼓励这种民间文化交流，要加大政策引导和投入引导力度，引导社会资本和人力投向民间文化交流。在经营管理方面，民间文化外交机构从其性质而言就是非营利组织、非政府组织，他与营利性的企业与官方的政府部门存在着本质性差别，因而，在运作方面应在政府总体的管理框架内，发挥机构的能动作用，按照市场化模式运作，从而提高自身的竞争力，形成循环、持续的组织发展态势。从具体的活动方式来考虑，通过民间文化外交活动我们可以拓宽中国文化外交的范围，通过争取更多的国际会展、经济论坛、学术交流和体育赛事在中国举办，通过邀请商人、学者或运动员等各类知名人士来华出席活动，以其所见所闻影响其本国的公众。

---

① ［英］弗朗西丝·斯托纳·桑德斯：《文化冷战与中央情报局》，曹大鹏译，北京：国际文化出版公司2002年版，第1页。

大力支持民间文化外交、拓宽中国文化外交的层次与渠道、巩固民间交流的稳定性作用、利用民间外交的高亲和力，中国的民间文化交流将会推动中国文化外交走向更高的层次。

7、提升海外华人、华侨的地位和作用

一个民族在历史发展的长河中，经过不断的积累和沉淀，形成一定的具有本民族特色的文化传统、价值观念、社会道德、宗教信仰和意识形态，这种思想观念一旦形成，就会在这个民族中扎根，世代相传，成为一个民族自我认同的标准。这种相对稳定的文化传统与价值观念会潜移默化地影响着群体内的人的行为活动、思维方式等。

在海外，中国有着超过三千五百万的华人华侨群体，是世界上最大的移民群体。儒家文化的集体主义思想，使旅居海外的华人华侨们通过同乡、同族、亲友等血缘关系为纽带建立了庞大的沟通、互助网络。一方面，华人华侨通过艰苦创业和勤奋努力，换来了的财富和外国先进的文化、技术和管理模式与经验，他们将这些来之不易的成果带回祖国，在中国的社会主义现代化建设过程中做出了丰功伟绩，有力地促进了祖国文化的革新与开放；同时也把祖国的文化带出国门，传播更远，起到了文化使者的角色。身在外面的国度里，他们的勤奋、质朴、开拓创新的思维换来他们在外面的立足之地与成功，广大华人华侨长期生活在当地，对所在国的社会环境和风土人情比较熟悉，同时他们的成功也是展示中华文明的重要窗口，由他们介绍情况，牵线搭桥，往往事半功倍，海外华人华侨在促进了解，发展经贸关系方面发挥了重大的作用。

海外华人华侨对一国文化外交的作用是相当重要的。他们以自己的实现展示着国家的风采，通过自己的言行、举止彰显着国家的文化传统与思维方式，通过他们来搭建起中国文化与世界文化沟通的桥梁。这种桥梁作用的发挥需要我们从多个方面加以引导和支持。一方面，要鼓励和支持华侨华人积极融入居住地主流文化之中，倡导“多重认同”——既接受居住国文化，也保持对中华文化的认同；另一方面，要鼓励和支持华侨华人积极参与居住地的政治和公共事务，以“积极介入”的态度提升华侨华人的文化自信心，展示中华文化的积极形象与魅力，保持华侨华人持久的中华文化认同感。

总之，全球化的发展，世界政治多极化格局的演变，中国要想提升在国际政治上的影响力、实现国家的“大国崛起”战略，文化外交在国际关系中的作用和地位已经越发的突出。我们必须从自身的文化资源出发，发掘和利用本国的特色文化传统、制定符合本国国情和发展需要的文化外交战略，开展多渠道多层次的文化外交途径，只有这样，才能在文化多样化的当今世界为本民族的文化谋得一席之地，才能对外准确、广泛地展示本国文化，扩大影响，从而提升中国的文化软实力，在文化冲突与融合的全球文化浪潮中立于不败之地。

结语　国际文化新秩序：由理想变为现实

本文在全面分析全球化时代国际文化关系问题的基础上，探讨了国际文化新秩序的建构问题。由于目前学术界对于国际文化关系问题还存在着颇多争议，因此，本文先从国际文化关系理论的研究范式入手，首先对国际文化关系研究涉及的核心概念进行了解析，分析了国际文化关系研究的主要领域和主要对象以及基本理论范式。重点分析了国际文化关系研究的基本理论范式和所涉及到的核心概念，归纳了目前学术界涉及文化及国际文化问题研究的理论模式，主要有文明冲突论、软权力理论、国际文化理论以及建构主义的文化理论四种，这四种研究文化问题的基本理论范式为本文研究全球化时代的国际文化关系提供了基本的理论指导。关于文化与文明、国际文化、国际文化关系等核心概念本文也进行了系统而明确的论述，由于这类概念在学术界的颇多争议，本文在论述时侧重于在国际政治的范畴里对其加以界定，对相关的争议问题进行了澄清，认为国际文化关系是客观存在于国际关系中的一个事实，无论从理论上看还是从国际政治实践上看，这一概念都是成立的。

在此基础上，本文又综合分析了全球化背景下民族文化自觉与文化交流、文化霸权主义的发展与文化冲突以及文化全球化的发展趋势与文化融合等相关问题，在此基础上，探讨了全球化时代的国际文化新秩序的建构问题，并提出了全球化时代国际文化新秩序的战略构想，认为全球化时代的国际文化新秩序应该是多元互动、平等互补、共存共荣的新秩序。那么，怎样才能建构起这一全新的秩序呢？本文提出了四点建议，即首先要促进多极化的政治格局的建立与发展，为国际文化关系的健康发展创造出一个良好的外部空间和环境；其次，要坚持求同存异的原则，倡导不同文化之间的对话和交流；再次，要坚持平等互补的原则，反对某些文化强势国家推行的文化霸权主义政策；最后，要坚持和而不同的原则，努力发展并保持民族文化特色，促进民族文化的多样性发展，进而促进多元文化的共存共荣。

那么，本文关于国际文化新秩序的战略构想及其实现途径是切实可行的吗？还是它只是国际政治理论中理想主义的完美表达？抑或是这种美好的理想主义可以与现实主义相结合，从而找到一条实现人类和平的新道路？实现这一新秩序还会遇到哪些障碍？

在我们努力探讨了各种文化与国际关系的问题之后，我们也有必要面对这些基本的疑问，只有正确认识这些疑问，我们才能在建构全球化时代国际文化新秩序的过程中扫除一切障碍，真正使国际文化新秩序这一远大理想在 21 世纪里变成现实。

千百年来，国际政治的现实就是权力政治。追逐权力和谋求利益是每个国家最基本的国家目标，在这种国际政治现实主义权力政治理论的支配下，国际社会充满了利益纷争、矛盾和冲突，甚至不断引发流血冲突和战争。虽然世界已经进入全球化时代，但国家仍然是国际关系中最基本的行为主体，只要有民族国家存在，追求国家利益的外交目标就不会改变。因此，在国际文化交流与融合的过程中，必然会伴随着矛盾和冲突，有时甚至会因此引发战争。但是，随着全球化发展趋势的不断加强，国家之间相互依存性的不断提升，一国在谋求本国国家利益的同时不可能不顾及他国的利益要求，否则就可能意味其国家利益的损失。所以，不管是西方强国也好，还是广大发展中国家也好，在全球化的时代里要想谋求本国文化的发展及影响，就必须注重方式和方法的运用，就必须在尊重他国文化权益的基础上去实现，只有建构起一个全新的国际文化新秩序，才能保证每一种文化的生存和发展空间。从这个意义上说，全球化时代的国际文化新秩序的建构不仅是可能的，而且也必将对国际社会产生重大而深远的影响，具有不可低估的意义。但要实现这一新秩序，还必须对以下问题进行清醒的认识。

首先，处理好文化的同质性与异质性之间的关系。不同文明的多样性或异质性体现了人类的创造能力和创新精神，是人类的宝贵财富和遗产。不同文明之间在相互交往中取长补短、兼容并蓄、和平共处、共同发展，就像费孝通教授所说的“各美其美，美人之美，美美与共，天下大同”，这是文化全球化以及文化交往的理想状态和美好追求。但现实的情况并不以我们的美好愿望为转移。全球化增进了各个民族文化之间的普遍交往与融合，同时也包含着各个文明、民族之间在利益、文化、价值观念等方面的矛盾与冲突；民族的个性特征要求它是异质的，不被其他文化所同化的，而全球化则要同化这种个性，泯灭这种个性；各国的文化应是民族的、本土的，但全球化又要把它变成世界的，而如果不能变成世界的，它就面临边缘化甚至消亡的命运。数千年来文明的发展史说明，在文明的交往和融合过程中，同时也伴随着不同文明之间的激烈的冲突和争斗。

全球化并未消除这种矛盾和冲突，反而把这种矛盾暴露得更充分。正如萨义德所说的，在全球化的过程中，“文化成了一种舞台，上面有各种各样的政治和意识形态彼此交锋。文化决非什么心平气和、彬彬有礼、息事宁人的所在；毋宁把文化看作战场，里面有多种力量崭露头角，针锋相对。”① 因为全球化的过程从一开始就是在发达国家和发展中国家强弱两极的不平等条件下进行的。虽然发达国家也面临全球化的压力以及其他文化的冲击，但他们在总体上处于受益者的地位，他们的文化精神、价值观等得到扩张，文化主体性得到张扬；而发展中国家面对发达国家的先进优势，其民族文化处于边缘地位，甚至有失去自主性的危险。

因此，文化的同质性与异质性的矛盾，对于发达国家来说，是推行它们的“普遍价值观”，即像英国首相布莱尔所说的“为价值观念而非领土而战”，而对于发展中国家来说，则关系他们民族文化的生死存亡。

---

① ［美］爱德华·W. 萨义德：《文化与帝国主义》，《马克思主义与现实》，1999年第4期。

发展中国家希望在文化交流过程中，在同质化或一体化的同时，能够考虑到文化的多样性和异质性，给他们千百年留传下来的民族文化剩下一点生存空间，但这不符合西方的利益，必须彻底同质化，或者干脆彻底美国化，西方资产阶级的代言人福山就曾明白不过地提出了这一观点。福山认为，现在的全球化在很多方面还是相当表面的，全球性经济仍是很有限度的，比较充分的全球化的层面仅限于资本市场，而在其他绝大多数领域，制度仍然完全是地方性的。现在的跨国公司虽然对全球文化的同质性方面起到一定作用，例如，存在着某种由麦当劳、可口可乐之类的公司所传播的全球性消费文化，但它们并未能真正影响人们更深层次的道德规范。因此，全球化应从经济、社会制度、道德规范以及行为方式等各个方面彻底变革，变革的理想模式就是美国及其所代表的制度和价值。对此福山一点也不隐讳，他多次表示，由于东方文化表现的家族主义等不利于自由市场经济发展的倾向，其他文化尤其是东方文化必然要被西方文化所代替。当他回答美林论坛提出的“全球化真的就是美国化吗?”这一问题时，直截了当地说：“我觉得是，我想这也是很多人不喜欢全球化的原因所在。我觉得全球化必然是美国化，因为在很多方面，美国是当今世界上最发达的资本主义社会，而它的制度则代表着市场力量的逻辑展开。因此，如果确实是市场力量在推动着全球化，那么全球化就不可避免地伴随着美国化。”① 所以，在福山看来，历史在这里终结了，美国的“民主市场资本主义”成了人类的永恒模式，成了全球理论和实践的共同标准，成了全球化和人类文明的最终归宿。福山的这一观点代表了西方相当一部分人的观点，也是西方利益的典型代表。要想在全球化时代里改变旧的国际文化秩序，建立起新的国际文化秩序，就必须首先改变西方学界及政界流行多年的这种观念和认识，否则，国际文化新秩序的实现将任重而道远。

其次，对民族文化发展也要有正确的态度。世界性和地区性的文化

① Economic Globalization and Culture：A Discussion with Dr. Francis Fukuyama. 原载美林公司网站之全球化论坛。

组织将不断活跃，日益发挥积极的作用。信息化时代带来人们生活、观念上的进一步变革。全球化时代的文化是多元文化的包容融合，文化熔炉与文化马赛克并存，无须用某一种文化类型湮没另一种文化类型，全球化时代文化发展的本质内涵是多元文化的共性聚合，而决不是单一文化的个性的膨胀。文化的对立、冲突自不可免，文化的统一、交融也不能忽而不论，在全球化时代的国际社会不断建立和完善全球文化准则，可促进各国文化的共同发展。

文化上的一体化并不排除文化上的差异性，先进文化传播到落后文化中，只要是给予一定适宜发展的条件定能超越文化的差异性，并使落后文化发生嬗变，与全球文化的发展同步，这当是不争的原则。世界各国寻求建立自身的文化体系，保护自己的民族文化无疑是有意义的，但用全球意识看待自己的民族文化，看待自己的民族文化与别国的民族文化的关系，挖掘其价值，认识其精神，进行新的文化创造，才更有全球意义，才更能为人类文化贡献本民族文化的优秀成果。本民族不但能够享用别民族的文化成果，而且也能够为别民族服务，让别民族享用自己民族提供的文化成果，这样就会出现文化上的良性循环。各种文化顺应当今世界发展的潮流，在世界范围内开展积极、广泛的合作，从而有机融合、兼容并蓄，将是人类文化发展必然的趋势。

最后，要正视不同政治类型国家多元文化存在的现实。当代国际社会公认有社会主义国家、资本主义国家和民族主义国家三种国家类型，其文化也就有社会主义国家文化、资本主义国家文化和民族主义国家文化三种国家文化类型。它们的产生、存在有其合理性，短期内无法消除它们存在着的分歧。我们要正视这一客观事实，倡导文化上的求同存异，和平共处原则，非此即彼、水火不容的片面思维，人为地分割不同社会制度文化的做法被实践证明是有害无益的。文化是绚丽多彩的，世界上不可能只有一种文化，只有一种文化模式，只有一种文化标准，文化上的冲突、较量在某些情况下是存在的，但文化上的斗争不应该以损害人类的共同利益为前提，不同社会制度、不同意识形态的国家在文化上完全可以进行交流与合作，以共同发展，相互促进。

科技的发展，社会的进步，使人类在文化上面临的共同课题日益增加，精神文化交汇的领域亦在扩展。故而文化上的斗争到今天已演变成文化上的竞争，不容置疑的是，谁的文化先进，谁的文化代表了历史发展的趋向和最广大民众的要求，谁的文化就有市场，就有生命力、号召力。各国文化在全球范围内接受检验、评价，机会都是均等的，这里不存在某种文化的垄断专利。不同文化之间需要理解，需要对话，各民族文化都有其尊严，我们要尊重不同的民族文化，尊重民族文化的文化选择、价值取向，尊重民族文化的民族精神、心理定势，文化之间彼此尊重、宽容，才有可能平等对话，寻找到都能认可的共同点。

现代文明社会使世界各国文化的联系不断加强，文化上的斗争随着冷战的结束已降到次要的位置，更为重要的是文化上的和谐、协调、发展成了时代的主题。着眼于本民族文化的发展，而不是以他民族文化为假想敌人，才能吸纳他民族文化之长，才能发展起本民族文化。哪种文化发展得快，发展得好，其影响和地位就愈重要，在文化竞争、较量中就会主动。

还有一点需要提及的是中国文化在国际文化新秩序建构中的地位问题。中国儒家文化中的“仁学”思想和道家的“无为”思想可以为全球化时代国际文化新秩序的建构提供某些有价值的资源。中国文化要想在21世纪取得大发展，就必须端正认识，改变目前重技术轻文化的倾向，改变重应用轻基础的倾向。目前中国文化在全球化过程中处于转型的时期，市场经济体制的确立，为中国文化的发展提供了历史机遇，中国文化由于有着悠久的历史传统、博大的胸怀，理应为全球化时代的文化发展继续做出新的贡献，才能延续、体证它旺盛的生命力。中国文化发展的迫切问题不是该如何防范西方文化的侵入，而是该懂得如何发展自己的文化，调整好策略，必须面对变化了的世界，跟世界一起发展，在全球化的时代里才不至于陷入落后被动之境，要充分了解自己文化的优长劣势，为人类文化创造一些带有普遍意义的东西，揭示出文化发展的一般规律，确保我们国家的文化大国地位，在国际文化新秩序的建构中做出自己的贡献。

总之，21 世纪的文化既不是美国文化的世纪，也不是中国文化的世纪，而是地球上所有文化的世纪，21 世纪将是一个多元文化并存共荣的世纪，不同文化之间的交流与融合将促进人类文化的整体繁荣。

展望新世纪，国际文化秩序的目标将是建立一个多元互动、平等互补、共存共荣的新秩序。在确认和尊重共同的秩序、共同的行为准则、共同的话语规则基础上，各民族文化求同存异、共同发展，凡是顺应世界文化发展趋势的都是主流文化，凡是逆世界文化发展大势的都将最终走向衰落。在新的国际文化秩序里，已结束了历史使命的陈旧的文化对抗将被逐渐消解，时代所摒弃的各种文化霸权主义、文化孤立主义将失去生存的土壤，在未来的文化格局中，优秀的民族文化将真正实现伟大复兴。

信念的力量是无穷的，只要我们坚定这一信念，并在实践中不断付诸努力，相信国际文化新秩序这一美好愿望终会实现，成为国际政治中又一个“自我实现的预言”。[①]

---

① ［英］亚历山大·温特：《国际政治的社会理论》，秦亚青译，上海：上海人民出版社 2000 年版，第 50 页。

主要参考文献

中文资料：

1. 王家福：《国际战略学》，黑龙江人民出版社1986年版。
2. 王家福、徐萍：《战争背面的战争》，吉林大学出版社2002年版。
3. 刘清才：《国际政治学》，吉林大学出版社1998年版。
4. 刘德斌主编：《国际关系史》，高等教育出版社2003年版。
5. 程光泉主编：《全球化与价值冲突》，湖南人民出版社，2003年。
6. 阎学通、孙学峰：《国际关系研究实用方法》，人民出版社2001年版。
7. 阎学通：《美国霸权与中国安全》，天津人民出版社2000年版。
8. 倪世雄：《当代西方国际关系理论》，复旦大学出版社2001年版。
9. 蔡拓：《全球问题与当代国际关系》，天津人民出版社2002年版。
10. 王逸舟：《西方国际政治学：历史与理论》，上海人民出版社1998年版。
11. 王晓德：《美国文化与外交》，世界知识出版社2000年版。
12. 王缉思：《高处不胜寒－冷战后美国的全球战略和世界地位》，世界知识出版社1999年版。
13. 王缉思：《文明与国际政治》，上海人民出版社1995年版。
14. 程光泉主编：《全球化与文化整合》，李晓东著，湖南人民出版社，2003年版。
15. 张世鹏编译：《全球化与美国霸权》，北京大学出版社，2004年6月。

16. 楚树龙：《国际关系基本理论》，清华大学出版社2004年版。
17. 董小燕：《西文文明：精神与制度的变迁》，学林出版社2003年版。
18. 赵汀阳：《没有世界观的世界》，中国人民大学出版社2003年版。
19. 李慎明 王逸舟主编，李少军副主编：《2004年：全球政治与安全报告》，社会科学文献出版社2004年版。
20. 张良能：《西欧的疑虑与戒心》，世界知识出版社1999年版。
21. 李明德：《美国科学技术的政策、组织和管理》，北京轻工业出版社1984年版。
22. 刘靖华：《合纵还是连衡——世纪末的霸权兴衰》，武汉出版社1998年版。
23. 于德惠、赵一明：《理性的光辉：科技革命与世界新格局》，湖南出版社1992年版。
24. 郑伟民：《衰落还是复兴——经济全球化中的美国》，社会科学文献出版社1999年版。
25. 楚树龙：《跨世纪的美国》，时事出版社1997年版。
26. 黄素庵：《美国经济实力的衰落：技术·竞争·霸权》，世界知识出版社1990年版。
27. 马杰：《经济全球化与国家经济安全》，经济科学出版社2000年版。
28. 荣格：《宗教与美国现代社会》，今日中国出版社1992年版。
29. 华炜：《美国民主制度漫谈》，清华大学出版社1987年版。
30. 中国社会科学院“世界文明”课题组：《国际文化思潮评论》，中国社会科学出版社1999年版。
31. 欧阳志远：《“上帝”的陶杯：文化多样性与生物多样性》，人民出版社2003年版。
32. 张骥等：《国际政治文化学导论》，世界知识出版社2005年版。
33. 汤一介：《和而不同》，辽宁人民出版社2001年版。
34. 哈佛燕京学社主编：《全球化与文明对话》，江苏教育出版社2004年版。
35. 俞新天主编：《国际关系中的文化：类型、作用与命运》，上海社会科学出版社2005年版。
36. 韦森:《文化与制序》,上海人民出版社2003年版。
37. 庄晓东主编:《文化传播:历史、理论与现实》,人民出版社2003年版。
38. 潘一禾:《文化与国际关系》,浙江大学出版社2005年版。
39. 李智:《文化外交:一种传播学的解读》,北京大学出版社2005年版。
40. 潘忠岐:《世界秩序:结构、机制与模式》,上海人民出版社2004年版。
41. 孙晶:《文化霸权理论研究》,社会科学文献出版社2004年版。
42. 张骥、刘中民等:《文化与当代国际政治》,人民出版社2003年版。
43. 缪家福:《全球化与民族文化多样性》,人民出版社2005年版。
44. 俞可平主编:《全球化:西方化还是中国化》,社会科学文献出版社2002年版。
45. 李而炳主编:《21世纪前期中国对外战略的选择》,时事出版社2004年版。
46. 梁守德主编:《国际社会与文化》,北京大学出版社1997年版。
47. 郑晓云:《文化认同与文化变迁》,中国社会科学出版社1992年版。
48. 金宜久主编:《伊斯兰教与世界政治》,中国社会科学文献出版社1996年版。
49. 王逸舟主编:《全球化时代的国家安全》,上海人民出版社1999年版。
50. 陈乐民、周弘:《欧洲文明扩张史》,东方出版中心1999年版。
51. 梁守德主编:《21世纪:东亚文化与国际社会》,当代世界出版社2002年版。
52. 庞朴:《文化的民族性与时代性》,中国和平出版社1988年版。
53. 钱乘旦主编:《欧洲文明:民族的融合与冲突》,贵州人民出版社1999年版。
54. 汪晖、陈燕谷主编:《文化与公共性》,三联书店1998年版。

55. 冯绍雷：《制度变迁与对外关系》，上海人民出版社 1997 年版。
56. 李振诚主编：《无硝烟的战争》，天津社会科学出版社 1991 年版。
57. 计秋枫、冯梁等：《英国文化与外交》，世界知识出版社 2002 年版。
58. 韦正翔：《软和平：国际政治中的强权与道德》，河北大学出版社 2001 年版。
59. 张岱年：《文化与哲学》，教育科学出版社 1988 年版。
60. 关世杰：《跨文化交流学》，北京大学出版社 1996 年版。
61. 周浩然：《文化国力论》，辽宁人民出版社 2000 年版。
62. 陈永国：《文化的政治阐释学》，中国社会科学出版社 2000 年版。
63. 张岱年、程宜山：《中国文化与文化论争》，中国人民大学出版社 1998 年版。
64. ［美］查尔斯·库普乾著：《美国时代的终结：美国外交政策与 21 世纪的地缘政治》，上海人民出版社 2004 年版。
65. ［英］戴维·赫尔德著：《民主与全球秩序》，上海人民出版社 2004 年版。
66. ［德］哈拉米德·米勒著：《文明的共存：对塞缪尔·亨廷顿“文明冲突论”的批判》，郦红、那滨译，新华出版社 2003 年版。
67. ［美］塞缪尔·亨廷顿、劳伦斯·哈里森主编：《文化的重要作用：价值观如何影响人类进步》，新华出版社 2002 年版。
68. ［英］赫德利·布尔著：《无政府社会：世界政治秩序研究》（第二版），张小明译，世界知识出版社 2003 年版。
69. ［英］马克·B. 索尔特著：《国际关系中的野蛮与文明》，新华出版社 2004 年版。
70. ［英］戴维·赫尔德等著：《全球大变革：全球化时代的政治、经济和文化》，杨雪冬等译，社会科学文献出版社 2001 年版。
71. ［美］弗里德里克·杰姆逊、三好将夫编：《全球化的文化》，马丁译，南京大学出版社 2002 版。
72. ［美］塞缪尔·亨廷顿、彼得·伯杰主编：《全球化的文化动力：当今世界的文化多样性》，康敬贻、林振熙、柯雄译，新华出版社

2004年版。
73. ［美］傅立民著：《论实力：治国方略与外交艺术》，刘晓红译，清华大学出版社2004年版。
74. ［美］比尔·莫耶斯著：《美国心灵：关于这个国家的对话》，王宝泉等译，生活·读书·新知三联书店2004年版。
75. ［美］爱德华·W. 萨义德著：《文化与帝国主义》，李琨译，生活·读书·新知三联书店2004年版。
76. ［美］阿尔文·托夫勒：《未来的冲击》，新华出版社1998年第二版。
77. ［美］詹姆斯·威廉·富布赖特、塞思·蒂尔曼：《帝国的价值》，新华出版社1992年版。
78. ［美］威廉·多姆霍夫：《当今谁统治美国？——80年代的看法》，中国对外翻译出版社1985年版。
79. ［美］大卫·霍伯斯丹：《下世纪——谁主宰世界》，新华出版社1993年版。
80. ［美］J·布卢姆：《美国的历程》，商务印书馆1988年版。
81. ［美］布热津斯基：《大棋局》，上海人民出版社1998年版。
82. ［美］艾什顿·卡特，威廉姆·佩里：《预防性防御：一项美国新安全战略》，上海人民出版社2000年版。
83. ［美］约翰·埃利希曼：《权力的见证－尼克松顾问自白》，新华出版社1985年版。
84. ［美］埃兹拉·沃格尔主编：《与中国共处：21世纪的美中关系》，新华出版社1998年版。
85. ［美］马库斯·拉斯金：《民主与文化的反思》，新华出版社2000年版。
86. ［美］汉斯·摩根索：《国家间政治——寻求权力与和平的斗争》，中国人民公安大学出版社1995年版。
87. ［美］约翰·斯坦布鲁纳：《全球安全原则》，新华出版社2001年版。

88. [美] 亚历山大·温特:《国际政治的社会理论》, 秦亚青译, 上海人民出版社 2000 年版。
89. [美] 小约瑟夫·奈:《理解国际冲突: 理论与历史》, 张小明译, 上海人民出版社 2002 年版。
90. [美] 罗伯特·基欧汉; 约瑟夫·奈:《权力与相互依赖》第三版, 门洪华译, 北京大学出版社 2002 年版。
91. [美] 罗伯特·基欧汉:《新现实主义及其批判》, 郭树勇译, 北京大学出版社 2002 年版。
92. [美] 罗伯特·基欧汉:《霸权之后: 世界政治经济中的合作与纷争》, 苏长和等译, 上海人民出版社 2001 年版。
93. [美] 兹比格纽·布热津斯基:《实力与原则——布热津斯基回忆录》, 世界知识出版社 1985 年版。
94. [美] 威廉·奥尔森、戴维·麦克莱伦、弗雷德·桑德曼:《国际关系的理论与实践》, 中国社会科学出版社 1987 年版。
95. [美] 格雷布纳; 诺曼:《思想和外交: 美国对外政策思想传统文献》, 牛津大学出版社 1964 年版。
96. [美] 约瑟夫·奈:《美国霸权的困惑——为什么美国不能独断专行》, 世界知识出版社 2002 年版。
97. [美] 塞缪尔·亨廷顿:《第三波: 20 世纪后期民主化浪潮》, 上海三联出版社 1998 年版。
98. [美] J·L·埃斯波西托:《伊斯兰威胁: 神话还是现实?》, 社会科学文献出版社 1999 年版。
99. [德] 赖纳·特茨拉夫:《全球化压力下的世界文化》, 江西人民出版社 2001 年版。
100. [美] 大卫·A. 鲍德温主编:《新现实主义和新自由主义》, 浙江人民出版社, 2001 年版。
101. [美] 塞缪尔·亨廷顿:《文明的冲突与世界秩序的重建》, 新华出版社 1998 年版。
102. [美] 肯尼思·W. 汤普森:《国际关系中的思想流派》, 北京大学出版社，2003年版。
103. ［美］弗朗西斯科·洛佩斯·塞格雷斯：《全球化与世界体系》，社会科学文献出版社1998年版。
104. ［挪威］托布约尔·克努成著：《国际关系理论史导论》，余万里、何宗强译，天津人民出版社2004年版。
105. ［美］罗杰·希尔斯曼；劳拉·高克伦；帕特里夏·A. 韦茨曼：《防务与外交决策中的政治》，商务印书馆2000年版。
106. ［美］扎勒米·哈利勒扎德：《美国与亚洲——美国新战略和兵力态势》，新华出版社2001年版。
107. ［美］丹尼尔·布尔斯廷：《美国人建国历程》，生活·读书·新知三联书店1993年版。
108. ［美］杰里尔·A. 罗赛蒂：《美国对外政策的政治学》，世界知识出版社1997年版。
109. ［美］纳尔逊·曼弗雷德·布莱克：《美国社会生活与思想史》，商务印书馆1997年版。
110. ［美］西摩·赫什：《权力的代价——尼克松执政时期的基辛格》，国际文化出版公司1991年版。
111. ［美］丹尼尔·J. 布尔斯廷：《美国人——南北战争以来的经历》，上海译文出版社1988年版。
112. ［美］理查德·里夫斯：《美国之旅——沿150年前托克维尔足迹重游美国》，中国对外翻译出版公司1992年版。
113. ［英］约翰·汤林森：《文化帝国主义》，冯建三译，上海人民出版社1998年版。
114. ［德］赫伯特·格特沙尔特：《震撼世界的伊斯兰教》，陕西人民出版社1987年版。
115. ［英］汤因比：《文明经受着考验》，浙江人民出版社1986年版。
116. ［美］玛莎·费丽莫：《国际社会中的国家利益》，袁正清译，浙江人民出版社2001年版。
117. ［日］星野昭吉：《全球政治学》，刘小林、张胜军译，新华出版社2000年版。

118. [法] 路易·多洛:《国际文化关系》,孙恒译,上海人民出版社1987年版。

119. [美] 罗兰·罗伯森:《全球化社会理论与全球文化》,梁光严译,上海人民出版社2000年版。

120. [美] J. D. 亨特:《文化战争》,安狄等译,中国社会科学出版社2000年版。

121. 俞正樑等著:《21世纪全球政治范式》,复旦大学出版社2005年版。

122. 俞正樑著:《全球化时代的国际关系》,复旦大学出版社2000年版。

外文资料:

1. ith Buncher, Human Rightsand American Diplomacy: 1975 - 1977, New Youk, 1977.
2. John Tomlinson, Cultural Imperialism, Londan: Pinter Publishers, 1991.
3. Storey, Cultural Theory and Polular Culture: A Reader, London, 1998.
4. Yale Richmond, U. S. Soviet Cultural Relations, 1958 - 1986, Who Wins? Boulder, C. 0. 1987.
5. Michael Hunt, Ideology and U. S. Foreign Policy, Yale University Press, 1987.
6. Mike Fentherstone, Global culture: nationalism, globalization, andmonernity: ATheory, culture&society special issue. London: Sage Publications, 1990.
7. Potter Pitman, The Chinese Legal sustem: globalization and local legal culture, New York: Routledge, 2001.
8. Jonsuk Chay, ed. , Culture and International Ralations, New York, 1990.
9. Afrel Mower, Human Rights and American Foreign Policy: The Carter and Reagan Experience, New York, 1987.
10. Ali A. Mazrui, Cultural Forces in World Politics, New Hampshine:

Heinemann Educatinal Books inc,1990.
11. Joseph S. Nye, Jr, Bound to Lead: The Changing Nature of American Power, New York Basic Books, 1990.
12. Joseph S. Nye, Jr, Soft Power: The Means To Success In World Politics, New York Public Affairs, 2004.
13. J. Storey, Cultural Theory and Popular Cultrue: A Reader, London, 1998.
14. A, L, Green, The Ideology Antic-Fluoridation Leaders, The Journal of Social Issues, Vol. 17, 1961.
15. A, Marrelart, The Nature of Communications Practice in a Dependent Society, Latin American Perspeatives, Vol. 1, Winter 1978.
16. Alexander Nacht, U. S. Foreign Policy Strategies, Washington Quartely, Summer 1995.
17. A. Dirlik, The Postcolonial Aura: Third World Criticism in the Age of Global Capitalism, Critical Inquiry, 20, Winter 1994.
18. Babra Wallraff, What Global Language? The Atlantic monthly, November 2000, Volume 286, No, 5.
19. Samuel P. Huntington, The Clash of Civilizations, Foreign Affairs, Summer, 1993.
20. Stanley Hoffmann, The Clash for Leadship, Foreign Policy, 81 (Wubter 1990 - 1991).
21. Samuel P. Huntington, The Age Of Muslim Wars, News Week, Jan. 2002.
22. David W. Pael, The Culture Limits of Rwvolutionary Politics: Change and Continuity in Socialist Czechoslovakia, co: East Europe Quarterly, 1979, NO, 3.
23. David. A. Baldwin, Secuity Studies and the end of the cold war, World Politics, 1995, (10).
24. CondoleezzaRice, PromatingtheNationalInterest, ForeignAffairs, January/February 2000.
25. SamuelP. Huntington, TheWestunique, NotUniversal, Foreign Affairs,

Nov /Dev, 1996.

26. Michael Vlahos, The End of American Postwar Ethos, Foreign Affairs, Summer 1988.
27. Morton Halperin, Guaranteering Democtacy, Foreign Policy, No. 91, Summer, 1993.
28. M. K. Asante, Multicultualism: An Exchange, The Amcrican Scholar, Spring. 1991.
29. Hanan Yousif Fried, State Interests VS the Ymma: Irantan Policy in Central Asia, Middle East Jornal, Win, 1996.
30. Helga Haftendorn, The security puzzle: Theory-Building and Discipline-Bulding in Inernational Studies Quarterly, 3. 5. 1991.
31. Joseph. S. Nye, Jr, America's/InformationEdge, Foreing, Affairs, March/April. 1996.
32. Jessica Tuchman Mathews, Redefining Security, Foreign Affairs, Vol. 68. Sping1989.

网络资源：

1、"政治文化研究网"上的相关资料。http://www. tszz. com.

2、"中国国关在线"网上的相关资料与文章。http: //www. irchina. org.

图书在版编目(CIP)数据

全球化时代的国际文化关系研究/姜秀敏著.
—北京:中央编译出版社,2011.5
ISBN 978-7-5117-0941-7
Ⅰ.①全…
Ⅱ.①姜…
Ⅲ.①国际文化关系-研究
Ⅳ.①G115
中国版本图书馆CIP数据核字(2011)第141161号

全球化时代的国际文化关系研究

出版人	和　龑
责任编辑	邓　彤
责任印制	尹　珺
出版发行	中央编译出版社
地　址	北京西城区车公庄大街乙5号鸿儒大厦B座(100044)
电　话	(010)52612345(总编室)　(010)52612361(编辑室) (010)66161011(团购部)　(010)52612332(网络销售) (010)66130345(发行部)　(010)66509618(读者服务部)
网　址	www.cctpbook.com
经　销	全国新华书店
印　刷	北京中印联印务有限公司
开　本	787毫米×960毫米　1/16
字　数	280千字
印　张	19.75
版　次	2011年5月第1版第1次印刷
定　价	60.00元

本社常年法律顾问:北京大成律师事务所首席顾问律师　鲁哈达
凡有印装质量问题,本社负责调换,电话:(010)66509618